Schriften des Vereins für Socialpolitik

Gesellschaft für Wirtschafts- und Sozialwissenschaften

Neue Folge Band 225

SCHRIFTEN DES VEREINS FÜR SOCIALPOLITIK
Gesellschaft für Wirtschafts- und Sozialwissenschaften
Neue Folge Band 225

Europäische Gemeinschaft – Bestandsaufnahme und Perspektiven

Duncker & Humblot · Berlin

Europäische Gemeinschaft – Bestandsaufnahme und Perspektiven

Von

Hartmut Berg, Claus Dieter Ehlermann, Ernst Heuß, Wernhard Möschel, Frank Schmidt, Thomas Straubhaar, Paul J. J. Welfens, Franz-Ulrich Willeke

Herausgegeben von

Erhard Kantzenbach und Otto G. Mayer

Duncker & Humblot · Berlin

Die Deutsche Bibliothek – CIP-Einheitsaufnahme

Europäische Gemeinschaft : Bestandsaufnahme und Perspektiven / von Hartmut Berg ... Hrsg. von Erhard Kantzenbach und Otto G. Mayer. – Berlin : Duncker und Humblot, 1993
(Schriften des Vereins für Socialpolitik, Gesellschaft für Wirtschafts- und Sozialwissenschaften ; N. F., Bd. 225)
ISBN 3-428-07860-8
NE: Berg, Hartmut; Kantzenbach, Erhard [Hrsg.]; Gesellschaft für Wirtschafts- und Sozialwissenschaften: Schriften des Vereins ...

Fremddatenübernahme und Druck:
Berliner Buchdruckerei Union GmbH, Berlin
Printed in Germany

ISSN 0505-2777
ISBN 3-428-07860-8

Vorwort

Der vorliegende Band enthält die Referate, die auf der Sitzung des Wirtschaftspolitischen Ausschusses der Gesellschaft für Wirtschafts- und Sozialwissenschaften (Verein für Socialpolitik) am 17. und 18. März 1993 zum Generalthema „Europäische Gemeinschaft — Bestandsaufnahme und Perspektiven“ in Würzburg vorgetragen und diskutiert worden sind.

Hamburg, im Juni 1993

Erhard Kantzenbach
Otto G. Mayer

Inhaltsverzeichnis

„Erweiterung und Vertiefung“

Von Claus Dieter Ehlermann, Brüssel*

I. Einleitung

Die Diskussion über das Thema „Erweiterung und Vertiefung“ ist für Europa essentiell. Aber sie ist auch explosiv. Erinnern wir uns an das Frühjahr 1992 und die Debatte in Dänemark über den Maastrichter Vertrag: Sie ist nachhaltig durch Korrespondenten-Berichte aus Brüssel beeinflußt worden, daß sich die Vertretung kleiner Mitgliedstaaten in den Organen einer erweiterten Gemeinschaft verändern könnte.

Dennoch muß die Diskussion über die „Erweiterung und Vertiefung“ geführt werden. Kommissionspräsident Delors hat am 26. Mai 1993, kurz nach dem zweiten dänischen Referendum, im Hinblick auf den Europäischen Rat von Kopenhagen im Juni dieses Jahres vor dem Europäischen Parlament gefordert, daß die Überlegungen über das „große Europa“ beginnen. „Nous avons un devoir, celui d'étendre nos valeurs de paix et de compréhension mutuelle à tous les Européens. Mais comment faire cela tout en maintenant une Communauté qui soit politique, qui ait un système de décision efficace, donc qui approfondisse elle-même son unité? ... Dès aujourd'hui, il faut s'interroger sur notre vision d'ensemble de la grande Europe, sur ses institutions, sur les devoirs et les avantages pour chacun des pays. ... Nous ne pouvons pas continuer d'avancer dans le brouillard en disant: 'Elargissons-nous, c'est un signe de confiance, on verra après'. Nous devons avoir une conception d'ensemble de la grande Europe“.

II. Die Erweiterung

1. Der Beitritt von EFTA-Ländern

Richtungweisende Beschlüsse über „Erweiterung und Vertiefung“ sind in erster Linie eine Sache des Europäischen Rates. Sein Fahrplan ist — jedenfalls für die erste Beitrittsrunde — präziser als der für die Vertiefung.

---

* Hier geäußerte Meinungen sind ausschließlich solche des Verfassers.

Der Rahmen für die Erweiterung ist im wesentlichen vom Europäischen Rat in Lissabon im Juni 1992 abgesteckt worden. Er unterscheidet zwischen drei Gruppen von Kandidaten, nämlich

(1) den EFTA-Ländern,

(2) der Türkei, Zypern und Malta

(3) Mittel- und Osteuropa.

Am klarsten sind die Aussagen zum Beitritt der EFTA-Länder. Während ursprünglich Verhandlungen erst nach Verabschiedung des Delors II-Pakets *und* der Ratifizierung des Maastrichter Vetrags beginnen sollten, ist in Edinburg auf das zweite Erfordernis verzichtet worden: Mit Österreich, Schweden und Finnland wird daher seit 1993 offiziell verhandelt; mit Norwegen sind die Verhandlungen nach Abgabe der Stellungnahme der Kommission vom März 1993 aufgenommen worden. Im Hinblick auf den negativen Ausgang des Referendums über den Europäischen Wirtschaftsraum in der Schweiz ist es nicht verwunderlich, daß ein Datum für dieses Land nicht festgelegt wurde.

Im Hinblick auf die Probleme der „Vertiefung" ist es bemerkenswert, daß es in den Schlußfolgerungen der Präsidentschaft des Lissaboner Europäischen Rates heißt: „Der Europäische Rat stimmt darin überein, daß diese Erweitung *auf der Grundlage* (Herv. v. Verf.) der im Vertrag über die Union und in den dazugehörigen Erklärungen enthaltenen institutionellen Bestimmungen möglich ist." Diese Formulierung deutet darauf hin, daß die Beitrittsverhandlungen nicht über die traditionellen institutionellen Anpassungen hinausgehen sollen, die zur Aufnahme von Vertretern der neuen Mitgliedstaaten in die Organe der Union unerläßlich sind. Mit anderen Worten: Die Anpassungen werden auf das absolut Notwendige beschränkt. Auf weiterreichende Anpassungen zur Erleichterung des Entscheidungsprozesses wird verzichtet.

Die institutionelle Bescheidenheit des Europäischen Rates entspricht den Vorstellungen der Kommission. In ihrem Bericht für den Europäischen Rat von Lissabon zur Problematik der Erweiterung (der den Schlußfolgerungen der Präsidentschaft beigefügt ist) heißt es nämlich: „Kurzfristig könnten die institutionellen Anpassungen auf das für eine Beschlußfassung gemäß Artikel 0 (Beitrittsverfahren) des Vertrags von Maastricht erforderliche Maß beschränkt werden. Im Hinblick auf eine Union mit zwanzig oder dreißig Mitgliedern können die grundsätzlichen Fragen der Beschlußfassung und der Besetzung der Organe auf die Dauer nicht aufgeschoben werden".

Die vierte Beitrittsrunde wird damit vermutlich dem Beispiel der vorausgegangenen Erweiterungen folgen. Bei keiner von ihnen ist die Gelegenheit benutzt worden, die Zusammensetzung der Organe, ihre interne Beschlußfassung oder ihr Zusammenwirken im Hinblick auf die größere Mitgliederzahl zu überdenken und zu verändern. Bei der ersten Erweiterung mag man das für rechtlich unzulässig gehalten haben. Beim Beitritt Griechenlands stand jedoch — zumindest für die Kommission — fest, daß Erweiterungsverhandlungen zu institutionellen Anpassungen führen können, die über das mechanische Fortschreiben des Bestehenden hinausführen, um den Entscheidungsprozeß der EG an die größere Mitgliederzahl und die damit verbundenen Schwierigkeiten anzupassen.

Die vierte Beitrittsrunde wird jedoch von der Zustimmung eines Organs abhängen, das bei den drei vorausgegangenen Erweiterungen nur seine unverbindliche Meinung sagen durfte. Nach Artikel 237 des EWG-Vertrages in der Fassung der Einheitlichen Europäischen Akte, dem Artikel 0 des Maastrichter Vertrags, hat das Europäische Parlament neuerdings ein Zustimmungsrecht. Es kann mit Hilfe dieses Zustimmungsrechts institutionelle Reformen erzwingen, die über die rein mechanischen, traditionellen Anpassungen der EG-Organe hinausgehen. In seiner Entschließung vom 20. Januar 1993 zum sogenannten Hänsch-Bericht hat es solche Reformen gefordert. Auf ihren Inhalt wird zurückzukommen sein.

Der Europäische Rat von Edinburg hat im übrigen die traditionelle Bedingung der vollen Übernahme des acquis communautaire wiederholt: „Bedingung für die Mitgliedschaft wird es sein, daß der Vertrag über die Europäische Union und der gemeinschaftliche Besitzstand — vorbehaltlich eventueller in den Verhandlungen vereinbarter Übergangsmaßnahmen — vollständig aktzeptiert wird“. Bisher war diese Forderung unproblematisch: Jedermann wußte, was der gemeinschaftliche Besitzstand war. Beim Maastrichter Vertrag ist dies nicht mehr selbstverständlich, wenn man an die Ausnahmen für Dänemark und Großbritannien denkt. Für die Staats- und Regierungschefs von zehn Mitgliedstaaten, die Kommission und das Europäische Parlament gehören die Ausnahmen sicherlich nicht zum acquis. Aber gilt das auch für die zwei „Begünstigten“? Und wird dies in vollem Umfang für die Beitrittskandidaten gelten?

Niemand kann heute mit einiger Sicherheit voraussagen, wann die Verhandlungen mit Österreich und den skandinavischen Ländern abgeschlossen und die Beitrittsverträge in Kraft treten werden. Wahrscheinlich ist, daß wesentlich weniger Zeit erforderlich ist als bei früheren Erweiterungen. Die schwierigen Diskussionen über den Europäischen Wirtschaftsraum haben einen großen Teil der traditionellen Hindernisse bereits ausgeräumt. Die verbleibenden Probleme sollten bei gutem Willen auf allen Seiten verhältnismäßig schnell gelöst werden können. Dennoch bleiben Stolpersteine: das Problem der Neutralität, die möglichen institutionellen Forderungen des Europäischen Parlaments, die Referenden in den Beitrittsländern. Das vom Europäischen Rat in Kopenhagen im Juni 1993 und von den Kandidaten für die Erweiterung angestrebte Datum des 1. Januar 1995 mag da allzu ehrgeizig erscheinen. Realistischer ist schon der 1. Januar 1996, d. h. der Beginn des Jahres, in dem der Maastrichter Vertrag revidiert werden soll.

Wann immer der Beitritt vollzogen wird: Es ist anzunehmen, daß die Beitrittskandidaten an der Revision des Maastrichter Vertrags mitwirken werden. Die

Revision wird nicht vor oder parallel zur Erweiterung stattfinden, sondern erst später folgen.

2. Der Beitritt von Mittelmeer- sowie mittel- und osteuropäischen Ländern

So präzise der Fahrplan für die Aufnahme der EFTA-Länder in die Europäische Union ist, so unbestimmt ist er für die folgenden Erweiterungen. Wieder ist auf die Beschlüsse des Europäischen Rates von Lissabon zurückzugreifen. Diese unterscheiden zwischen den Anträgen der Türkei, Zyperns und Maltas einerseits und den Beziehungen zu Mittel- und Osteuropa andererseits. Für beide Gruppen wird die Intensivierung der bestehenden Beziehungen und der Ausbau des politischen Dialogs betont; den mittel- und osteuropäischen Ländern wird ausdrücklich die Unterstützung bei der Vorbereitung auf die angestrebte Mitgliedschaft zugesagt. Aber es fehlt jeder Hinweis auf den Zeitplan. Stattdessen heißt es ausdrücklich, „daß für die Meisterung der Herausforderungen, die sich einer Europäischen Union mit einer größeren Anzahl von Mitgliedstaaten stellen werden, *parallel auch Fortschritte bei der internen Entwicklung der Union* (Herv. v. Verf.) sowie bei der Vorbereitung der Mitgliedschaft anderer Länder erforderlich sind". Dies entspricht dem Petitum der Kommission ih ihrem Erweiterungsbericht, in dem sie für Malta und Zypern bemerkt, daß sich durch den Beitritt „dieser beiden sehr kleinen Staaten ... Schwierigkeiten institutioneller Art ergeben, die nicht ohne allgemeinere Überlegungen über die Gestaltung des institutionellen Rahmens der Gemeinschaft gelöst werden können".

Der Europäische Rat ist allerdings den weiteren Fragen der Kommission zur Zusammensetzung, Beschlußfassung und Arbeitsweise der Unions-Organe geflissentlich ausgewichen, was man ihm nach den Kontroversen um den Kommissions-Bericht und dem Ausgang des ersten dänischen Referendums kaum übelnehmen kann.

Bemerkenswert ist übrigens das Fehlen jeglichen Hinweises auf die möglichen geographischen Grenzen der Europäischen Union. Schon der Kommissions-Bericht hatte vorgesorgt: „Eine offizielle Begriffsbestimmung für ‚europäisch' gibt es nicht. Der Ausdruck umfaßt geographische, historische und kulturelle Elemente, die zu der europäischen Identität beitragen. Nachbarschaftsbeziehungen, gemeinsame Ideen und Werte sowie historische Wechselwirkungen lassen sich nicht in eine einfache Formel pressen, sondern werden von jeder Generation neu definiert. Nach Auffassung der Kommission wäre es weder möglich noch zweckmäßig, jetzt ein für allemal die Grenzen der Europäischen Union festzulegen, deren Umrisse sich vielmehr über längere Zeiträume hinweg herausbilden müssen".

Der Europäische Rat von Edinburg hat dem von Lissabon in bezug auf die beiden genannten Ländergruppen nichts hinzugefügt. Der Bericht der Kommission über eine engere Assoziation der Länder Mittel- und Osteuropas ist den Schlußfolgerungen der Präsidentschaft noch nicht einmal angehängt worden.

Der Europäische Rat von Kopenhagen präzisiert dagegen die Schlußfolgerungen des Europäischen Rates von Lissabon für den Beitritt der mittel- und osteuropäischen Länder.

Er erkennt erstmals ausdrücklich an, daß diese Länder Mitglieder der Europäischen Union werden können. Bemerkenswert ist auch die detaillierte Definition der für den Beitritt notwendigen Voraussetzungen:

> „Ein Beitritt kann erfolgen, sobald ein assoziiertes Land in der Lage ist, den mit einer Mitgliedschaft verbundenen Verpflichtungen nachzukommen und die erforderlichen wirtschaftlichen und politischen Bedingungen zu erfüllen.
>
> Als Voraussetzung für die Mitgliedschaft muß der Beitrittskandidat eine institutionelle Stabilität als Garantie für demokratische und rechtsstaatliche Ordnung, für die Wahrung der Menschenrechte sowie die Achtung und den Schutz von Minderheiten verwirklicht haben; sie erfordert ferner eine funktionsfähige Marktwirtschaft sowie die Fähigkeit, dem Wettbewerbsdruck und den Marktkräften innerhalb der Union standzuhalten. Die Mitgliedschaft setzt ferner voraus, daß die einzelnen Beitrittskandidaten die aus einer Mitgliedschaft erwachsenden Verpflichtungen übernehmen und sich auch die Ziele der politischen Union sowie der Wirtschafts- und Währungsunion zu eigen machen können."

Zur Vertiefung heißt es in den Schlußfolgerungen des Europäischen Rates lediglich:

> „Die Fähigkeit der Union, neue Mitglieder aufzunehmen, dabei jedoch die Stoßkraft der europäischen Integration zu erhalten, stellt ebenfalls einen sowohl für die Union als auch für die Beitrittskandidaten wichtigen Gesichtspunkt dar."

Für die der laufenden Erweiterungsrunde folgenden Beitritte ergibt sich demnach eine grundsätzlich andere Reihenfolge: Während die Vertiefung dem Beitritt weiterer EFTA-Staaten folgen wird, wird sie der Erweiterung um süd-, mittel- und osteuropäische Länder vorausgehen.

Diese Reihenfolge (Vertiefung vor Erweiterung) entspricht den ursprünglichen Vorstellungen von Kommission, Europäischem Parlament und einer Reihe von Mitgliedstaaten vermutlich mehr als der in Lissabon beschlossene Zeitplan für die EFTA-Beitritte. Aber die Welt Lissabons ist schon nicht mehr die Welt Maastrichts: Dazwischen liegt das gescheiterte erste dänische Referendum.

III. Die Vertiefung

1. Die verschiedenen Konzeptionen von Vertiefung

Die Erweiterung ist ein klarer Begriff (auch wenn es nicht möglich ist, die geographischen Grenzen der Europäischen Union zu bestimmen). Unter Vertiefung kann man dagegen sehr Unterschiedliches verstehen:

(1) Eine intensivere Zusammenarbeit *innerhalb* der bestehenden Verträge, beispielsweise in der Wirtschafts-, Außen- oder Sicherheitspolitik.

(2) Eine *Änderung* der Verträge, um die erweiterte Europäische Union (über rein mechanische Anpassungen der Beitrittsverhandlungen hinaus) funktionsfähig zu erhalten.

(3) Eine *grundlegende Reform,* die im Interesse eines engeren Zusammenschlusses der Mitgliedstaaten über die Erfordernisse hinausgeht, die weitere Beitritte zur Erhaltung der Funktionsfähigkeit der Europäischen Union erfordern.

Vertiefung im Sinne der ersten Konzeption ist nichts anderes als die Anwendung und Ausschöpfung des Maastrichter Vertrags. Sie wird schwierig genug sein, ist aber hier nicht näher zu erörtern.

Wir wollen dagegen der Vertiefung im Sinne der zweiten Begriffsbestimmung nachgehen. Dies allerdings erst, nachdem kurz ein Wort zur Perspektive einer grundlegenden, über die Sicherung der Funktionsfähigkeit hinausgehenden Reform gesagt worden ist.

2. Grundlegende Verfassungsreform

Soviel uns bekannt ist, arbeitet nur das Europäische Parlament — genauer: einer seiner Ausschüsse — an einer fundamentalen Reform der Verträge. Das Europäische Parlament setzt damit die Tradition Altiero Spinellis fort. Der von ihm initiierte und inspirierte Entwurf eines Vertrags über die Europäische Union vom Februar 1984 hat einen nicht zu unterschätzenden Einfluß auf die Verhandlungen über die Einheitliche Europäische Akte vom Herbst 1985 gehabt. Seine Wirkungen auf den Maastrichter Vertrag waren dagegen bereits sehr viel schwächer.

Man mag die Arbeiten des Europäischen Parlaments an einer „Verfassung" der Europäischen Union für utopisch halten. Sie scheinen nicht in eine politische Landschaft zu passen, die durch wachsende Skepsis gegenüber der Europäischen Gemeinschaft, unerwartete Schwierigkeiten bei der Ratifizierung des Maastrichter Vertrags und Zweifeln an seiner Verwirklichung gekennzeichnet ist. Sind die Bürger des „institutionellen" Europas nicht überdrüssig? Erwarten sie nicht von der Gemeinschaft heute und von der Union morgen Antworten auf die viel drängenderen Probleme im wirtschaftlichen und sozialen Bereich? Sind die entscheidenden Sorgen nicht Arbeitslosigkeit, Rezession, Gewalttätigkeit, der Bürgerkrieg im ehemaligen Jugoslawien?

Dennoch sind die Arbeiten des Europäischen Parlaments an einer „Verfassung" der Europäischen Union nützlich. Sie sind eine Investition für die Zukunft. Auch als Spinelli im Jahre 1984 seinen Entwurf lancierte, steckte die Gemeinschaft in einer tiefen Krise; niemand rechnete damit, daß sie 1985 in das Binnenmarktprogramm der Delors I-Kommission und die Einheitliche Europäische Akte münden würde.

Die Überlegungen des Europäischen Parlaments über eine „Verfassung“ der Europäischen Union wären sicherlich weniger ernst zu nehmen, wenn man auf dem durch den Maastrichter Vertrag vorgezeichneten Wege bei weiteren Vertragsänderungen weiter gehen könnte.

Das dürfte nach den Erfahrungen der letzten 18 Monate aber schwierig sein. Insbesondere die Referendumsdebatten haben gezeigt, daß die Bürger nach mehr Einfachheit, Klarheit und Verständlichkeit verlangen, als der Maastrichter Vertrag zu bieten vermag. Ihnen ein zweites Mal einen Vertrag à la Maastricht zur Billigung vorzuschlagen, ist daher kaum ratsam.

Eine vom Europäischen Parlament entworfene „Verfassung“ wird sicherlich transparenter und damit bürgernäher als die bisherigen Vertragstexte sein. Aber ein solcher Entwurf wird auch schärfere Kontroversen auslösen: Er mag nicht konsensfähig sein. Größere Einfachheit und Klarheit hat ihren Preis. Sie erhöht auch das Risiko der Ablehnung. In einer Gemeinschaft, deren Grundordnung nur mit Zustimmung aller Mitgliedstaaten geändert werden kann, ist dieser Preis exorbitant. Daher die Komplexität des Maastrichter Vertrags, der sich aus der verzweifelten Suche nach Konsens, nicht aus der fehlenden Qualifikation der Redakteure ergibt.

Für die Vertiefung im Sinne einer grundlegenden, über die Sicherung der Funktionsfähigkeit der Europäischen Union hinausgehenden Reform bedeutet dies, daß den Mitgliedstaaten bei der Revisionskonferenz im Jahre 1996 wohl nur ein Weg offensteht, nämlich den Maastrichter Vertrag zu vereinfachen. Je mutiger die Vereinfachung ist (beispielsweise bei der Vereinheitlichung der Vielfalt der Mitwirkungsrechte des Europäischen Parlaments bei der Unionsgesetzgebung), desto stärker wird dem berechtigten Anliegen der Bürger nach Transparenz Rechnung getragen.

3. Sicherung der Funktionsfähigkeit der Europäischen Union

Vertiefung im Sinne der Sicherung der Funktionsfähigkeit einer erweiterten Europäischen Gemeinschaft ist mehr als bloße mechanische Anpassung der Zusammensetzung von Organen, der Stimmenzahl, der Stimmgewichtung und der Schwellen für Mehrheitsbeschlüsse. Aber eine solche Vertiefung ist gleichzeitig weniger als eine grundlegende Reform, in der es um die zukünftige Richtung der Europäischen Union geht, und bei der sich unter Umständen die existentielle Frage nach dem Zusammenbleiben aller Mitgliedstaaten stellt. Bei der Suche zur Sicherung der Funktionsfähigkeit bleiben Zielbestimmungen, Sachkompetenzen und Zuständigkeiten der Organe zur Wahrnehmung der Sachkompetenzen im Prinzip unverändert. Aber wegen der größeren Zahl der Mitgliedstaaten stehen die traditionellen Regeln über die Zusammensetzung und das Funktionieren der Unions-Organe zur Diskussion. Dies erklärt die begreifliche Sorge der Mitgliedstaaten, der föderale oder konföderale Charakter des Entscheidungsprozesses könne sich ändern und das eigene Gewicht werde ungebührlich verringert.

Das Dilemma der Vertiefung zur Sicherung der Funktionsfähigkeit ist im schon erwähnten Bereich des EP-Abgeordneten Hänsch treffend wie folgt beschrieben:

> „Die Gefahr für die Handlungsfähigkeit und den Zusammenhang der Union liegt *nicht* darin, daß neue Mitgliedstaaten *prinzipiell* weniger integrationswillig, weniger entscheidungsbereit oder weniger gemeinschaftsfähig wären als die alten. Die Gefahr liegt in der wachsenden *Zahl* der an den Entscheidungen zu beteiligenden Staaten, was die Verfahren unvermeidlich verkomplizieren und verlängern wird. Und sie liegt in der *Struktur der Entscheidungsmechanismen* der Union, die im Kern immer noch mehr nach dem Prinzip der intergouvernementalen Zusammenarbeit als nach dem demokratisch bestimmter Supranationalität funktionieren.
>
> Je mehr Staaten der Gemeinschaft beitreten und je kleiner sie sind, desto mehr Supranationalität und Zentralgewalt werden nötig, um ein Minimum an Einheit und Handlungsfähigkeit zu bewahren . . .
>
> Die institutionellen Reformen können und dürfen nicht so weit getrieben werden, daß sie um der Handlungsfähigkeit der erweiterten Union willen die Grundlagen für den freiwilligen Zusammenschluß demokratisch verfaßter europäischer Staaten zerstören."

Was bedeutet dies für die verschiedenen Organe der Union? Wir werden nacheinander Europäischen Rat, Rat, Europäisches Parlament, Kommission und Gerichtshof untersuchen und uns dabei auf die traditionellen Aktivitäten der Gemeinschaft konzentrieren. Das Neuland des Maastrichter Vertrags bleibt dabei also grundsätzlich unberücksichtigt.

a) Der Europäische Rat

Der Europäische Rat trifft normalerweise keine formellen Entscheidungen; er beschließt informell und dies im Konsens. Nur ganz selten kommt es zu einer — dann meist versteckten — Abstimmung. Bei dieser, letztlich recht flexiblen Form der Beschlußfassung mag es auch in Zukunft bleiben. Die Informalität des Europäischen Rates wird vermutlich am ehesten dafür sorgen, daß er funktionsfähig bleibt.

b) Der Rat

Für den Rat stellt sich dagegen die Frage der Anforderungen an die förmliche Beschlußfassung mit ganzer Schärfe, denn er ist das wichtigste Organ für rechtsförmliche Entscheidungen.

Trotz der Ausdehnung des Anwendungsbereichs der qualifizierten Mehrheit durch die Einheitliche Europäische Akte und den Maastrichter Vertrag wird es auch in Zukunft immer noch Materien geben, die nur einstimmig geregelt werden können. Berücksichtigt man die enormen Schwierigkeiten, die bei einstimmigen Beschlüssen zu zwölft zu überwinden sind, dann wird man anerkennen müssen, daß mit derartigen Entscheidungen in einer erweiterten Gemeinschaft kaum noch zu rechnen sein wird. Das *Einstimmigkeitserfordernis* ist daher auf vertragsändernde und quasi vertragsändernde Entscheidungen (wie die Zulassung weiterer Mitgliedstaaten, die Schaffung neuer Mittel, die Reform des Wahlrechts zum Europäischen Parlament) zurückzudrängen.

Natürlich kann man sich die Frage stellen, ob nicht gerade für Vertragsänderungen in Zukunft von der Einstimmigkeit des Rates (und der Mitgliedstaaten) abgerückt werden sollte. Ist dies nicht die Lehre, die aus den Erfahrungen mit dem Maastrichter Vertrag zu ziehen ist? So wünschenswert dieser Schritt unserer Ansicht nach auch wäre: Er gehört seinem Wesen nach eher zur grundlegenden Verfassungsreform, die über die Sicherung der Funktionsfähigkeit hinausgeht.

Die Anforderungen an die *qualifizierte Mehrheit* (Mindestzahl an gewichteten Stimmen und Mitgliedstaaten) sind selbstverständlich in jeder Beitrittsrunde neu festzulegen. Dabei können die zu erreichenden Schwellen mehr oder weniger hoch festgelegt werden. Wegen der Ausdehnung des Anwendungsbereichs der qualifizierten Mehrheit und nach den Erfahrungen der Vergangenheit ist es wenig wahrscheinlich, daß die bisherige, eher restriktive Linie verlassen wird.

Man sollte daher ernsthaft darüber nachdenken, ob nicht ein *neues Konzept* der *einfachen Mehrheit* eingeführt werden sollte. Die ursprünglich vorgesehene einfache Mehrheit verlangt nur die Mehrheit der Mitgliedstaaten (zur Zeit 7), ihr Stimmengewicht wird nicht berücksichtigt. Ein solches Konzept ist wegen der Unterschiede zwischen den Mitgliedstaaten politisch nicht tragfähig. Der Anwendungsbereich der einfachen Mehrheit ist daher durch die Einheitliche Europäische Akte zurückgedrängt worden. Ein neues Konzept würde neben der Mehrheit der Mitgliedstaaten auch die Mehrheit der gewichteten Stimmen fordern und damit das unterschiedliche Gewicht der Mitgliedstaaten berücksichtigen.

Die reformierte einfache Mehrheit könnte überall dort an die Stelle der qualifizierten Mehrheit treten, wo letztere in den ursprünglichen Verträgen bereits vorgesehen war und wo sie durch die Einheitliche Europäische Akte eingeführt worden ist.

Bleibt die Frage der Stimmengewichtung der einzelnen Mitgliedstaaten. Auch sie ist selbstverständlich in jeder Beitrittsrunde — jedenfalls für die Beitrittskandidaten — neu festzulegen. Grundsätzliche Überlegungen über die Funktionsfähigkeit der Europäischen Union und die Perspektive des Beitritts sehr kleiner Staaten können jedoch zu einer allgemeinen Neubewertung der Stimmgewichtung führen, um dem relativen Gewicht der verschiedenen Gruppen von Mitgliedstaaten besser Rechnung zu tragen.

Darüber hinaus stellen sich selbstverständlich Probleme der Arbeitsmethoden, wie die Zahl der formellen und — vor allem — informellen Ratssitzungen, ihre Koordinierung, ihre Vorbereitung durch den Ausschuß der Ständigen Vertreter, seine Zusammensetzung und sein Funktionieren. Diese Probleme bedürfen nicht der Vertragsänderung. Sie können jederzeit aufgegriffen werden.

Ein besonderes Problem bildet dagegen die Präsidentschaft des Rates, die bekanntlich in den Verträgen verankert und durch den Maastrichter Vertrag, vor allem im außen- und sicherheitspolitischen Bereich, aufgewertet werden wird. Der Hänsch-Bericht widmet ihr mehr Raum als den Abstimmungsproblemen des Rates. Er zeigt aber auch, wie delikat dieses Thema ist. Wenn man das Prinzip der formellen Gleichheit aller Mitgliedstaaten nicht in Frage stellen will, gibt es zur Lösung unserer Ansicht nur einen Weg, der allerdings in eine andere Richtung als die Maastrichter Beschlüsse führt, nämlich die Verringerung der Rolle der Präsidentschaft des Rates zugunsten eines permanenten Organs wie der Kommission.

c) Das Europäische Parlament

Der Europäische Rat in Edinburg hat zwar im Dezember 1992 die Zahl der Mitglieder „in Anbetracht der deutschen Vereinigung und im Hinblick auf die Erweiterung“ für die Wahlen im Jahre 1994 — dem Wunsche des Europäischen Parlaments entsprechend — neu festgelegt. Er hat dabei jedoch nur die nächste Erweiterung und nicht die folgenden Beitrittsrunden ins Auge gefaßt. Die Zahl der Abgeordneten mehrerer Mitgliedstaaten ist dabei erhöht worden. Dennoch bleibt das Problem der Repräsentativität, die nach Auffassung der Entschließung über den Hänsch-Bericht nach dem Prinzip der „fallenden Proportionalität“ zu lösen ist. Auch die Kommission hat in ihrem Bericht für den Europäischen Rat von Lissabon darauf hingewiesen, daß „das Verhältnis der Anzahl von Sitzen zu der Bevölkerungszahl der Mitgliedstaaten rationaler festgelegt werden muß“.

Das Europäische Parlament fordert in seiner Entschließung über den Hänsch-Bericht, daß „es in allen Bereichen der Gesetzgebung der Europäischen Union und an allen Beschlüssen über die Einnahmen und Ausgaben gleichberechtigt und gleichgewichtig mitentscheiden können“ müsse. Es verlangt darüber hinaus, daß „seine Kontrolle über die Außen- und Sicherheitspolitik . . . sowie über die Fortentwicklung der Europäischen Union erheblich gestärkt werden, indem es ein Zustimmungsrecht bei allen Grundsatzentscheidungen der gemeinsamen Außen- und Sicherheitspolitik, beim Abschluß internationaler Verträge und bei allen Entscheidungen erhält, die im Rahmen der Europäischen Union vom Ministerrat einstimmig getroffen werden“. Diese Forderungen sind aus der Sicht des Europäischen Parlaments verständlich. Sie gehen aber weit über die Sicherung der Funktionsfähigkeit der Europäischen Union hinaus. (Manche werden sagen: Sie werden das Funktionieren der Union erschweren.) Sie gehören zum größten Teil zu den grundlegenden Reformen der Gemeinschaftsverfassung, die wir bereits oben behandelt haben. Aber ein Teil der Forderungen des Hänsch-Berichts läßt sich sehr wohl dem beschränkteren Ziel der Sicherung der Funktionsfähigkeit zuordnen. Wir denken an die Stärkung der Mitwirkungsrechte des Europäischen Parlaments bei der Unionsgesetzgebung, die eine Absenkung der Zustimmungserfordernisse des Rates kompensiert. Mit anderen Worten: Dort, wo die Zustimmungserfordernisse des Rates bei der Unions-Gesetzgebung verringert werden, sollten zum Ausgleich die Mitwirkungsrechte des Europäischen Parlaments erhöht werden. Jedenfalls nach Auffassung einiger Mitgliedstaaten wird dadurch das demokratische Element in der Gemeinschaft verstärkt, auch wenn vor allem Dänemark und Großbritannien, aber wahrscheinlich auch Frankreich anders darüber denken.

d) Die Kommission

Für die Kommission stellt sich — wie für das Europäische Parlament — in erster Linie die Frage nach der Zahl ihrer Mitglieder. Die Frage ist bekanntlich alt: Schon für den ersten Kommissionspräsidenten, Walter Hallstein, ging es bei der Verringerung der Zahl der Kommissionsmitglieder nach der Fusion der Exekutiven um eines der Schlüsselprobleme der Gemeinschaft.

Nach einer dem Maastrichter Vertrag beigefügten Erklärung ist die Zahl der Kommissionsmitglieder „spätestens Ende 1992 . . . zu prüfen". Es ist damit zu rechnen, daß diese Prüfung nach Inkrafttreten des Vertrags stattfindet und — im Hinblick auf die nächste Erweiterung — zu einer Verringerung auf 12 Mitglieder (je ein Mitglied pro Mitgliedstaat) führt. Ein solcher Schritt läge auf der Linie eines Beschlusses der Außenminister der Zwölf, die im Hinblick auf Maastricht einen Verzicht der größeren Mitgliedstaaten auf ein zweites Kommissionsmitglied und die Einsetzung stellvertretender Kommissionsmitglieder ohne Stimmrecht vereinbart hatten. Die Bestellung stellvertretender Kommissionsmitglieder ohne Stimmrecht ist im Maastrichter Vertrag allerdings nicht vorgesehen. Während sich die Kommission in ihrem Bericht für den Europäischen Rat in Lissabon aus verständlichen Gründen sehr zurückhält („im Falle der Kommission stellt sich die Frage der Mitgliederzahl; dabei sind verschiedene Möglichkeiten zu prüfen"), spricht der Hänsch-Bericht offen das Problem an, „ob die Benennung der Kommissare durch jeden Mitgliedstaat und aus jedem Mitgliedstaat beibehalten werden muß, da ihnen der Vertrag doch ohnehin verbietet, Vertreter nationaler Interessen zu sein." Der Bericht geht den Schritt, die Benennung der Kommissare durch die Mitgliedstaaten abzuschaffen, noch nicht. Er bindet aber die Zahl der Kommissare nicht mehr an die Zahl der Mitgliedstaaten. Vielmehr unterwirft er die Zusammensetzung der Kommission der politischen Abstimmung zwischen dem designierten Kommissionspräsidenten, dem Rat und dem Parlament, und er fordert die Bestellung von stellvertretenden Kommissaren für bestimmte Bereiche sowie „die Einführung des politischen Ressortprinzips". Es ist bemerkenswert, daß die Zusammensetzung der Kommission einer der ganz wenigen Punkte ist, in dem die Entschließung des Europäischen Parlaments vom Hänsch-Bericht abweicht. Nach der Entschließung entscheidet der vom Parlament auf Vorschlag des Europäischen Rates gewählte Präsident der Kommission im Benehmen mit dem Rat und dem Parlament über die Zusammensetzung der Kommission „mit Rücksicht auf eine ausgeglichene Vertretung aller Mitgliedstaaten in den höchsten Ämtern der Union". Die Formulierung trägt zwar der Sorge der kleinen Mitgliedstaaten Rechnung, in der Kommission vertreten zu sein, sie ist aber flexibler als die im Maastrichter Vertrag aufrechterhaltene Forderung, daß der Kommission mindestens ein Staatsangehöriger jedes Mitgliedstates angehören muß.

Der Hänsch-Bericht unterstreicht ausdrücklich „die Gefahr einer wachsenden und beherrschenden europäischen Zentralgewalt sowie eine Aushöhlung der Autonomie und Entscheidungsfähigkeit der Mitgliedstaaten in den Bereichen, in denen sie innerhalb der Union Politik selbst gestalten können und sollten". Er will dieser Gefahr auf zweifache Weise begegnen: Erstens durch einen besonderen Einfluß der Mitgliedstaaten über den Rat auf den Erlaß von Durchführungsmaßnahmen und zweitens durch eine Verstärkung des parlamentarischen Einflusses auf die personelle Zusammensetzung der Kommission und die Kontrolle ihrer laufenden politischen und administrativen Tätigkeit. Vor allem den zweiten Punkt bringt die Entschließung des Europäischen Parlaments über den Hänsch-Bericht kraftvoll zum Ausdruck. Wiederum kommt der Gedanke zum Tragen, daß eine Verringerung des Einflusses der Mitgliedstaaten durch eine Verstärkung der Rolle des Europäischen Parlaments ausgeglichen werden muß.

e) Der Europäische Gerichtshof

Während der Gerichtshof vom Hänsch-Bericht und der Entschließung des Europäischen Parlaments nicht erwähnt wird, wirft die Kommission in ihrem Bericht für Lissabon die Frage nach der Gesamtzahl der Richter und der Arbeitsverteilung auf, „damit die Kohärenz der Rechtsprechung gewährleistet und ein Übermaß anhängiger Fälle vermieden wird". Im Vergleich zu den Problemen, die sich bei den politischen Organen stellen, sind die der Zusammensetzung und des Funktionierens der rechtsprechenden Organe harmlos, da es in der Gemeinschaft nie das Prinzip des „nationalen Richters" gegeben hat. Die Zahl der Richter läßt sich daher ohne Gefahren für die Funktionsfähigkeit des Gerichtshofs vermehren, wobei allerdings die Zahl der das Plenum bildenden Richter beschränkt werden muß. Im übrigen sollte für eine erweiterte Union die Frage nach einer sachlich und regional aufgegliederten ersten Instanz gestellt werden. Anregungen dazu sind schon vor dem Maastrichter Vertrag gemacht, aber von niemandem aufgegriffen worden.

f) Sprachen

Es ist bemerkenswert, daß sowohl der Bericht der Kommission für den Europäischen Rat in Lissabon wie auch der Hänsch-Bericht und die Entschließung des Europäischen Parlaments zu diesem Bericht ausdrücklich die so delikate Sprachenfrage anschneiden und ihr überraschend viel Platz einräumen. Bekanntlich hat die Gemeinschaft schon heute neun Amtssprachen. Die nächste Beitrittsrunde wird sie vermutlich auf zwölf erhöhen. Die folgenden Erweiterungen werden in der Regel mit jedem neuen Mitgliedstaat auch eine neue Amtssprache mitbringen.

Die praktischen Anforderungen der Mehrsprachigkeit sind enorm; sie werden jedoch in der Öffentlichkeit meist unterschätzt. Zur Illustration genügt es, sich an die Zahl der Dolmetscher zu erinnern, die für eine einzige Sitzung notwendig sind, in der in allen Amtssprachen gedolmetscht wird. Dies ergibt:

— bei 9 Amtssprachen = 72 Kombinationen = 27 Dolmetscher

— bei 12 Amtssprachen = 132 Kombinationen = 36 Dolmetscher

— bei 13 Amtssprachen = 156 Kombinationen = 39 Dolmetscher

— bei 17 Amtssprachen = 272 Kombinationen = 51 Dolmetscher.

Die Lösung des Sprachenproblems kann nicht in einer Beschränkung der Amtssprachen gesucht werden. Das Europäische Parlament hat recht, wenn es in seiner Entschließung über den Hänsch-Bericht erklärt, daß „die Wahrung der kulturellen Vielfalt und die Rechtssicherheit es gebieten, daß die Landessprachen in der Europäischen Union Amtssprachen der Europäischen Union sind", aber daß die Zunahme der Amtssprachen . . . den Abschluß eines Übereinkommens über den technischen Einsatz von *Arbeitssprachen* (Herv. v. Verf.) unerläßlich machen wird". Es ist offensichtlich, daß dabei von allen Seiten mit gutem Willen und viel Pragmatismus vorgegangen werden muß. Erhöhte sprachliche Anforderungen sind dabei vor allem an diejenigen Angehörigen der nationalen Verwaltungen zu stellen, die regelmäßig mit den Organen der Gemeinschaft zusammenarbeiten.

g) Subsidiarität

Kaum ein anderes Thema hat die Diskussion über den Vertrag von Maastricht so beherrscht wie das der Subsidiarität. Es gehört auch in den Kontext der Vertiefung. Denn eine strengere Beachtung des Subsidiaritätsprinzips sollte die Gemeinschaft nicht schwächen, sondern stärken. Bemerkenswert sind in diesem Zusammenhang vor allem die Bemerkungen der Kommission in ihrem Bericht für den Europäischen Rat von Lissabon:

> „Es wird weitgehend die Auffassung vertreten, daß die Institutionen der Gemeinschaft bereits heute an Überlastung und Beschlußfassungsproblemen kranken, da es ihnen nicht gelungen ist, sich an allseits zufriedenstellende Prioritäten zu halten.

Das führt zu dem Vorwurf, daß sich die Gemeinschaft übermäßig in Detailfragen einmischt, während es in Fragen von lebenswichtiger Bedeutung an Führung mangelt. Mit jedem neuen Beitritt wird sich die Gefahr der Überlastung und Lähmung infolge erhöhter Mitgliederzahl und zunehmender Vielfalt der Probleme vergrößern. Daher muß im Hinblick auf eine Erweiterung der ... Grundsatz der Subsidiarität viel rigoroser befolgt werden.

In einer Union mit erhöhter Mitgliederzahl würde das folgendes bedeuten:

— ein weniger umfangreiches und ins Detail gehende Legislativprogramm für Rat und Parlament;

— eine ausgewogenere Verteilung der Aufgaben zwischen Instanzen und Ebenen (regional, einzelstaatlich, Gemeinschaft);

— eine klarere Unterscheidung zwischen Entscheidungsbefugnis und Durchführungsbefugnis, wobei letztere häufig dezentralisiert werden kann."

Die Überlegungen der Kommission zur Subsidiarität gelten im wesentlichen der Ausübung der vertraglich bereits eingeräumten Gemeinschaftszuständigkeiten. Überträgt man sie auf die Ebene der Vertragsrevision, so muß man zu dem Schluß kommen, daß man davon absehen sollte, der Europäischen Union neue Zuständigkeiten zu übertragen. Man kann sich sogar fragen, ob eine erweiterte Europäische Union nicht im Interesse der Stärkung ihrer Funktionsfähigkeit einige der ihr durch den Maastrichter Vertrag verliehenen marginalen Zuständigkeiten wieder abgeben sollte. Gerade in diesem Bereich könnte quantitativ weniger qualitativ mehr sein.

IV. Schlußbemerkung

Mit der Europäischen Gemeinschaft haben die Mitgliedstaaten ein politisches System geschaffen, dessen Ziele und Strukturen bewußt offen gehalten worden sind. Daran hat auch der Maastrichter Vertrag nichts grundlegend geändert. Wegen der Unbestimmtheit von Finalität und endgültiger Gestalt stellt jede Erweiterung erneut mit mehr oder weniger Schärfe die Frage nach Sinn und Zweck des gemeinsamen Unternehmens. Das ist beim Ringen um die erste Beitrittsrunde deutlicher gewesen als bei der zweiten und dritten. Die vierte Erweiterung mag eher der Kategorie der beiden vorangehenden als der ersten zugerechnet werden. Danach wird sich indessen der Frage nach Sinn und Zweck nicht länger aus dem Wege gehen lassen. Daher ist es unerläßlich, daß die von Jacques Delors geforderte Debatte beginnt und daß sie nicht nur in Brüssel, Luxemburg und Straßburg geführt wird.

Konturen einer politischen Union
Plädoyer für eine europäische Minimalgemeinschaft

Von *Wernhard Möschel*, Tübingen

Einem on dit zufolge soll der liebe Gott nach der Lektüre der Maastrichter Vereinbarungen gesagt haben: „Ja, wenn i dös vorher g'wußt hätt', dann hätt' i dös net erschaffen." Daran mag überraschen: Der liebe Gott spricht gelegentlich bayerisch. Nicht überraschen kann: Der Vertrag von Maastricht wurde auch über seinen Kopf hinweg geschlossen.

Für die Europäische Gemeinschaft zeichnen sich Weichenstellungen ab. Am 1. Januar 1993 ist das Binnenmarktprogramm in Kraft getreten. Spätestens zum Jahre 1999 soll die Währungsunion verwirklicht sein. Eine nachhaltige Erweiterung der Gemeinschaft, eine auf mittlere Sicht und eine auf längere, ist in der Diskussion; bis zu 23 Aufnahmeinteressenten werden gezählt. Schließlich enthalten die Maastrichter Vereinbarungen ein Vertragswerk über eine Europäische Union. Diese zielt, wenn auch in sehr vager Form, auf eine verstärkte politische Zusammenarbeit zwischen den Mitgliedstaaten. Sie soll „eine neue Stufe bei der Verwirklichung einer immer engeren Union der Völker Europas" darstellen (Artikel A Abs. 2 Unionsvertrag). Vorbereitet durch eine britische Diskussion noch vor Maastricht, veranlaßt durch das dänische Nein vom 2. Juni 1992 und aufgeschreckt durch den Meinungsstreit rund um das französische Referendum vom 20. September 1992, stellt sich eine breitere Öffentlichkeit in den 12 Mitgliedstaaten jetzt zum ersten Mal die Frage, auf welches Ziel die europäische Integrationspolitik letztlich zusteuern soll. Dies ist wohl die wichtigste Weichenstellung: Soll der europäische Zug nach dem Muster der vergangenen 40 Jahre Spur halten oder ist eine Neuorientierung geboten?

Ich werde in einem ersten Teil die möglichen Zwecke dieser Integrationspolitik in Erinnerung rufen, auch die dazugehörigen Relativierungen. In einem kurzen zweiten Abschnitt benenne ich die Kriterien, von denen eine Zuordnung von Zwecken und institutionellen Vorkehrungen abhängig gemacht werden kann. Der Schwerpunkt meiner Überlegungen liegt in einem dritten Teil. Ich erörtere dort die verschiedenen institutionellen Optionen, die zur Verfügung stehen. Mein Ergebnis wird sein: Weder die Römischen Verträge in ihrer ursprünglichen Fassung von 1957 noch gar die Maastrichter Vereinbarungen vom Februar 1992 sollten als Modell dienen. Beide gehen in wichtigen Bezügen schon zu weit, in anderen nicht weit genug. Anzustreben wäre eine sich ordnungspolitisch definierende europäische Minimalgemeinschaft, verbunden mit einer zwischenstaatlichen Zusammenarbeit auf den Feldern der Außen- und der Sicherheitspolitik.

I. Zu den Zwecken europäischer Integration

Die mit einer europäischen Integration verfolgten Zwecke lassen sich in vier Aspekten zusammenfassen.[1]

1. Das Friedensargument

Mit Friedensargument mag man die Überlegung bezeichnen, eine Integration von Nationalstaaten schließe das Risiko kriegerischer Auseinandersetzungen zwischen ihnen endgültig aus. Das Argument wirkt heute im Hinblick auf den Umkreis der EG-Mitgliedstaaten und der EFTA-Staaten möglicherweise bemüht. Es kann bei einer Erweiterung der EG in Richtung Ost- und Südosteuropa stärker greifbar werden. Es finden sich dort beinahe durchgängig Minderheitenprobleme und entsprechende Irredenta-Potentiale. So leben z. B. relativ mehr Ungarn in den Nachbarstaaten außerhalb Ungarns als dies für Deutsche in der früheren DDR in ihrem Verhältnis zur alten Bundesrepublik zutraf. Integration ist als Instrument der Friedensverbürgung gewiß hilfreich. Sie erfordert indes nicht jene Intensität, wie sie in den Maastrichter Vereinbarungen teils verwirklicht, teils angelegt ist. Alternative oder ergänzende Sicherheitsstrukturen nach Art der WEU oder der KSZE sind dabei ebenso in Rechnung zu stellen wie die NATO und die dadurch gewährleistete militärische Präsenz der USA in Europa. Letzteres dürfte auch unter dem Aspekt des Binnenfriedens der überragende Stabilisierungsfaktor sein.

2. Das Binnenmarkt-Argument

Im Vordergrund der öffentlichen Diskussion steht eine Überlegung ökonomischer Effizienz. Man kann vom Binnenmarkt-Argument sprechen. Es ist unstreitig, daß die Errichtung eines Binnenmarktes in dem Sinne, daß Hindernisse für die freie Bewegung von Gütern und Produktionsfaktoren beseitigt werden, handelsschaffende und in diesem Ausmaß wohlfahrtsteigernde Wirkungen hat. Ebenso unstreitig sind die handelsumlenkenden Wirkungen, namentlich zu Lasten der Außenstehenden. Das GATT nimmt solche (pekuniären) externen Effekte hin. Es handelt sich dabei nicht um ein Nullsummen-Spiel. Die durch solche Integration beförderte Wachstumsdynamik hat vielfach positive Wirkungen auch nach außen. In der Summe entspricht die tatsächliche Entwicklung der EG diesem Bild. Bei aller Kritik an Regelungshypertrophien aus Brüssel sollte nicht vergessen werden, daß es ohne den Druck des EG-Rechts auf zahlreichen Märkten

---

[1] Vgl. hierzu schon *Wernhard Möschel*, Politische Union für Europa: Wunschtraum oder Alptraum?, JZ 47 (1992), S. 877, 878 ff.

nicht zu jenen Öffnungen gekommen wäre, die wir heute vorfinden.[2] Dies gilt namentlich für die Versicherungswirtschaft, das Fernmeldewesen, den Luftverkehr und den Straßengüterverkehr. Für die Stromversorgungsmärkte und für den Schienenverkehr zeichnet sich eine ähnliche Perspektive ab. Flankierend zu nennen sind ferner ein Aufbrechen des öffentlichen Beschaffungswesens, die Begrenzung nationaler Subventionspolitik aufgrund der Beihilferegelungen in Art. 92 ff. EWG-Vertrag und nicht zuletzt auch das Europäische Wettbewerbsrecht, darin eingeschlossen eine EG-weite Fusionskontrolle. Auf die Sollseite der Bilanz sind — jedenfalls in einer isoliert ökonomischen Perspektive — die gemeinsame Agrarpolitik zu nehmen und, im Umfang von sehr viel geringerem Gewicht, protektionistische Maßnahmen in einzelnen Industriezweigen wie z. B. bei Automobilen oder in der Mikroelektronik.

Die mit Maastricht vereinbarte Währungsunion läßt sich mit dem genannten Binnenmarkt-Argument nicht zureichend begründen. Gewiß, bei einer einheitlichen Währung erspart man Kosten des Geldwechselns und der Wechselkursabsicherung für Handel und Kapitalverkehr. Die Planungsgrundlagen für Investoren vereinfachen sich.[3] In Relation zu solchen Einsparungen erscheint das Risiko, daß diese Währungsunion zu einem Mißerfolg führen könnte, freilich als viel zu groß. Ein Binnenmarkt-Argument hat auch nur begrenzte Verbindung zu politischen Rechtfertigungen einer Währungsunion. Deren Bandbreite ist weit. An einem Ende steht die Vorstellung, mit einer einheitlichen Währung die europäische Integration unumkehrbar zu machen. Dies ist die Position der gegenwärtigen deutschen Bundesregierung. Am anderen Ende steht ein Motiv, auf solche Weise deutschen Einfluß niederzuhalten. In den Worten des Pariser Figaro: „Deutschland muß zahlen, hieß es in den zwanziger Jahren. Heute zahlt Deutschland: Maastricht, das ist dasselbe wie der Versailler Friedensvertrag — ohne Krieg."[4]

In einer Perspektive ökonomischer Effizienz kann es bei einer Währungsunion vielmehr nur darum gehen, gutes Geld zu schaffen, das heißt stabiles Geld. Der Kern der geplanten Währungsunion liegt darin, daß den beteiligten Nationalstaaten die Herrschaft über die Geldversorgung genommen, diese soweit wie möglich verobjektiviert werden soll. Ich kann hier nicht auf den Prognosestreit eingehen, ob die vorgesehenen institutionellen Vorkehrungen für ein so ehrgeiziges Ziel ausreichen. Ich will nur auf einen Mangel an Glaubwürdigkeit hinweisen. Zu den Eintrittskriterien der Währungsunion gehört u. a. eine Schuldenquote von

---

[2] Besonders instruktiv der *Bericht der Deregulierungskommission,* Marktöffnung und Wettbewerb, Stuttgart 1991.

[3] Zu solchen Vorteilen im einzelnen *Bundesministerium für Wirtschaft,* Wirtschaftspolitische Konsequenzen der Wirtschafts- und Währungsunion (WWU), BMWi-Studienreihe Nr. 79, Bonn 1992.

[4] *Franz-Olivier Giesbert,* De Versailles à Maastricht, Le Figaro Nr. 14953 vom 18. September 1992, S. 1 (erste Spalte).

nicht mehr als 60 % (gesamte Staatsschuld in % des Bruttoinlandproduktes zu Marktpreisen). Für Italien liegt sie im Jahre 1992 bei 108 %, für Belgien bei 133,4 %. Es scheint ausgeschlossen, daß beiden Ländern in den nächsten Jahren eine durchgreifende Reduzierung dieser Schuldenquote gelingt. Auch die in Italien erwogenen Privatisierungen von Staatsunternehmen reichen dafür nicht hin. Geht man von der recht robusten Annahme aus, beide Länder, zu den Gründungsstaaten der EWG gehörend, könnten politisch gar nicht von einer sofortigen Teilnahme an der Währungsunion ausgeschlossen werden, dann haben die Vertragsparteien von Maastricht Regeln geschaffen, von denen sie schon im Zeitpunkt des Vertragsschlusses wußten, daß sie nicht einzuhalten sind. Es geht dabei nicht um die sachliche Bedeutung dieses Schuldenkriteriums; sie ist eher bescheiden.[5] Deutlich wird vielmehr: Auf der Basis der gemachten Annahme wollten die Vertragsparteien die Öffentlichkeit mit allem Vorbedacht täuschen. Eine vertrauensbildende Maßnahme in Richtung stabiler Währung ist dies nicht.

3. Das imperiale Argument

In den letzten Jahren hat ein weiteres Argument Konturen erlangt: Europa müsse seine Kräfte bündeln, um die globalen Herausforderungen an der Schwelle zum 21. Jahrhundert bestehen zu können. Es würde auf diese Weise eine Stellung erlangen, wie sie gegenwärtig allein die USA innehaben. Von Europa als einer „Weltmacht im Werden" (Werner Weidenfeld) ist die Rede. Man kann solches Ziel das imperiale Argument nennen. Es hat vornehmlich eine sicherheits- und eine außenhandelspolitische Komponente. Erstrebte Einflußnahme auf die Lösung globaler Umweltprobleme tritt hinzu.[6] Solche Zielvorstellung bleibt im Zwielicht. Manches spricht zwar dafür, daß die nächsten 40 Jahre, sicherheitspolitisch gesehen, unruhiger sein werden als die soeben vergangenen. Ein geeintes, machtvolles Europa hätte insoweit einen Sinn. Doch hat dies eine Kehrseite: Macht zieht Verantwortung nach sich. Mit einer Nischen-Mentalität wäre die damit verbundene Rolle nicht auszufüllen. Außenhandelspolitisch könnte ein europäischer Gigant die sich ohnehin abzeichnende Triadisierung zwischen den USA, Japan und der EG weiter befördern. Dieses enge Oligopol könnte zu Lasten der Außenseiter gehen und die Philosophie des GATT mit seinen Prinzipien der Nichtdiskriminierung und der Meistbegünstigung untergraben. Eine solche Entwicklung ist nicht zwangsläufig. Europa ist auch als Garant einer Freihandelsorientierung vorstellbar. Die Versuchung zu trilateralem Ausgleich der Handels-

---

5 Hierzu *Sachverständigenrat zur Begutachtung der gesamtwirtschaftlichen Entwicklung,* Für Wachstumsorientierung — Gegen lähmenden Verteilungsstreit, Jahresgutachten 1992 / 93, BT-Drucksache 12 / 3774 (1992), Tz. 423 ff.

6 Vgl. z. B. *Helmut Kohl,* Politik der konsequenten Verwirklichung der Europäischen Union, Rede des Bundeskanzlers in der Universität Zürich vom 18. Juni 1992, in: Presse- und Informationsamt der Bundesregierung, Bulletin Nr. 73 vom 3. Juli 1992, S. 697, 698.

salden zwischen den großen Drei und zu wechselseitig toleriertem Protektionismus nach außen wäre aber groß. Delors' Diktum: „Wir schaffen keinen gemeinsamen Markt, um diesen dann hungrigen Ausländern zu überlassen"[7], beleuchtet das Risiko.

4. Das Deutschen-Argument

Schließlich besteht ein Zusammenhang zwischen der europäischen Integration und dem, was man die deutsche Frage zu nennen beliebt. Nennen wir den Gesichtspunkt das Deutschen-Argument. Es weist vier Facetten auf.

— Die erste besteht darin, über eine europäische Integration Deutschland einzubinden, es in „eine Art Käfig" zu nehmen, wie dies der Politologe Alfred Grosser nennt.[8] Die Hast, mit welcher die Maastricht-Verträge — parallel zur sich vollziehenden Wiedervereinigung Deutschlands — ausgearbeitet wurden, findet darin eine Ursache. Hinzu tritt ein Interesse, die Ressourcen Deutschlands sozusagen unter Preis nutzen zu können. Dies ist eine Konstante, welche vom EGKS-Vertrag des Jahres 1951 — Kohle und Stahl waren damals knappe Güter — bis hin zur ausgeprägten Nettozahler-Rolle Deutschlands innerhalb der EG reicht.[9]

— Eine zweite Facette ist ein in Deutschland manchmal anzufindendes mangelndes Vertrauen in die eigene Politikfähigkeit, ein Horror vor dem, was man „deutschen Sonderweg" nennt. Von daher ist ein Schritt sozusagen in eine freiwillig übernommene Teilunmündigkeit nicht fern.

— Ganz dominant ist in Deutschland wohl eine dritte Facette, die Furcht vor der Gefahr einer Einkreisung, einer Isolierung des Landes und einer Allianzbildung gegen seine Interessen, wenn diese außerhalb des europäischen Rahmens artikuliert werden. Darin wurzelt eine gelegentlich an Entsagung reichende Kompromißbereitschaft der deutschen Europapolitik. Auch die Unbedingtheit, mit der die drei privaten Großbanken in der Bundesrepublik öffentlich für die europäische Währungsunion eintreten, findet darin ihre wesentliche Erklärung.

— Eine vierte Facette begründet aus der Deutschen-Frage gerade umgekehrt einen Vorbehalt gegenüber einer stärkeren Integration. In einem so verfaßten Europa müsse sich die wirtschaftliche Kraft Deutschlands unausweichlich

---

[7] Zitiert nach *Erwin Dichtl,* Europrotektionismus, WiSt 18 (1989), S. 157.

[8] Vgl. Frankfurter Allgemeine Zeitung Nr. 132 vom 19. August 1992, S. 2 („Stimmen der Anderen. Eine Art Käfig für Deutschland?"). Im Anlage-Kommentar einer Schweizer Bank vom 15. Dezember 1992 heißt es lapidar: „Politisch gesehen kann ein Vereinigtes Europa beim heutigen weltpolitischen Stand der Dinge nur eine Berechtigung haben: das territorial erstarkte Deutschland einzubinden."

[9] Deutschland zahlt gegenwärtig im Jahr netto rund 20 Mrd. DM an die EG, mehr als dreimal so viel wie Großbritannien und mehr als sechsmal so viel wie Frankreich.

durchsetzen. Das Argument ist namentlich in der englischen Diskussion verbreitet. Frau Thatcher schlußfolgerte in ihrer Den Haag-Rede vom 15. Mai 1992: „What follows from this is that German power will be best accommodated in a looser Europe in which individual nation-states retain their freedom of action. If Germany or any other power then pursues a policy to which other countries object, it will automatically invite a coalition against itself.“ [10] Helmut Kohl hat dazu wenig später in einem Vortrag in Zürich gemeint — ich sage es abgekürzt mit meinen Worten —, dies sei ein Standpunkt von vorgestern. [11] Man mag das so sehen. Ein realwirkender Faktor bleibt solcher Standpunkt gleichwohl. In Frankreich ist diese vierte Facette ebenfalls anzutreffen. So warnte z. B. der frühere Verteidigungsminister Chevènement als Maastricht-Gegner vor einem „amerikanisch-deutschen Heiligen Reich.“ [12] Für die politische Klasse Frankreichs, welche die Außenpolitik bestimmt, scheint mir dies freilich nicht typisch zu sein. Letztere, gestützt auf diplomatische Erfahrungen aus Jahrhunderten, traut sich in meiner Bewertung eher mühelos zu, den leicht naiven Gulliver „d'outre Rhin“ festzubinden.

II. Zu den Beurteilungskriterien

Die genannten Zwecke sind nicht vollständig harmonisierbar. Wichtiger: Sie öffnen sich zwiespältiger Bewertung. An welchen Maßstäben soll man sich orientieren, wenn man ihre Umsetzung in institutionelle Formen überdenkt?

Als Bezugspunkt drängt sich eine Art Verhältnismäßigkeitsgrundsatz auf. Vorgeschlagene Instrumente sollten zur Zielerreichung geeignet sein. Die mit ihnen verbundenen Nachteile, also der jeweils zu zahlende Preis, sind bilanzierend in Rechnung zu stellen. Geeignetheit bedeutet namentlich Realismus im Urteil. Träumereien und Sentimentalitäten sind fehl am Platz. Realitätssinn schließt mit ein, daß die europäische Integration nicht bei einem Punkt Null beginnt. Die gewachsenen Strukturen lassen sich nicht ignorieren. So wird es außerordentlich schwierig, vielleicht unmöglich sein, die europäische Integration in einzelnen Bezügen hinter den Stand von 1957 zurückzuführen. Auch der Maastricht-Vertrag ist in der Welt, sein Inkrafttreten allerdings noch nicht völlig sicher. Maastricht bietet freilich eine doppelte Änderungschance: Der Vertrag über die Europäische

---

10 Margaret Thatcher, Europe's Political Architecture, Manuskript für die Presse, S. 5.

11 A. a. O. (Fn. 6), S. 698 l. Sp. („. . . ein Rückgriff auf überholte Konzepte“); ähnlich *Helmut Kohl,* In der europäischen Einigung liegt unsere nationale Zukunft, Ansprache des Bundeskanzlers vom 11. November 1992 in Oxford, in: Presse- und Informationsamt der Bundesregierung, Bulletin Nr. 125 vom 25. November 1992, S. 1141, 1142 l. Sp. („Ich fühle mich in eine unselige Vergangenheit zurückversetzt, wenn heute hier und da Stimmung gemacht wird mit dem Argument, Deutschland sei so groß und mächtig geworden, daß es durch Koalitionen „eingedämmt“ werden müsse“).

12 Vgl. Frankfurter Allgemeine Zeitung Nr. 210 vom 9. September 1992, S. 6 („Scharfe Töne Chevènements“).

Union harrt ohnehin der Konkretisierung und für 1996 ist eine Konferenz der Vertreter aller Mitgliedstaaten einzuberufen, auf der einzelne Vertragsbestimmungen noch einmal zu prüfen sind. Dies gilt zwar nur für jene Bestimmungen, für welche explizit eine Revision vorgesehen ist. Doch ist zumindest ein äußerer Anlaß vorhanden, weitergehende Änderungen zu verabreden. Zum Realismus gehört ferner ein Verständnis vom prozeßhaften, vom dynamischen Charakter der europäischen Integration. Es geht eher um Perspektiven, um Chancen und Risiken. Reißbrettlösungen, welche einen Endzustand beschreiben, machen von daher nur begrenzt Sinn. Gefordert ist schließlich eine Einsicht: Hierbei zu treffende Entscheidungen fallen meist unter Bedingungen hoher Ungewißheit. Von daher ist intellektuelle Bescheidenheit angezeigt, nicht die Selbstgewißheit und schneidende Schärfe von Glaubenskriegern, die sich mit dem lieben Gott im Bunde wissen. Intellektuelle Einfälle statt Ausfälle sind gefragt, Offenheit des Bewußtseins anstelle jeder Verbiesterung.

III. Die institutionellen Optionen

Wenn ich im folgenden auf die wichtigsten institutionellen Optionen eingehe, so liegt dem kein Vorverständnis im Sinne einer präzisen Begrifflichkeit mit daraus abzuleitenden Schlußfolgerungen zugrunde. Es werden vielmehr Strukturmerkmale akzentuiert, die ineinander übergehen können. Zu solcher Vorgehensweise paßt das Bild von der constitutio emergens.[13]

1. Bundesstaatliche Struktur

Die genannten Integrationszwecke lassen sich, mit Ausnahme jener Facette, für welche ich Frau Thatcher zitiert habe,[14] am nachhaltigsten innerhalb eines europäischen Bundesstaates verwirklichen. Gemeint ist eine Struktur mit einer nach innen wie nach außen handlungsfähigen Regierung, mit einem Parlament als dem zentralen Gesetzgebungsorgan und mit substantiellen Kompetenzen auf der Gemeinschaftsebene. Dies liegt auf der Linie einer europäischen Integrationsentwicklung, die sich in der Vergangenheit von Etappe zu Etappe intensiviert hat. Doch schließt das nicht endgültig die Möglichkeit eines Stops oder einer Umorientierung für den europäischen Zug aus. Im Unionsvertrag von Maastricht mag man Ansätze für bundesstaatliche Strukturen erkennen. Es gibt u. a. eine gemeinsame Unionsbürgerschaft, von Prinzipien der Kohärenz und der Solidarität ist ebenso die Rede wie von der Identität und Unabhängigkeit Europas. Dazu

---

[13] Vgl. *Eberhard Grabitz,* Institutionelle Anpassung der EG, in: Weiterentwicklung der Europäischen Gemeinschaften und der Marktwirtschaft. Referate des XXV. FIW-Symposions, Köln / Berlin / Bonn / München 1992, S. 105, 129.

[14] Vgl. zu Fn. 10.

kann „auf längere Sicht“ und „zu gegebener Zeit“ auch eine gemeinsame Verteidigung gehören (Artikel B Unionsvertrag). Ob dies mehr als ein verbales Palliativ gegenüber jenen Mitgliedstaaten darstellt, welche ursprünglich ein Junktim zwischen Währungsunion und Politischer Union gefordert hatten, muß sich noch erweisen. In der Sache selbst sehe ich eher Anlaß zu Skepsis.

Die namentlich von der Deutschen Bundesbank vertretene These, schon die verabredete Währungsunion erfordere auf Dauer das Dach einer Politischen Union, die über Maastricht hinausgehe,[15] überzeugt mich nicht. Sie ist zu sehr von eigenen Erfahrungen geprägt. Die Bundesbank wird bekanntlich in ihrer Politik von einer stabilitätsorientierten öffentlichen Meinung gestützt und zugleich abgeschirmt. Eine öffentliche Meinung quer durch Europa, so das Argument, gäbe es nicht, schon gar nicht mit solcher Orientierung. Weiter wird zutreffend gesagt, eine künftige Europäische Zentralbank müsse ihre Resistenzfähigkeit bei der Geldversorgung gegenüber den Einkommensansprüchen der Lohnpolitik und den Zins- und Kreditansprüchen der Haushaltspolitik erst noch unter Beweis stellen. Doch scheint mir sicher zu sein, daß eine Politische Union von deutlich bundesstaatlicher Struktur solche Aufgabe eher erschwert. Anders formuliert: Bleibt Hoheitsmacht stärker zersplittert auf die Mitgliedstaaten der Gemeinschaft, wächst die Chance für eine Objektivierung der Geldversorgung durch eine unabhängige Zentralbank.

Im übrigen erscheint das Ziel eines europäischen Bundesstaates wenig realistisch. Die wohl einzige politische Kraft, die solches Ziel (noch?) anstrebt, scheint die deutsche Bundesregierung zu sein. Helmut Kohl spricht denn auch gerne von den „Vereinigten Staaten von Europa.“[16] Diese politische Kraft ist innerhalb Europas zu schwach. Solche Bewertung drängt sich namentlich auf, wenn man die Perspektive einer nachhaltigen Erweiterung der EG mit ins Bild nimmt.[17]

---

[15] Exemplarisch *Helmut Schlesinger,* Deutsche Währungsgeschichte als Lehrstück für eine Europäische Währungsunion, in: Deutsche Bundesbank, Auszüge aus Presseartikeln Nr. 85 vom 11. November 1991, S. 1 ff.; *ders.,* Wege zu einer Europäischen Wirtschafts- und Währungsunion und die Stellung Deutschlands darin, in: Deutsche Bundesbank, Auszüge aus Presseartikeln Nr. 83 vom 23. November 1992, S. 1 ff.; ebenso *Otmar Issing,* Stabiles Geld in Deutschland und Europa, in: Deutsche Bundesbank, Auszüge aus Presseartikeln Nr. 87 vom 8. Dezember 1992, S. 3 ff.; *Hans Tietmeyer,* Europa auf dem Weg zur monetären Integration — Erfahrungen und Perspektiven, in: Deutsche Bundesbank, Auszüge aus Presseartikeln Nr. 90 vom 15. Dezember 1992, S. 5, 9; *Reimut Jochimsen,* Die Europäische Wirtschafts- und Währungsunion, in: Deutsche Bundesbank, Auszüge aus Presseartikeln Nr. 93 vom 28. Dezember 1992, S. 5, 6 ff.; siehe auch *Theresia Theurl,* Eine gemeinsame Währung für Europa. 12 Lehren aus der Geschichte, Innsbruck 1992.

[16] Z. B. Züricher Rede vom 18. Juni 1992 (Fn. 6), S. 697 unter Bezugnahme auf die berühmte Züricher Rede Winston Churchill's vom 19. September 1946.

[17] Maastricht aus eben diesem Grunde als Sackgasse bewertend *Holger Schmieding,* Maastricht: A Dead End of European Integration?, Kieler Diskussionsbeiträge Nr. 192 vom Oktober 1992.

Ich halte das genannte Ziel auch nicht für wirklich erstrebenswert. Die Vorstellung eines multikulturellen melting pot of people wird nahezu durchgängig verworfen. Selbst der Unionsvertrag von Maastricht sieht sich veranlaßt, in seinem Artikel F Abs. 1 die Achtung der nationalen Identität der Mitgliedstaaten zu betonen. Die praktischen Erfahrungen in der westlichen Welt mit vielsprachigen, in unterschiedlichen Identitäten wurzelnden Bundesstaaten mahnen zu Vorsicht: In Kanada scheint der Streit zwischen dem größeren englischsprechenden und dem kleineren französischsprachigen Landesteil fast ausweglos. Ähnliches gilt für Belgien mit emotional offenbar tiefsitzenden Vorbehalten zwischen Flamen einerseits und Wallonen andererseits. Das Gegenbeispiel Schweiz scheint mir als Ausnahmesachverhalt die genannte Skepsis eher zu bestätigen als zu entkräften.

Schwer vorstellbar ist weiter, wie innerhalb eines sprachlich wie identitätsmäßig zersplitterten europäischen Bundesstaates ein Gesetz noch Ausdruck einer volonté générale sein kann. Wie soll eine in zahlreichen Mitgliedstaaten fraktionierte öffentliche Meinung die Richtigkeitsgewähr einer Entscheidung erhöhen, sie der „Wahrheit" soweit wie möglich annähern, wie dies John Stuart Mill vor mehr als 150 Jahren klassisch formuliert hat? [18]

Zu fragen ist schließlich, ob ein Bundesstaat mit starken zentralen Funktionen ohne ein Gemeinschaftsbewußtsein funktionieren kann, welches man traditionell Patriotismus nennt. Man darf sich hier keinen Illusionen hingeben. Die Interessengegensätze zwischen den Mitgliedstaaten sind unverändert beträchtlich. Die deutsche Wiedervereinigung z. B. wurde, mit Ausnahme der spanischen, von keiner Regierung aus den EG-Mitgliedstaaten unterstützt. Frankreich bekämpfte sie aktiv so lange, als noch eine Erfolgschance für solche Politik gesehen wurde. Selbst in existentiellen Fragen eines Mitgliedstaates kann demnach von einem Grundkonsens innerhalb der EG nicht die Rede sein. Ob ein blutleeres Konstrukt wie jener Verfassungspatriotismus, welcher einst innerhalb der alten Bundesrepublik angedient wurde, auf europäischer Ebene ein zureichendes Substitut sein kann, ist nach den Erfahrungen in meinem Lande eher zu verneinen. All dies sei ohne jeden Anflug von Kritik gesagt. Mir geht es nur um ein Plädoyer für nüchternen Realitätssinn. Charles de Gaulle benutzte für solche Sicht häufig die Wendung: Les choses étant telles quelles sont . . .

---

[18] *John Stuart Mill,* Über Freiheit, Kap. II, Von der Freiheit des Denkens und der Diskussion, übertragen von A. von Borries, Stuttgart 1969; hierzu auch *Rudolf Wildenmann,* Probleme der sozio-politischen Steuerungskapazität Europas, in Erhard Kantzenbach (Hrgb.), Die wirtschaftliche Neuordnung Europas — Erfahrungen und Perspektiven —, Berlin 1992, S. 81 ff.

2. Europa der Regionen

Eine Variante des bundesstaatlichen Konzepts ist die Idee eines Europa der Regionen. Die Vorstellung ist, daß zwischen Brüssel einerseits und den Regionen andererseits die Nationalstaaten nachhaltig Kompetenzen abzugeben hätten. Es verbindet sich damit die Erwartung größerer Bürgernähe. Auch Ungleichheiten in den Lebensbedingungen ließen sich in einer Vielzahl kleinerer Regionen eher ertragen als innerhalb größerer Einheiten. Ökonomen denken an einen effizienteren Zuschnitt von Wirtschaftsräumen. Wer die Befürchtung hegt, etwa das wiedervereinte Deutschland sei zu groß geworden, um nur einer unter vielen Spielern Europas zu sein, mag solchem Konzept zusätzlichen Reiz abgewinnen.

Der Vertrag von Maastricht hat dieser Idee bescheidenen ersten Tribut gezollt. Auf der Ebene der Gemeinschaft wird ein beratender Ausschuß der Regionen eingerichtet werden. Er soll aus 189 Vertretern der regionalen und lokalen Gebietskörperschaften bestehen (Art. 198 a EG-Vertrag).

Doch auch hier ist vor Träumereien zu warnen. Außerhalb der drei deutschsprachigen Länder Europas haben föderale Strukturen keine verwurzelte Tradition. Die Vorstellung, quer durch Europa Regionen als Bausteine einführen zu können, welche einen Bundesstaat konstituieren sollen, erscheint unter diesen Umständen überaus kühn. Ein Bedenken in der Sache kommt hinzu: Regionen dürften innerhalb eines europäischen Bundesstaates auf Dauer keine Chance haben, sich gegenüber den auf Zentralisierung drängenden Kräften zu behaupten. Die faktische Aushöhlung der Länderkompetenzen in der Bundesrepublik Deutschland im Verhältnis zu den Kompetenzen des Bundes beleuchtet den Gedanken.

Davon unberührt bleibt die Möglichkeit verstärkter grenzüberschreitender Kooperation zwischen kommunalen und regionalen Gebietskörperschaften. Solche Praxis gibt es schon jetzt, wenngleich von sichtbaren Erfolgen wenig bekannt geworden ist. In ähnlicher Weise mag es zur Herausbildung grenzübergreifender Wirtschaftsregionen kommen, innerhalb deren der wechselseitige Einfluß von Entscheidungen besonders spürbar ist. So ist gut vorstellbar, daß z. B. Tarifverträge im Handwerk des Saarlandes in Zukunft das Lohnniveau in den benachbarten Tarifregionen Frankreichs werden berücksichtigen müssen. Ein Abschied vom Ordnungsmodell Nationalstaat erscheint demgegenüber verfrüht.

3. Zum Maastricht-Modell

Eine Europäische Union im Sinne von Maastricht ist eine weitere Option. Gemessen an den eingangs genannten Integrationszwecken wirkt sie partiell kontraproduktiv: Das Binnenmarkt-Argument mit seiner liberalen Ordnungsidee des Wettbewerbs wird überlagert, mindestens ergänzt von Vorstellungen diskretionärer politischer Wirtschaftssteuerung. Das imperiale Argument wird im außenhandelspolitischen Bereich eher in Richtung selektiven Protektionismus fehlgeleitet, auf sicherheits- und außenpolitischem Feld auf unverbindliche Absichtserklärungen reduziert. Änderungen bei den europäischen Institutionen, namentlich beim Parlament, folgen keinem deutlichen Konzept. Was bleibt, ist die Währungsunion in ihrem Zwielicht von Chance zur Objektivierung gemeinschaftsweiter Geldversorgung einerseits und von Risiko zu instabilem Geld, d. h. zu Lug und Trug auf Kosten der Bürger andererseits.

a) Neue Kompetenzen

Maastricht hat die Kompetenzen zugunsten der EG nachhaltig erweitert.[19] Einige wurden neu begründet (Industriepolitik, transeuropäische Netze, Gesundheitsschutz, berufliche Bildung und Entfaltung des Kulturlebens, Verbraucherschutz, Maßnahmen in den Bereichen Energie, Katastrophenschutz und Fremdenverkehr). Andere, schon in der Einheitlichen Europäischen Akte von 1987 angelegt, wurden weiter ausgedehnt (Forschung und Entwicklung, Umweltschutz, wirtschaftlicher und sozialer Zusammenhalt). Der Bereich politisierender Einflußnahme nimmt zu. Die Stärkung der Wettbewerbsfähigkeit der Industrie in der Gemeinschaft hat jetzt gleichen Rang wie die Aufrechterhaltung eines Systems unverfälschten Wettbewerbs.[20] Gemeinschaftsmaßnahmen bei Forschung und Entwicklung umfassen die Möglichkeit zu mehrjährigen Rahmenprogrammen für wissenschaftliche und technologische Ziele. Die EG kann zu diesem Zweck gar Gemeinschaftsunternehmen gründen. Etwas dramatisierend formuliert: Die Wirtschaftsverfassung der EG, welche bislang im wesentlichen normativ-funktional durch ihren Bezug auf die vier Grundfreiheiten gekennzeichnet war, verschiebt sich in Richtung diskretionärer Entscheidung, die sich — wie soll es anders sein? — weitgehend an Maßstäben politischen bargainings orientiert.[21] Man kann die genannten Veränderungen, die ihre Kautelen haben, auch verharmlosend interpretieren. Das ist die Linie der deutschen Bundesregierung. Ein solcher Standpunkt stützt sich freilich auf die wenig plausible Annahme, die genannten Änderungen seien im wesentlichen überflüssig gewesen. Erste Äußerungen aus Brüssel unterstreichen die hier formulierte Skepsis: Als Kandidaten europaweiter Industriepolitik werden krisengeschüttelte oder gefährdete Industriezweige wie Textil, Elektronik, Rüstung und Automobil genannt. Der europäische Sozialfonds, der nach der Neufassung des Art. 123 EG-Vertrag jetzt auch einer „Anpassung an die industriellen Wandlungsprozesse und an Veränderungen der Produktionssysteme" dienen kann, soll als Finanzierungsinstrument herangezogen werden. In einer Mitteilung vom Mai 1992 an das Parlament schlägt die Kommission bezüglich

19 Umfassender Überblick bei *Eberhard Grabitz* (Fn. 13).

20 Hierzu *Wernhard Möschel,* EG-Industriepolitik nach Maastricht, Ordo 43 (1992), S. 415 ff.

21 Eingehend *Ernst-Joachim Mestmäcker,* „Widersprüchlich, verwirrend und gefährlich", Frankfurter Allgemeine Zeitung Nr. 236 vom 10. Oktober 1992, S. 15.

der Automobilindustrie vor, ein System von Anreizen für Investitionen, Unternehmenszusammenschlüsse, Forschung und Entwicklung sowie für die Umstrukturierung des Gütersortiments zu schaffen, zur Entwicklung von Schlüsseltechnologien Projekte mit Priorität festzulegen und die Anpassung der Arbeitnehmer an den Strukturwandel mittels beruflicher Umschulungsmaßnahmen zu fördern.[22]

In Richtung Außenhandel laufen solche Maßnahmen auf eine Mischung aus Subvention und Protektion hinaus.

b) Subsidiarität

Der genannten Befürchtung scheint das Subsidiaritätsprinzip zu widerstreiten, wie es in Art. 3 b Abs. 2 EG-Vertrag aufgenommen ist[23]: Danach wird die Gemeinschaft außerhalb einer ausschließlichen Zuständigkeit nur dann tätig, „sofern und soweit die Ziele der in Betracht genommenen Maßnahmen auf Ebene der Mitgliedstaaten nicht ausreichend erreicht werden können und daher wegen ihres Umfangs oder ihrer Wirkungen besser auf Gemeinschaftsebene erreicht werden können." Ich halte das Prinzip in dieser Ausprägung für wenig tauglich, dies aus drei Gründen:

— Es relativiert sich schon juristisch dadurch, daß es auf der Ebene des Unionsvertrages (Art. A) wie des EG-Vertrages (Art. 2) mit gegenläufigen Prinzipien konkurriert, nämlich dem der Kohärenz und dem der Solidarität innerhalb der Gemeinschaft.

— Mit der materiell begrenzenden Wirkung des Subsidiaritätsprinzips kann es nicht weit her sein. Angesichts der Größenunterschiede zwischen den Mitgliedstaaten, auch angesichts der unterschiedlichen finanziellen Leistungsfähigkeit und immer wieder auftauchender Interessenkonflikte zwischen den Mitgliedstaaten läßt sich eine Priorität für eine zentrale Regelung allzu leicht begründen.

— Eine von Gerichten vollziehbare Kontrolle anhand dieses Prinzips ist kaum vorstellbar, wenn man den Charakter des Politischen innerhalb solcher Entscheidungen bedenkt: Wie soll es ein Gericht bewerten, wenn mit Hilfe einer Gemeinschaftsmaßnahme der Widerstand der spanischen Regierung gegen Erweiterungsverhandlungen der EG abgekauft werden soll, wenn Griechenland bewogen werden soll, auf das Zugeständnis der anderen Mitgliedstaaten zu verzichten, keine ehemalige jugoslawische Republik unter dem Namen Mazedonien anzuerkennen, wenn einer französischen Obstruktion beim europäisch-amerikanischen Agrarkompromiß innerhalb der Uruguay-Runde z. B. dadurch entgegengewirkt werden soll, daß ein europäisches Eisenbahnnetz auf der Basis des französischen TGV errichtet wird?

---

22 Vgl. hierzu *Sachverständigenrat* (Fn. 5), Tz. 445.

23 Vgl. hierzu etwa *Ernst Steindorff*, Quo vadis Europa?, in: Weiterentwicklung der Europäischen Gemeinschaften und der Marktwirtschaft (Fn. 13), S. 11, 69 ff.

Was übrigbleibt, sind Verfahrenslösungen. Interinstitutionelle Vereinbarungen zwischen Kommission, Ministerrat und Parlament, u. U. auch Ausschuß der Regionen werden diskutiert. Auf der Basis solcher Vereinbarungen sollen Notwendigkeit und Intensität eines gemeinschaftlichen Vorgehens festgestellt werden.[24] In dieser Arena wird das Recht in die Rolle des eher vernachlässigten Mitspielers gedrängt.

c) Defizite bei der Politischen Union

Von der ursprünglich parallel zur Währungsunion angestrebten Politischen Union ist im Unionsvertrag eine Zusammenarbeit auf den Feldern der Außen- und Sicherheitspolitik übriggeblieben. Dies fügt sich jenen Integrationszwecken ein, die ich als Friedensargument, imperiales Argument und Deutschen-Argument zusammengefaßt habe. Der Unionsvertrag sieht weiter eine Zusammenarbeit in den Bereichen Innen- und Rechtspolitik vor. Im einzelnen gehören dazu die Asylpolitik, die Kontrolle der Außengrenzen, die Einwanderungspolitik, die Bekämpfung der Drogenabhängigkeit und internationalen Kriminalität sowie eine Zusammenarbeit von Zoll, Justiz und Polizei. Geplant ist der Aufbau eines Europäischen Polizeiamtes (Europol) zum Zwecke der Speicherung und des Austauschs von Informationen. Dies steht im Einklang mit dem sog. Binnenmarkt-Argument. Es schließt den freien Verkehr von EG-Bürgern innerhalb der Gemeinschaft ein. Der Abbau von Kontrollen an den Binnengrenzen läßt die Zusammenarbeit in den Bereichen Justiz und Inneres nur als folgerichtig erscheinen.

Aus dieser Sicht wird man in der weitgehenden Unbestimmtheit der einschlägigen Rechtsgrundlagen, die zum Teil den Charakter bloßer Programmsätze oder Absichtserklärungen haben, ein Defizit erkennen mögen. Auch tatsächliche Vorbehalte dürfen nicht übersehen werden: Wer im Bereich der Außen- und Sicherheitspolitik, gestützt auf alte Traditionen, auf den Status einer Atommacht und auf einen Sitz im UN-Sicherheitsrat, einem nationalen Weg den Vorrang gibt, wird das Potential des Unionsvertrages nicht ausschöpfen wollen. Auch das in Edinburgh akzeptierte dänische Nein richtet sich neben der abgelehnten Währungsunion und Unionsbürgerschaft gerade gegen das Konzept einer gemeinsamen Verteidigungspolitik.[25] Hier stößt das Maastricht-Modell auf Grenzen.

---

24 Auf dieser Linie auch Europäischer Rat Edinburgh 11.-12. Dezember 1992, Schlußfolgerungen des Vorsitzes, Teil A Anlage 1 III. (Verfahren und Praxis). Unter I. Grundprinzipien, 4., Spiegelstrich 5, heißt es: „Das Subsidiaritätsprinzip kann nicht als unmittelbar wirksam betrachtet werden.“ Die Schlußfolgerungen sind abgedruckt in Presse- und Informationsdienst der Bundesregierung, Bulletin Nr. 140 vom 28. Dezember 1992, S. 1277 — 1302.

25 Europäischer Rat Edinburgh 11.-12. Dezember 1992 (Fn. 24), Teil B Anlage 1.

d) Zum Demokratie-Defizit von Maastricht

Maastricht hat auch eine Reihe von Veränderungen im institutionellen Gefüge der EG gebracht, namentlich die Stellung des Europäischen Parlaments etwas gestärkt (Verfahren der Mitentscheidung innerhalb der Gesetzgebung, Zustimmungsvotum gegenüber dem unverändert von den Mitgliedstaaten benannten Kommissionskollegium u. a.)[26]. In der Öffentlichkeit überwiegt indessen unverändert eine Klage über ein Demokratie-Defizit der Gemeinschaft: „Wer in der EG etwas zu sagen hat, ist nicht vom Volk gewählt, und wer vom Volk gewählt ist, hat nichts zu sagen" (Peter Conradi).

Schlüssig erscheint solche Kritik, wenn man die europäische Integration in einer Perspektive der Staatswerdung sieht. Dies trifft für all jene zu, welche die EG auf einen Bundesstaat hin fortentwickeln wollen. Mag ein solcher vielfältiger Ausgestaltung fähig sein, so wäre doch das auf Wahlen gründende Parlament die maßgebliche Legitimationsquelle. Wer der Finalität eines Bundesstaates nicht zu folgen bereit ist, wird von dieser Kritik nicht unmittelbar berührt. Denn die Übertragung eines staatsgerichteten Legitimationsprinzips auf einen Integrationsverband eigener Qualität wie der EG ist nicht selbstevident, sondern bedarf der spezifischen Begründung.[27] Dabei fällt ins Gewicht, daß ein Demokratieprinzip schon auf staatlicher Ebene vielfältiger Differenzierung und Ergänzung zugänglich ist. Ich erinnere nur an

- Repräsentationsformen, welche vom Referendum bis hin zu einer Parteienherrschaft unterschiedlicher Ausprägung reichen,
- an das Prinzip der Gewaltenteilung, nicht nur vertikal innerhalb der Staatsfunktionen, sondern auch horizontal im Verhältnis von Staatskompetenz einerseits und Gesellschaftszuständigkeit andererseits,
- an das Rechtsstaatsprinzip mit seinem Ideal der abstrakt-generellen Regelung,
- an föderal differenzierte Mitwirkungserfordernisse bei Gesetzgebung wie Verwaltung,
- an einen Minderheitenschutz, wie er namentlich durch Grundrechtspositionen von Verfassungsqualität gewährleistet wird,
- an Elemente der Gouvernokratie wie originäre Zuständigkeiten einer Regierung z. B. beim Abschluß völkerrechtlicher Verträge,

---

[26] Eingehend *Eberhard Grabitz* (Fn. 13), S. 111 ff.

[27] Übereinstimmend *Hans Peter Ipsen,* Die europäische Integration in der deutschen Rechtswissenschaft, in: Europa-Institut, Universität des Saarlandes, Vorträge, Reden und Berichte Nr. 250, Saarbrücken 1991, S. 45, 55 ff.; *ders.,* Die europäische Integration in der deutschen Staatsrechtslehre, in: Festschrift für Bodo Börner, Köln / Berlin / Bonn / München 1992, S. 163, 171 ff.

— an Elemente der Expertokratie; sie finden sich bei unabhängigen Notenbanken, bei Rechnungshöfen, bei im Einzelfall nicht weisungsunterworfenen Behörden wie etwa den Agencies angelsächsischer Tradition.

Das Mischungsverhältnis zwischen solchen Strukturmerkmalen variiert stark. Um so näher liegt es, daß die EG einem eigenen Muster folgt. Dieses Gebilde sui generis verfügt nicht über eine Allzuständigkeit; es gilt ein Prinzip der limitierten Einzelermächtigung (Art. 3 b Abs. 1 EG-Vertrag), d. h. ein Prinzip spezifischer Aufgabenzuweisung. Der politische Wille wird nicht inhaltlich beliebig in der Arena des Parlaments und der darin vertretenen gesellschaftlichen Kräfte gefunden. Strukturbestimmend ist vielmehr der Versuch einer institutionellen Balance zwischen Gemeinschaftsinteresse einerseits und Interessen der Mitgliedstaaten andererseits. Als Sachwalter des ersteren ist namentlich die Kommission konzipiert mit ihrem legislativen Vorschlagsmonopol und in ihrer Funktion als Hüterin des Gemeinschaftsrechts. Sie nimmt letztere über Vertragsverletzungsklagen gegen die Mitgliedstaaten vor dem Europäischen Gerichtshof intensiv wahr (Art. 169 EG-Vertrag). Hinzu tritt das Bemühen um eine institutionelle Balance zwischen den großen Mitgliedstaaten und den kleineren. Dies gilt nicht nur auf der Ebene des Ministerrates. Der Gedanke schlägt sich auch in der Zusammensetzung des Europäischen Parlaments nieder mit einer proportional höheren Repräsentanz der kleineren Mitgliedstaaten. All dies belegt, wie weit die EG auch nach Maastricht von einem staatsähnlichen Gemeinwesen entfernt bleibt.

Ich würde auf das geltendgemachte Demokratiedefizit in der EG auf andere Weise antworten wollen:

— Je geringer die Regelungskompetenz der EG ist, desto mehr schwächt sich diese Kritik schon vom Sachverhalt her ab. Dies gilt quantitativ im Verhältnis der EG zu den Mitgliedstaaten, aber auch — besonders wichtig — im Verhältnis zum Zuständigkeitsbereich der Gesellschaft. Es gilt ferner qualitativ: Je mehr eine EG-Kompetenz auf die Ausfüllung eines Verfassungsrahmens ausgerichtet ist, desto geringer wird der Bedarf an diskretionärer Politik und zugeordneter demokratischer Legitimation. Die Klage über eine Gefährdung der verfassungsrechtlichen Grundlagen der Gemeinschaft durch zunehmende Politisierung aufgrund des Maastrichter Vertrages bestätigt sich auch aus dieser Perspektive.

— Auf der Basis eines nichtstaatlichen Verständnisses der EG bietet sich eine Verstärkung der demokratischen Legitimationskette eher bei den Mitgliedstaaten an. Als eine Möglichkeit sei auf die Mitwirkungsrechte in Europaangelegenheiten verwiesen, welche in Deutschland aus Anlaß des Maastrichter Vertrages Bundesrat und Bundestag erzwungen haben (Neufassung des Art. 23 Grundgesetz mit dazugehörigen Begleitgesetzen). Dies wird die Beweglichkeit der Regierung bei Verhandlungen im Europäischen Ministerrat einengen. Stärkere demokratische Anbindung ist nicht kostenlos zu haben.

— Unberührt bleibt das Anliegen, die Transparenz der legislativen wie exekutiven Entscheidungsprozesse auf Gemeinschaftsebene zu verbessern. Man mag erwägen, zu *diesem* Zweck die Kontrollbefugnisse des Europäischen Parlaments auszudehnen. Doch wäre dies eher ein Element der „checks and balances" als einer demokratischen Legitimierung von Hoheitsausübung.

IV. Europäische Minimalgemeinschaft

Überwiegt zu Maastricht die Distanzierung, so ist doch eine Rückkehr zum System rivalisierender Nationalstaaten nach dem Muster des 19. Jahrhunderts keine ernstzunehmende Option. Ebenso wenig ist es das Konzept einer Freihandelszone im technischen Sinne. Die eingangs genannten Integrationszwecke würden im ersteren Falle zur Gänze, im zweiten Fall in hohem Maße verfehlt. Hinter die Idee des Binnenmarkts mit gemeinsamer Außenhandelspolitik und hinter ein Verständnis der EG als einer auf die vier Grundfreiheiten ausgerichteten Verfassungsgemeinschaft mit dem Vorrang des Gemeinschaftsrechts beim Konflikt mit staatlichem Recht will niemand zurück. Auch diejenigen, die für ein „loseres Europa" eintreten, wollen das nicht. Dieser Kernbereich der Europäischen Gemeinschaft wird auch bei ihrer Erweiterung schwerlich in Frage gestellt sein, weniger wegen der in Maastricht juristisch festgezurrten „vollen Wahrung des gemeinschaftlichen Besitzstandes" (Art. B Unionsvertrag), sondern wegen einer insoweit bestehenden weitgehenden Interessenidentität.

Ich halte ein solches Konzept — nennen wir es europäische Minimalgemeinschaft oder Ordnungsgemeinschaft — freilich auch für hinreichend, um die mit der europäischen Integration verfolgten Zwecke zu erreichen. Ganz im Vordergrund steht, die Freiheit der Bewegung von Personen, Gütern, Dienstleistungen und Kapital zu sichern. Als Annex treten die Antibeihilferegeln und die Wettbewerbsvorschriften hinzu.[28] Im übrigen mag man auf einen Wettbewerb der Systeme setzen, freilich nicht blauäugig. Wo dieser Systemwettbewerb versagt, z. B. wenn bei völliger Beweglichkeit der Steuerbemessungsbasen Steuern zu Gebühren für in Anspruch genommene öffentliche Leistungen degenerieren, wird eine gemeinschaftsweite Regulierung erforderlich. Die Festlegung von Mindeststandards bzw. von Mindestsätzen ist in der Regel ausreichend.[29] Grenzüberschreitende Umweltprobleme und die in Maastricht nur recht unverbindlich aufgenommenen Felder Justiz und Inneres treten hinzu. Denn bei Wahrnehmung auf der niedrigeren mitgliedstaatlichen Ebene träten hier grenzüberschreitende externe

---

[28] Übereinstimmend in der Kompetenzfrage *Peter Bernholz,* in: Frankfurter Institut, Argumente zur Europapolitik Nr. 3 / November 1990, Demokratie, Wettbewerb und Subsidiarität: Unverzichtbare Grundlagen einer Europäischen Politischen Union.

[29] Eingehend hierzu *J. B. Donges / W. Engels / W. Hamm / W. Möschel / M. Neumann / O. Sievert* (KRONBERGER KREIS), Einheit und Vielfalt in Europa. Für weniger Harmonisierung und Zentralisierung, Bad Homburg v. d. H. 1992.

Effekte in Form von Mitbegünstigung oder Mitschädigung auf und/oder die öffentliche Aufgabe läßt sich auf Gemeinschaftsebene wesentlich kostengünstiger erledigen. Eine Währungsunion wird von solchem Konzept der Minimalgemeinschaft nicht gefordert. Sie trägt ihre eigene Wertigkeit freilich in sich, soweit sie in der Lage ist, für stabiles Geld zu sorgen. Ebenso wenig macht eine solche Ordnungsgemeinschaft Umverteilungen, Transfers auf Gemeinschaftsebene nötig. Sie könnte sich insoweit auf die Selbstverantwortung der Mitgliedstaaten gründen. Doch wäre dies ein Extrem und nicht nur wegen der anderen Entwicklung, welche die EG seit 1958 genommen hat, unrealistisch. Man mag sich mit der Einsicht trösten, daß für alle Formen menschlichen Zusammenwirkens ein Gemisch von Selbstverantwortung und Solidarität typisch ist.[30] Öffnet man diese Tür, müßte die Kontrolle über die Finanzmittel der Gemeinschaft bei den Mitgliedstaaten bleiben (Finanzierung über Beiträge der Mitgliedstaaten, nicht über eigene Steuern der Gemeinschaft). Liegen die wesentlichen Aufgaben der Gemeinschaft im „Ordnen" im Gegensatz zum „Anordnen", dann kann es beim überkommenen institutionellen Gefüge der Gemeinschaft bleiben. Auch eine Erweiterung der EG müßte dann nicht die Effizienz der Entscheidungsfindung beeinträchtigen. Außen- und Sicherheitspolitik bliebe Gegenstand intergouvernementaler Zusammenarbeit.

Wie realistisch es ist, die EG einerseits nachhaltig reduzieren zu wollen, sie andererseits — im Bereich der Politischen Union — intensivieren zu wollen, steht dahin. Weiterwursteln ist vielfach einfacher als zurückwursteln. Beides gleichzeitig anzustreben, mag besonders verwegen erscheinen. Doch könnte das hier umrissene Konzept einer europäischen Minimalgemeinschaft als Orientierungshilfe dienen.

---

30 Vgl. *Olaf Sievert,* Geld, das man nicht selbst herstellen kann, Frankfurter Allgemeine Zeitung Nr. 225 vom 26. September 1992, S. 13; enger *Wissenschaftlicher Beirat beim Bundesministerium für Wirtschaft,* Gutachten vom 20./21. Januar 1989 zum Thema: Europäische Währungsordnung, in: Gutachten vom Juni 1987 bis März 1990, Göttingen 1990, S. 1437, 1469 ff.

Die Europäische Währungsunion als ordnungspolitische und stabilitätspolitische Fehlkonzeption

Von *Franz-Ulrich Willeke*, Heidelberg

Die spezifischen Inflationsgefahren einer Europäischen Währungsunion sind nach Auffassung vieler Analytiker der Maastrichter Beschlüsse schwerlich zu bestreiten. Auf diesen Befund kann in zwei Richtungen reagiert werden.

Zum einen können Vorschläge zur stabilitätspolitischen Härtung verschiedener Regelungen zur Währungsunion gemacht und Warnungen ausgesprochen werden, die Regelungen müßten im praktischen Vollzug auch erst genommen werden. Aber mit all dem läßt sich nicht verhindern, daß mehr oder weniger große Inflationsrisiken bestehen bleiben.

Zum anderen kann eingedenk der Tatsache, daß niemals alle Inflationsrisiken beseitigt werden können, gefragt werden, ob nicht für die Mitgliedstaaten der EG eine andere Geldverfassung denkbar ist, die geringere Inflationsrisiken einschließt als eine Währungsunion. Diese ist dann eine „ordnungspolitische und stabilitätspolitische Fehlkonzeption", weil es mit der anderen Geldverfassung etwas Besseres gibt. So ist das Thema zu verstehen.

I. Zur Position der Bundesregierung

1. Der Europäer ohne Alternative?

Für die Bundesregierung steht fest: Es gibt für „die europäische Einigung keine Alternative". Auf dem Weg dorthin stellt der Vertrag von Maastricht über die Europäische Union einen „Meilenstein" dar. Er hat sich „in der Diskussion . . . als optimaler Kompromiß zwischen zwölf Staaten bestätigt: Politik als Kunst des Möglichen". Und deshalb gilt nach Auffassung der Bundesregierung auch für das Kernstück des Unionsvertrages: „Zur Wirtschafts- und Währungsunion gibt es (ebenfalls) keine Alternative"[1].

---

1 Presse- und Informationsamt der Bundesregierung (1992a, 1992 b). Den ganzseitigen Anzeigen in der Tagespresse vom 23. und 29. 10. schloß sich eine „Informationsreihe" der Bundesregierung mit dem Titel „Tatsachen über Europa" an. Es kann hier nicht um eine Qualitätskontrolle all dieser „Informationen" der Bundesregierung im einzelnen gehen, vielmehr werden im folgenden nur einige zentrale Aussagen berücksichtigt.

Die meisten Europäer gehen wahrscheinlich davon aus, daß es die europäische Uneinigkeit zwar im logischen Sinne durchaus als alternative Dauerlösung geben könnte, aber doch nicht geben sollte. Im Streben nach Einigung und Einigkeit sind sich viele Europäer wohl einig — obwohl die Realität zeigt, daß hier noch mancher Nachholbedarf existiert.

Im übrigen läßt diese Zielsetzung nicht nur offen, wie die Einigung konkret aussehen soll, sondern auch, ob der Unionsvertrag in seiner ganzen disparaten Fülle und die Währungsunion im besonderen tatsächlich genau den Weg zu einer weiteren europäischen Einigung darstellen, zu dem es „keine Alternative" gibt. Wer die Diskussion zu „Maastricht" auch nur ein wenig verfolgt hat, der weiß, daß zu vielen Regelungen des Unionsvertrages und speziell zur Währungsunion nach wie vor tiefgreifende Meinungsverschiedenheiten bestehen[2]. Die These, die — im folgenden allein zu betrachtende — Währungsunion sei unstrittig „die optimale Lösung" für die europäische Geldverfassung, läßt sich aus der Diskussion gerade nicht ableiten.

Die Bundesregierung stützt ihre davon abweichende Position, nach der die Diskussion die Währungsunion als europäische Geldverfassung ohne Alternative „bestätigt" habe, auf ordnungspolitische und stabilitätspolitische Argumente. Der Deutsche Bundestag schloß sich der Position der Bundesregierung mit großer Mehrheit an[3].

2. Das ordnungspolitische Argument der Bundesregierung

Der Übergang zur Währungsunion ist für die Bundesregierung ein wichtiges Element „des" europäischen Integrationsprozesses[4]. Damit wird der fundamentale ordnungspolitische Unterschied zwischen dezentraler und zentraler Integration gesellschaftlicher Prozesse übergangen und der Anschein erweckt, es könne für die Währungsunion keine ordnungspolitische Alternativlösung geben[5].

---

[2] Als schmalen Ausschnitt zur deutschen Diskussion um die Währungsunion nach den Maastrichter Beschlüssen vom Dezember 1991 vgl. (in weitgehend korrekter zeitlicher Reihenfolge): *Berthold* (1992, S. 23 ff.); *Kösters / Belke / Kruth* (1992, S. 17 ff.); *Richter* (1992); *Tietmeyer* (1992); *Vaubel* (1992); *Neumann* (1992); *Willeke* (1992, S. 294 ff.); *Fuhrmann* (1992); *Feldstein* (1992, S. 56 f.); *Jochimsen* (1992, S. 319 ff.); *Auswärtiges Amt der Bundesregierung* (1992); de *Grauwe / Gros / Steinherr / Thygesen* (1992, S. 37 f.); *Barbier* (1992); *Sievert* (1992); *Issing* (1992, S. 1 ff.); *von Hagen* (1992); *Jansen* (1992, S. 574 ff.); *Sachverständigenrat zur Begutachtung der gesamtwirtschaftlichen Entwicklung* (1992, S. 233 ff.); *Flassbeck* (1992); *Issing* (1992a, S. 3 ff.); *Kölle / Wahl* (1992, S. 12 ff.); *Tietmeyer* (1992a, S. 5 ff.); *Schlesinger* (1992, S. 1 ff.); *Jochimsen* (1992a, S. 5 ff.).

[3] Siehe die Beratungen des Deutschen Bundestages (1992, 1992 a) zum Vertrag über die Europäische Union. Das endgültige Abstimmungsergebnis nach der Schlußberatung lautete: 543 Ja-Stimmen bei 16 Nein-Stimmen und 8 Enthaltungen (1992a, S. 10880). Vgl. dazu *Steuer* (1993, S. 138 ff.).

[4] Presse- und Informationsamt der Bundesregierung (1992 a): „Der Integrationsprozeß in der EG nützt allen Mitgliedern".

Die Währungsunion ist der zentralen Integration zuzurechnen, da die nationalen Zentralbanken mit Errichtung der Europäischen Zentralbank ihre eigenständigen geldpolitischen Befugnisse weitgehend verlieren, also geldpolitisch entmachtet werden. Dem wird eine zentrale Wechselkurspolitik hinzugefügt, da die wesentlichen wechselkurspolitischen Entscheidungen gegenüber denjenigen Ländern, die nicht an der Währungsunion teilnehmen, vom Ministerrat gefällt werden sollen. Die Zentralisierung der Entscheidungen im geld- und wechselkurspolitischen Bereich führt zu einer massiven Einschränkung des „politischen Wettbewerbs" zwischen den an der Währungsunion beteiligten EG-Mitgliedstaaten.

Wer für die europäische Geldverfassung die zentrale Integration gegenüber einer dezentralen vorzieht, müßte zwischen beiden ordnungspolitischen Konzeptionen abwägen und seine Entscheidung den Bürgern nachvollziehbar begründen, wenn er Wert darauf legt, bei den Bürgern eine positive Resonanz zu finden. Die Bundesregierung hat es jedoch vorgezogen, auf Lösungsvorschläge zur dezentralen Integration öffentlich nicht einzugehen. In Reaktion auf einen entsprechenden Vorschlag[6] ließ der Bundesfinanzminister durch einen seiner Staatssekretäre brieflich antworten: „Gerade Ihre Überlegungen, die gewissermaßen ein Gegenmodell zu Maastricht entwickeln, können dazu verhelfen, den integrationspolitischen Sprung des Maastricht-Ansatzes noch klarer werden zu lassen". So gesehen werden die verschiedenen Möglichkeiten einer europäischen Integration eher quantitativ differenziert und die ordnungspolitischen Unterschiede vernachlässigt.

Dieses ordnungspolitische Defizit in der Auseinandersetzung um „Maastricht" ist allerdings nicht nur bei der Bundesregierung, sondern auch bei anderen Kommentatoren des Unionsvertrages zu beobachten. So können wir feststellen:

— Die Währungsunion gilt oft als „die" monetäre Integration[7];

— Binnenmarkt und Währungsunion werden oft in einem Atemzug genannt und die gravierenden ordnungspolitischen Unterschiede verschwiegen;

— die allgemeine These von der „Vertiefung" der EG (unter anderem durch die Währungsunion) läßt die notwendigen ordnungspolitischen Differenzierungen außer acht.

Über die Tatsache, daß die Währungsunion einen ordnungspolitischen Zentralismus darstellt, kann auch nicht der Versuch der Bundesregierung hinwegtäu-

[5] Zur Analyse unterschiedlicher Optionen vgl. *Möschel* (1992). Kritisch zur allgemeinen Behauptung, „für Deutschland gebe es keine Alternative zu Europa", *Mestmäcker* (1992).

[6] *Willeke* (1992, S. 294 ff.).

[7] Siehe beispielsweise bei *Tietmeyer* (1992a, S. 5). Zur Notwendigkeit, gerade auch bei der „europäischen Integration" zwischen der dezentralen und zentralen Form zu unterscheiden, vgl. *Kammler* (1992); *Mestmäcker* (1992), *Siebert* (1992); *Streit* (1992); *Willgerodt* (1991, S. 55 ff.). Zum Widerspruch zwischen Währungsunion und Euro-Föderalismus vgl. *Bohley* (1993, S. 40 ff.).

schen, den Unionsvertrag unter Hinweis auf das Subsidiaritätsprinzip — gemäß Artikel 3b Abs. 2 des Vertrages über die Europäische Union (EUV) — als ein Mittel zum Abbau von Zentralismus und Bürokratie hinzustellen[8]. Denn das Subsidiaritätsprinzip ist von Fall zu Fall interpretationsbedürftig und schließt, wie der Unionsvertrag gerade selbst zeigt, zentralistische Regelungen nicht aus[9]. „Im Saldo" betrachtet dürfte der Unionsvertrag nicht weniger, sondern mehr Zentralismus bringen.

3. Die stabilitätspolitischen Argumente der Bundesregierung

Die Bundesregierung hat die auf die Euro-Währung gerichteten „Ängste" der Bevölkerung, die man „ernst nehmen müsse", ursprünglich mit der Sentenz „So hart wie die Deutsche Mark" zu zerstreuen versucht[10]. Auf die Härte der D-Mark abzustellen, ist trotz der für deutsche Verhältnisse relativ hohen Inflationsraten der letzten Jahre immer noch richtig, wenn man sich am längerfristigen Durchschnitt dieser Rate orientiert. Ob allerdings die Euro-Währung diesem Maßstab gerecht werden wird, ist ohne weitere Begründungen offen. Aber selbst wenn man einmal unterstellt, die Euro-Währung sei im längerfristigen Durchschnitt „so hart wie" die D-Mark, läßt sich damit nicht begründen, warum die Währungsunion stabilitätspolitisch betrachtet „ohne Alternative" sein sollte, denn eine gleich harte D-Mark *ist* offensichtlich eine Alternativlösung.

Um diesem argumentativen Mangel abzuhelfen, ist es notwendig, einen Schritt weiterzugehen und zu verkünden: „Nur(!) die Wirtschafts- und Währungsunion kann den Wohlstand bewahren und Stabilität schaffen(!)"[11]. Abgesehen von allen

---

[8] *Presse- und Informationsamt der Bundesregierung* (1992 b): Das Prinzip der Subsidiarität soll gewährleisten, „daß der Aufbau Europas unter Mitwirkung der Bürger von unten nach oben erfolgt und eine sinnvolle Aufgabenteilung zwischen den Gemeinschaftsorganen, den Mitgliedsstaaten und ihren Ländern oder Regionen gewahrt wird. Mit anderen Worten: Die Gemeinschaft darf nur dann tätig werden, wenn die vorgesehenen Maßnahmen nicht schon auf der Ebene der Mitgliedsstaaten, der Länder oder der unteren Verwaltungen ausreichend geregelt werden. ... Im Licht dieses Prinzips muß die EG-Kommission das gesamte EG-Recht überprüfen und reinigen. Ein guter Grund, vom Maastrichter Vertrag nicht mehr, sondern weniger Zentralismus und Bürokratie zu erwarten".

[9] In der gegenwärtigen Fassung des Artikels 3 b EUV verhindert das Subsidiaritätsprinzip nur, daß die EG „in den Bereichen, die *nicht* in ihre ausschließliche Zuständigkeit fallen" weitere Kompetenzen ohne Rücksicht auf die Belange und Regelungsmöglichkeiten in den Mitgliedstaaten an sich zieht. Von einer durchgängigen Anwendung des Subsidiaritätsprinzips auf das Verhältnis zwischen EG und Mitgliedstaaten kann also keine Rede sein, auch wenn die Bundesregierung dies suggerieren möchte (vgl. den Text der Anm. 8).

[10] *Presse- und Informationsamt der Bundesregierung* (1992): Anzeige in der Tagespresse mit der Überschrift: „Die künftige Europa-Währung: So hart wie die Deutsche Mark".

[11] *Presse- und Informationsamt der Bundesregierung* (1992 a).

anderen Implikationen dieser kühnen Behauptung ist damit für die Bundesregierung klar: die Währungsunion ist stabilitätspolitisch nicht zu schlagen.

Die Bundesregierung begründet ihre These, daß die Währungsunion „stabiles Geld für ganz Europa“[12] bringen werde, mit drei Argumentationsketten:

— Die Konvergenzkriterien (nach Art. 109j EUV) sind „strenge Teilnahmekriterien“[13]. Sie stellen sicher, daß nur solche Mitgliedstaaten an der Währungsunion teilnehmen können, die relativ hohe Stabilitätserfolge erreicht haben.

— Die Europäische Zentralbank ist (gemäß Art. 5 ff. EUV) eine rechtlich unabhängige Institution, die eine von unmittelbarer politischer Einflußnahme freie Geldpolitik betreiben kann und dabei verpflichtet ist, „als Hüterin der Stabilität vor allem für stabile Preise zu sorgen“[14].

— Und schließlich „stehen hinter der europäischen Währung die Wirtschaftskraft des ganzen Europas, ein mächtiger Finanzmarkt ohne Wechselkurse und ein Verbrauchermarkt von über 340 Millionen Menschen“[15].

Gelegentlich wurde von einzelnen Politikern Frankfurt als Sitz der Europäischen Zentralbank deshalb empfohlen, weil dadurch am ehesten Preisstabilität garantiert werden könne. Dieser Versuchung, ins magische Zeitalter zurückzukehren, hat die Bundesregierung unseres Wissens allerdings bisher widerstanden.

Die Begründungen, auf die die Bundesregierung ihre These von den stabilitätspolitischen Erfolgen einer Europäischen Zentralbank im Rahmen einer Währungsunion stützt, greifen allesamt zu kurz. Die wichtigsten Einschränkungen und Bedenken, die die Bundesregierung in offenkundiger Immunisierungsstrategie zumindest öffentlich ignoriert, sollen hier nur zusammenfassend genannt werden:

— Es ist zwar nicht zu bestreiten, daß stabilitätspolitische Erfolge der einzelnen Mitgliedstaaten im Sinne der Konvergenzkriterien den Übergang zu einer Währungsunion erleichtern — besonders dann, wenn die vertraglich fixierten Konvergenzkriterien auch tatsächlich streng ausgelegt werden. Aber ob bei der Auslegung hier nicht im entscheidenden Moment stabilitätswidrige „politische Kompromisse“ gemacht werden, ist zumindest nicht ausschließbar, ganz abzusehen davon, daß bereits die vertragliche Norm des Konvergenzkriteriums „hoher Grad an Preisstabilität“ so schwammig formuliert ist[16], daß die Währungsunion auch als Inflationsgemeinschaft beginnen kann. Und

[12] *Presse- und Informationsamt der Bundesregierung* (1992 b)

[13] Wie Anm. 11.

[14] Wie Anm. 12.

[15] Wie Anm. 12.

[16] Gemäß Art. 109j EUV lautet das betreffende Kriterium: „Erreichung eines hohen Grades an Preisstabilität, ersichtlich aus einer Inflationsrate, die der Inflationsrate jener — höchstens drei — Mitgliedstaaten nahe kommt, die auf dem Gebiet der Preisstabilität das beste Ergebnis erzielt haben“.

selbst wenn nur streng ausgelegte Konvergenzkriterien verwirklicht sein sollten, muß bedacht werden:

1. Ein einmal erreichter Zustand hoher Preisniveaustabilität sagt, wie alle Erfahrung lehrt, leider nichts über dessen Fortdauer aus.

2. Die damit offensichtlich bestehenden Schwierigkeiten, einen hohen Grad an Preisniveaustabilität zu verteidigen, werden mit dem Übergang zur Währungsunion zwangsläufig vergrößert, da dieser mit einer einschneidenden Änderung der Geldverfassung verbunden ist [17]. Die Vorstellung, die nationalen Zentralbanken sollten durch eine konsequente Stabilitätspolitik für die spätere Europäische Zentralbank „Vertrauenskapital" bilden, ist zwar eine schöne Metapher, inhaltlich jedoch nur bedingt tragfähig, da der Übergang zu einer anderen Geldverfassung auch „kapitalverschleißend" ist (um im Bild zu bleiben).

— Die rechtliche Unabhängigkeit der Europäischen Zentralbank in institutioneller und personeller Hinsicht ist nur eine notwendige Vorbedingung für eine erfolgreiche Inflationsbekämpfung, reicht aber nicht aus, um eine stets befriedigende Stabilisierung des Preisniveaus zu gewährleisten [18]. Dies würde selbst dann gelten, wenn die rechtlichen Rahmenbedingungen des vorliegenden Vertragstextes weiter verbessert würden [19]. Denn mitentscheidend sind immer die ökonomischen, aber auch politischen Bedingungen, innerhalb derer die Geld- und Wechselkurspolitik in der jeweils konkreten Situation betrieben werden muß.

— Würde die „Wirtschaftskraft" und die Größe des „Verbrauchermarktes" eines Landes oder einer Gruppe von Ländern bereits Garant für Preisniveaustabilität im Inneren und Wechselkursstabilität nach außen sein, dann hätte der US-Dollar stets hart und der Schweizer Franken stets weich sein müssen. Nicht die nach irgendwelchen Quantitäten gemessene Wirtschaftskraft ist hier entscheidend, sondern die Qualität der Stabilitätspolitik.

Diesen kritischen Einwendungen gegenüber der Position der Bundesregierung sollte noch hinzugefügt werden: Die Vorstellung, eine politische Union Europas — welchen konkreten Inhalts auch immer — könne die Preisniveaustabilität fördern, ist ebenso fraglich wie die, ein gestärktes europäisches Parlament sei dazu geeignet. Denn wenn es derartige Zusammenhänge zwischen den obersten

---

[17] Vgl. *Fuhrmann* (1992, S. 17 f., S. 26 f.); *Jochimsen* (1992a, S. 8); *Vaubel* (1993, S. 70).

[18] In diesem Punkt sind sich Kritiker und Verfechter (oder nur „Akzeptanten"?) einer Währungsunion weitgehend einig. Als neuere Übersichtsartikel zu den Problemen der Unabhängigkeit einer Zentralbank vgl. (mit weiteren Literaturhinweisen) *Issing* (1992 b) und *Vaubel* (1993).

[19] Vgl. Kritisches zu den institutionellen Regelungen: *Heuss* (1992); *Vaubel* (1992); *Neumann* (1992); *Sachverständigenrat zur Begutachtung der gesamtwirtschaftlichen Entwicklung* (1992, S. 239).

politischen Instanzen und einer Zentralbank geben würde, hätte es Bundesregierung und Bundestag in den letzten Jahrzehnten gelingen müssen, die D-Mark im Verein mit der Bundesbank weitgehend stabil zu halten. Außerdem ist zu bedenken, daß die Regelungen des Unionsvertrages eine von unmittelbaren politischen Weisungen unabhängige Geldpolitik der Europäischen Zentralbank vorsehen, so daß eventuelle spätere Beschlüsse auf dem Wege zu einer politischen Union ohnehin keinen unmittelbaren Einfluß auf die Geldpolitik der Europäischen Zentralbank vorsehen dürfen.

Wir gehen davon aus, es werde akzeptiert, daß die Begründungen der Bundesregierung (und all derer, die sich der Bundesregierung in diesem Punkt angeschlossen haben) *nicht* ausreichen, um eine erfolgreiche Stabilitätspolitik einer Europäischen Zentralbank als *gesichert* erscheinen zu lassen. Soweit dies in der Diskussion akzeptiert wird, wird allerdings häufig mit Beschwörungen und Hoffnungen reagiert, daß die Europäische Zentralbank wenigstens auf die Dauer eine hinreichende Reputation und die Euro-Währung eine hinreichende Stabilität gewinnen werden[20]. Damit ist aber zugleich gesagt, daß die These von der Währungsunion als einer Geldverfassung „ohne Alternative" fraglich bleibt. Es ist berechtigt, wenn nicht sogar — im Interesse eines vernünftigen Abwägens von Vor- und Nachteilen — zwingend, nach einer anderen europäischen Geldverfassung Ausschau zu halten und diese der Währungsunion gegenüberzustellen, um zu prüfen, ob nicht eine andere Geldverfassung mit *höherer Wahrscheinlichkeit* zumindest zu gleichen, wenn nicht gar zu *besseren* stabilitätspolitischen Ergebnissen führen wird.

II. Ein Wettbewerbsmodell gleich unabhängiger Zentralbanken als Alternativlösung

1. Elemente einer Rahmenordnung zur Harmonisierung der Geldpolitik der Zentralbanken

Da die Währungsunion eine zentrale Integration der Geld- und Wechselkurspolitik impliziert, ist es naheliegend, diese Geldverfassung mit einer dezentralen Integration der Entscheidungsträger als Alternativlösung zu vergleichen.

Eine europäische Geldverfassung mit dezentraler Integration der Entscheidungsträger macht einen für die beteiligten Mitgliedstaaten verbindlichen Ordnungsrahmen notwendig. Dieser sollte umfassen:

20 Als Beispiel sei auf den *Sachverständigenrat zur Begutachtung der gesamtwirtschaftlichen Entwicklung* verwiesen: Bei aller Kritik und Skepsis bezüglich des Vertrages zur Europäischen Union wird schließlich doch „eine Grundlage, auf der man bauen kann", gesehen (1992, S. 242).

— Rechtliche Normen, die die gleiche (formale) Unabhängigkeit aller beteiligten Zentralbanken in institutioneller und personeller Hinsicht gewährleisten und damit auch eine Defizitfinanzierung öffentlicher Haushalte durch die Zentralbanken ausschließen[21];

— jede nationale Zentralbank hat das Ziel der Preisniveaustabilität zu verfolgen; dieses Ziel hat bei möglichen Konflikten mit anderen makroökonomischen oder sozialpolitischen Zielen stets Vorrang (Prioritätsregel);

— Festlegung der Instrumente, die den nationalen Zentralbanken zur Verfügung stehen sollen;

— freie Konvertibilität der Währungen,

— ergänzend dazu sollte im Interesse einer möglichst weitgehenden „Entpolitisierung" der Wechselkurspolitik auch die Souveränität der nationalen Zentralbanken über die Wechselkurse gehören. Diese Souveränität sollte höchstens durch die allgemeine ordnungspolitische Norm beschränkt werden, daß das Wechselkursregime aus verschiebbaren Festkursen („Stufenflexibilität": Festkurse mit dem Vorbehalt der Leitkursänderung und mit schmalen Bandbreiten um die Leitkurse) zu bestehen habe. In jedem Fall würde dadurch sichergestellt, daß innerhalb des Ordnungsrahmens ausschließlich die Zentralbanken als geld- und wechselkurspolitische Entscheidungsträger fungieren;

— rechtliche Normen, die Rahmenvorschriften für das Verhalten der nationalen Zentralbanken untereinander enthalten („Konsultationspflicht" u. ä.). Es sollte jedoch sichergestellt sein, daß das konkrete Verhalten der einzelnen Zentralbank letztlich stets von den Entscheidungen des zuständigen nationalen Zentralbankrats abhängig bleibt.

Eine derartige europäische Geldverfassung dezentraler Integration kann als Fortentwicklung der gegenwärtigen Verhältnisse auf diesem Gebiet interpretiert werden. Damit ist zugleich gesagt, daß es sich gerade nicht darum handelt, den gegenwärtigen geld- und wechselkurspolitischen status quo in Europa zu bewahren, sondern weiterzuentwickeln. In dieser formalen Hinsicht wird für die dezentrale Integration der gleiche Anspruch erhoben wie für eine Währungsunion.

Der Unionsvertrag enthält eine ganze Anzahl von Regelungen, die unter stabilitätspolitischen Gesichtspunkten in positiver Richtung über die gegenwärtigen Verhältnisse hinausweisen. So wird insbesondere von deutscher Seite immer wieder betont, daß die auf die Europäische Zentralbank sich beziehenden institutionellen Regelungen für die Unabhängigkeit der Europäischen Zentralbank weiterreichend seien als die für die Bundesbank geltenden, und daß das Stabilitätsziel

---

21 Vgl. *Sievert* (1992). Für die Europäische Währungsunion stellt Sievert fest: „Die staatlichen Instanzen der Mitgliedstaaten, die problematischsten Interessenten von Geld, verlieren das Recht zur Emission von Geld und den Zugang zum Notenbankkredit". Dies kann im Ordnungsrahmen des Wettbewerbsmodells mit der gleichen Strenge geregelt werden, stellt also keine Besonderheit einer Europäischen Währungsunion dar.

klarer gefaßt sei. Es gibt aber aus stabilitätspolitischen Gründen keinen vernünftigen Grund, derartige Verbesserungen, die man für die Europäische Zentralbank anzuerkennen bereit ist, für eine europäische Geldverfassung dezentraler Integration abzulehnen. Ganz im Gegenteil: Wenn tatsächlich das Stabilitätsbewußtsein in den Mitgliedstaaten der EG spürbar gestiegen ist und die betreffenden Regelungen im Unionsvertrag dafür symptomatisch sind, dann müssen diese Regelungen im Interesse der Stabilitätspolitik stets gelten, ganz unabhängig davon, ob im übrigen eine Geldverfassung zentraler oder dezentraler Integration gewählt wird.

Gegenwärtig gibt es schon mancherlei Hinweise darauf, wie wichtig es sei, für die Europäische Zentralbank einen brauchbaren Instrumentenkasten zusammenzustellen[22]. Es gibt aber keinen vernünftigen Grund, warum die Energie, die die Europäer darauf zu verwenden bereit sind, nicht in gleicher Weise auch dafür eingesetzt werden könnte, den Ordnungsrahmen dezentraler Integration durch geeignete Normen zur Bestimmung des geldpolitischen Instrumentariums auszubauen, und damit auch die geldpolitischen Instrumente der nationalen Zentralbanken zu harmonisieren. Wie detailliert derartige Vorschriften sein müssen, bedarf einer weiteren Prüfung (der hier nicht im einzelnen nachgegangen werden soll). Generell betrachtet muß jedoch auf jeden Fall der „Grundsatz der Nichtdiskriminierung" gelten; wenn beispielsweise die Mindestreservepolitik in den Ordnungsrahmen aufgenommen wird, muß diese in allen Mitgliedstaaten den gleichen Regeln unterworfen werden. Außerdem muß für die Offenmarktpolitik aller nationalen Zentralbanken einheitlich gelten, daß eine Finanzierung staatlicher Budgetdefizite auf diesem Wege ausgeschlossen ist.

Verschiedentlich ist — auch von prinzipiellen Befürwortern der Währungsunion — kritisiert worden, die institutionellen Regelungen, aber auch die Kompetenzverteilung im Rahmen der Wechselkurspolitik gegenüber Drittländern seien im Unionsvertrag immer noch suboptimal gelöst. Sofern und soweit in dieser Richtung die Voraussetzungen für eine erfolgreiche Stabilitätspolitik der Europäischen Zentralbank verbessert werden können, gibt es wiederum keinen vernünftigen Grund, dies nicht auch für eine europäische Geldverfassung dezentraler Integration zu akzeptieren. Für die Wechselkurspolitik ist es hier sogar von besonderer Wichtigkeit, diese im obigen Sinne zu „entpolitisieren".

2. Stabilitätspolitischer Wettbewerb innerhalb einer harmonisierten Geldverfassung

Die europäische Geldverfassung dezentraler Integration kann als ein europäisches „Wettbewerbsmodell" charakterisiert werden[23]:

---

22 Vgl. *Sachverständigenrat zur Begutachtung der gesamtwirtschaftlichen Entwicklung* (1992, S. 241); *Schlesinger* (1992, S. 3 ff.).

1. Das für alle Zentralbanken in gleicher Weise geltende Ziel einer möglichst hohen Preisniveaustabilität wird durch einen individuell zu entscheidenden und zu verantwortenden Instrumenteneinsatz seitens der einzelnen Zentralbank angestrebt. Da alle Zentralbanken in institutioneller und personeller Hinsicht gleich unabhängig sind und über das gleiche Instrumentarium verfügen können, haben sie insoweit „gleiche Wettbewerbschancen".

2. Der stabilitätspolitisch erwünschte Druck in Richtung allseitiger Preisniveaustabilisierung wird über den internationalen Preis- und Zinszusammenhang ausgeübt. Die darin implizierte Einschränkung der faktischen geldpolitischen Autonomie läßt sich dadurch beschreiben, daß die Zentralbanken der größeren Länder zwar damit rechnen können, daß ihr Verhalten einen merklichen Einfluß auf den Erfolg der jeweils anderen Zentralbanken ausübt, daß aber ganz im Sinne einer „oligopolistischen Interdependenz" auch die Abhängigkeit des eigenen Erfolges von dem der Zentralbanken der anderen großen Länder in Rechnung zu stellen ist. Nur für die Zentralbanken der kleineren Länder wird eher von einer asymmetrischen Beziehung, also einer einseitigen Abhängigkeit vom Erfolg der Zentralbanken der großen Länder auszugehen sein. Insofern kann die „Marktform" des Wettbewerbsmodells als „Teil-Oligopol" (mit „Oligopolisten" und „Polypolisten") gekennzeichnet werden.

3. Wird der stabilitätspolitische Wettbewerb als gegenseitiges Disziplinierungsinstrument zwischen Oligopolisten und als einseitiges Disziplinierungsinstrument gegenüber Polypolisten eingesetzt, kommt es tendenziell zu einem „Heraufschaukeln der Erfolge": Die in den einzelnen Mitgliedstaaten zunächst unabhängig voneinander erzielbaren, insoweit „originären" stabilitätspolitischen Erfolge führen über den internationalen Preiszusammenhang zu „Stabilitätsexporten" in die jeweils anderen Mitgliedstaaten und unterstützen damit die dortige Stabilitätspolitik. Soweit diese erfolgreich ist, werden auch die zunächst betrachteten Mitgliedstaaten ihrerseits „von außen" stabilitätspolitisch unterstützt.

4. Die stabilitätspolitisch „optimale Zahl der Wettbewerber" wird durch die Zahl der nationalen Zentralbanken bestimmt, da jede von ihnen spezifische Chancen der Preisniveaustabilisierung hat. Dafür spricht: (1) Für den stabilitätspolitischen Erfolg einer Zentralbank ist der öffentliche Diskurs zwischen ihr und anderen Entscheidungsträgern sowie der Bevölkerung eines Landes mitentscheidend (Stabilitätsbewußtsein, öffentliche Kontrolle der Geldpolitik[24]). Dabei wird die höchste Intensität eines öffentlichen Diskurses innerhalb eines einheitlichen Sprachraumes erreicht[25]. (2) Wie die Erfahrung lehrt, sind unter-

---

[23] Zum Wettbewerb verschiedener Währungen, insbesondere zum stabilitätspolitischen Wettbewerb nationaler Zentralbanken vgl. auch *Berthold* (1991, S. 225 f.; 1992, S. 28); *Giersch* (1992); *Jansen* (1992, S. 578); *Jochimsen* (1992, S. 324); *Kammler* (1992); *Möschel* (1992); *Willeke* (1992, S. 295).

[24] Darauf wird weiter unten im III. Abschnitt näher eingegangen.

schiedliche konjunkturelle Entwicklungen der einzelnen nationalen Volkswirtschaften und unterschiedliche stabilitätspolitische Probleme nicht ausschließbar, wobei es wesentlich vom Grad der Mobilität des Faktors Arbeit abhängt, in welchem Umfang Anpassungsprozesse stattfinden können. Dies gilt zwar auch innerhalb einer Volkswirtschaft, in der die unvollständige Mobilität des Faktors Arbeit bekanntlich „strukturelle" Arbeitslosigkeit mitbegünstigt und Anpassungsprozesse behindert. Andererseits stellen Sprachgrenzen (sowie Grenzen kultureller und historischer Tradition) zusätzliche und zumeist massive Mobilitätshindernisse dar, an denen auch der europäische Binnenmarkt nichts Wesentliches ändern wird. (3) Außerdem muß ergänzend zu den gegebenenfalls divergierenden stabilitätspolitischen Problemen von Volkswirtschaft zu Volkswirtschaft damit gerechnet werden, daß in der Bevölkerung eines Landes die allgemeine Akzeptanz von Transferzahlungen zugunsten Arbeitsloser bei Überschreiten von Sprach- und Kulturgrenzen merklich geringer ist, als wenn es sich um Transferzahlungen innerhalb einer Volkswirtschaft handelt.

5. Der „Marktzutritt" zum Wettbewerb der rechtlich unabhängigen Zentralbanken erfolgt durch Annahme des ordnungspolitischen Rahmens seitens der bisherigen und neuer Mitgliedstaaten. Je erfolgreicher die Zentralbanken innerhalb des Wettbewerbsmodells sind, um so größer wird dessen Anziehungskraft sein. Es ist jedoch nicht zwingend, daß zu irgendeinem vorab festgelegten Zeitpunkt alle Mitgliedstaaten der EG den ordnungspolitischen Rahmen akzeptiert haben müssen. Dies mag zwar unter dem Gesichtspunkt zu bedauern sein, daß die stabilitätspolitischen Erfolge einer nationalen Zentralbank wegen der oligopolistischen Interdependenz auch davon abhängen, wie groß der Kreis derjenigen ist, die am gleichen Strang ziehen. Aber wer diese verschiedenen „Geschwindigkeiten" beklagt, der kann sich mit der Einsicht „trösten", daß in dieser formalen Hinsicht kein Unterschied zur geplanten Währungsunion besteht, denn auch hier kann mit einem gleichzeitigen Übergang aller Mitgliedstaaten nicht gerechnet werden. Zusätzlich ist zu berücksichtigen: Die Harmonisierung der Geldpolitik der europäischen Zentralbanken durch Akzeptanz eines gemeinsamen ordnungspolitischen Rahmens ist politisch, rechtlich und sozialpsychologisch gesehen — sowohl für die bisherigen als auch für neue Mitgliedstaaten — viel einfacher zu bewerkstelligen als die Mitgliedschaft in einer Währungsunion; es gibt also weniger „Marktzutrittsbarrieren"[26]. Außerdem braucht keine geld- und wechselkurspolitische Blockbildung innerhalb der EG befürchtet zu werden, während eine solche Blockbil-

---

[25] Zur geringen Bedeutung einer europäischen öffentlichen Meinung sowie eines europäischen politischen Diskurses vgl. *Kielmansegg* (1992); *Wildenmann* (1992, S. 83 f.).

[26] Vgl. analog zum gegenwärtigen EWS *Jochimsen* (1992, S. 324): „... das EWS (hat sich) gerade bei der Integration neuer Mitgliedsländer bewährt, ein Aspekt, der aufgrund der absehbaren Erweiterung der EG nicht gering veranschlagt werden sollte".

dung für die Währungsunion wegen der Konzessionen gegenüber Großbritannien und Dänemark schon jetzt vorprogrammiert ist und darüber hinaus gegenüber Drittländern zwangsläufig eintreten würde[27].

Nachdem das Wettbewerbsmodell gleich unabhängiger Zentralbanken als Alternativlösung zur Währungsunion in wesentlichen Grundzügen dargestellt worden ist[28], kann der entscheidenden stabilitätspolitischen Frage weiter nachgegangen werden, bei welcher der Konzeptionen eine bessere Preisniveaustabilisierung zu erwarten ist.

3. Hypothesen zum stabilitätspolitischen Erfolg dezentraler und zentraler Konzeptionen

Soll der relative stabilitätspolitische Erfolg des Wettbewerbsmodells im Vergleich zu anderen ordnungspolitischen Konzeptionen abgeschätzt werden, ist zunächst eine allgemeine Verständigung bezüglich des Beobachtungszeitraumes notwendig, für den man stabilitätspolitische Erfolge messen will. Die Inflationsraten einzelner Jahre sind zwar wichtige Indikatoren, aber wegen der in keinem Fall ausschließbaren negativen „Ausreißer" und wegen der bekannten Problematik der Zeitverzögerungen zwischen geldpolitischen Entscheidungen und Auswirkungen auf die Preisniveauentwicklung ist es oft zweckmäßig, Durchschnittswerte mehrerer Jahre als „Erfolgsindikatoren" zu verwenden. Relative „stabilitätspolitische Erfolge" sind im folgenden im Sinne solcher Durchschnittsbetrachtungen zu verstehen, wobei auf unterschiedlich lange Zeiträume bezogene Durchschnitte zur Gesamtbeurteilung herangezogen werden können, was hier nicht weiter verfolgt werden soll.

Zur Charakterisierung der zu erwartenden herausragenden stabilitätspolitischen Erfolge im Rahmen des Wettbewerbsmodells sollen drei Hypothesen aufgestellt und in Abb. 1 festgehalten werden:

1. Hypothese: Es ist zu erwarten, daß die rechtlich unabhängigen nationalen Zentralbanken im stabilitätspolitischen Wettbewerb auf die Dauer die Preisniveaus in allen beteiligten Volkswirtschaften besser stabilisieren werden als eine für den gleichen Wirtschaftsraum zuständige Europäische Zentralbank (vgl. Pfeil (1) in Abb. 1). Die Hypothese von der Überlegenheit des Wettbewerbsmodells gegenüber der Währungsunion stützt sich in erster Annäherung darauf, daß die unvermeidlichen Unbestimmtheiten und Unsicherheiten einer „richtigen" Geld- und Wechselkurspolitik in ihren möglichen negativen Folgen für das Preisniveau im Wettbewerb der nationalen Zentralbanken besser abgefangen werden können als durch eine Europäische Zentralbank. Dies kann als das zugunsten

27 Kritisch zum Beitritt neuer Mitglieder zu einer Währungsunion und der damit verbundenen Blockbildung *Richter* (1992, S. 22, S. 26).

28 Zur Wechselkurspolitik s. u. IV. Abschnitt.

des Wettbewerbsmodells sprechende *„Theorem der größeren Problemlösungskapazität“* bezeichnet werden. Es wird in den folgenden Abschnitten für die Geld- und Wechselkurspolitik weiter verfolgt.

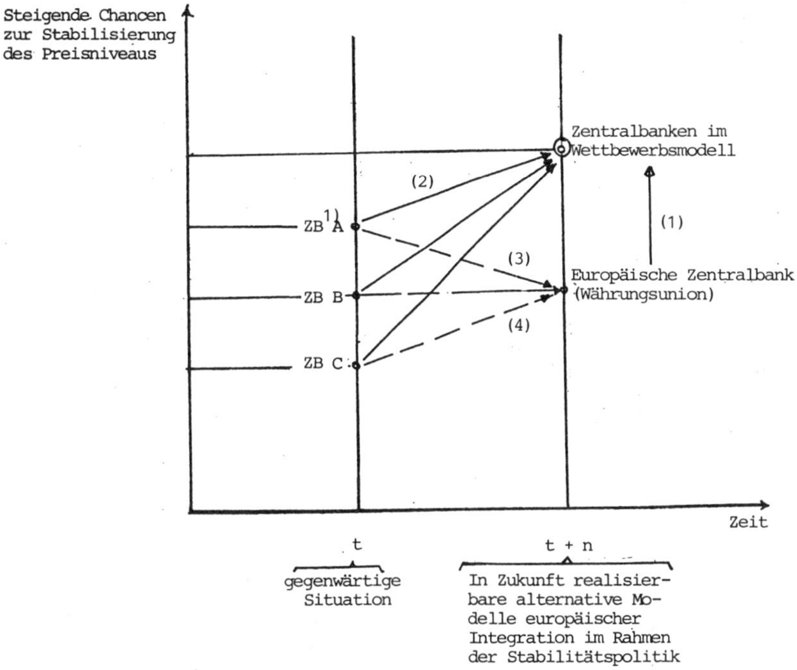

1) ZB → Zentralbank.

Abb. 1:
Schematische Darstellung zu den Chancen einer Preisniveaustabilisierung bei unterschiedlichen ordnungspolitischen Konzeptionen

2. Hypothese: Es ist zu erwarten, daß die Gruppe der nationalen Zentralbanken innerhalb des für das Wettbewerbsmodell geltenden Ordnungsrahmens auf die Dauer die Preisniveaus in allen beteiligten Volkswirtschaften besser stabilisieren als gegenwärtig, da wesentliche Voraussetzungen des Ordnungsrahmens heute noch nicht erfüllt sind. Dabei kann davon ausgegangen werden, daß selbst die stabilitätspolitischen Erfolge der gegenwärtig erfolgreichsten Zentralbanken übertroffen werden (vgl. Pfeil (2) in Abb. 1), da sich sozusagen das „stabilitätspolitische Umfeld“ *jeder* nationalen Zentralbank immer weiter verbessert, je mehr Mitgliedstaaten den für das Wettbewerbsmodell geltenden Ordnungsrahmen akzeptieren.

3. Hypothese: Es kann nicht ausgeschlossen werden, daß die stabilitätspolitischen Ergebnisse der Europäischen Zentralbank auf die Dauer schlechter sind als die der gegenwärtig erfolgreichsten nationalen Zentralbanken (vgl. Pfeil (3) in Abb. 1), zu denen im längerfristigen Durchschnitt nach wie vor auch die Bundesbank zählt[29]. Für diese Länder und ihre Völker wird es dann auch keine „Beruhigung" sein, wenn es andere Mitgliedstaaten geben sollte, für die die Währungsunion mehr Preisniveaustabilität bringen sollte als bislang in nationaler Zuständigkeit realisierbar war (vgl. Pfeil (4) in Abb. 1). So gesehen kann sich in einer Währungsunion ein politisches Konfliktpotential zwischen den Mitgliedstaaten aufbauen. Im Wettbewerbsmodell ist genau das Gegenteil der Fall: das in ihm steckende Potential *allgemein* besserer Preisniveaustabilisierung kann um so mehr genutzt werden, je größer das Stabilitätsbewußtsein in Europa ist.

III. Vergleichende Analysen zur Geldpolitik

Um die größere Problemlösungskapazität des Wettbewerbsmodells im Vergleich zur Europäischen Währungsunion näher zu begründen, soll im folgenden die Geldpolitik in den Mittelpunkt gerückt werden. Wird die Aufgabe einer Zentralbank, eine (zumeist) wachsende Volkswirtschaft mit einer „ausreichenden" Geldmenge zu versorgen, mit der Bedingung verknüpft, das Preisniveau stabil zu halten, ist es zweckmäßig, mit den langfristigen Aspekten einer Inflationsbekämpfung, also dem stabilitätspolitischen „Endziel" der Geldpolitik zu beginnen. Denn dieses Ziel ist immer relevant, ganz gleichgültig, ob in der Geldpolitik auch mit einem „Zwischenziel" gearbeitet wird oder nicht.

1. Langfristig maximal tolerierbare Inflationsrate

Da ein ordnungspolitischer Rahmen immer nur in allgemeiner Form die Bahnen abstecken kann, in denen sich die Prozesse vollziehen, hängt seine prozeßpolitische — hier: stabilitätspolitische — Qualität davon ab,

— welche Interpretationsspielräume einzelne ordnungspolitische Normen lassen, und anschließend

— wie groß die verbleibenden Handlungsspielräume sind.

[29] Zu den berechtigten und durch sachliche Argumente nicht eindeutig widerlegbaren Befürchtungen in der deutschen Bevölkerung, die Inflationsrate der Euro-Währung werde höher sein als die der D-Mark, vgl. *Issing* (1992, S. 3): „For Germany monetary union involves the risk that the European currency, which is one day to replace the D-Mark, cannot boast of the same long-standing stability as the D-Mark, despite the institutional safeguards provided for. Legitimate hopes are here accompanied by understandable concern". *Vaubel* (1993, S. 70) hält eine „im Durchschnitt über 5 Prozent" liegende Inflationsrate der Euro-Währung für möglich.

So gesehen ist im konkreten Sinn die Norm „richtungweisend", die ordnungspolitische Vorgaben für das stabilitätspolitische Endziel der Geldpolitik liefert.

Gemäß Unionsvertrag hat die Gemeinschaft die Aufgabe, für ein „nichtinflationäres" Wachstum zu sorgen; die einheitliche Geld- und Wechselkurspolitik hat „vorrangig das Ziel der Preisstabilität (zu) verfolgen"; und „das vorrangige Ziel der Europäischen Zentralbank ist es, die Preisstabilität zu gewährleisten"[30]. Insbesondere von deutscher Seite ist verschiedentlich betont worden, damit sei das stabilitätspolitische Endziel für die Geldpolitik der Europäischen Zentralbank noch strenger formuliert worden, als dies im Bundesbankgesetz geschehen sei. Das sollte Anlaß sein, das Bundesbankgesetz schleunigst zu „härten" (sofern man der Auffassung ist, der Zentralbankrat der Bundesbank habe die Norm bislang zu „lasch" ausgelegt). Im übrigen braucht offensichtlich mit keinen politischen Widerständen gerechnet zu werden, wenn ein hart formuliertes Endziel der Geldpolitik auch in den Ordnungsrahmen des Wettbewerbsmodells aufgenommen wird, entspricht dies doch dem gewachsenen europäischen Stabilitätsbewußtsein.

Bevor also nach einer zentralen oder dezentralen europäischen Geldpolitik differenziert werden muß, ist zunächst zu entscheiden, was unter dem einheitlich definierbaren Endziel der „Preisniveaustabilität" überhaupt verstanden werden soll. Drei definitorische Schritte sollen unterschieden werden, mit denen stufenweise gewisse „Aufweichungen" des Zieles der Preisniveaustabilität berücksichtigt werden können:

— Unter „Preisniveaustabilität" wird eine Inflationsrate von null verstanden.

— Wegen der Komplexität der sozio-ökonomischen Wirkungszusammenhänge moderner Industriegesellschaften ist davon auszugehen, daß sich zumindest die kurzfristige Entwicklung des Preisniveaus einer eindeutigen Kontrolle entzieht. Unter der „Preisniveaustabilität" als Ziel der Geldpolitik mag deshalb „realistischerweise" eine Inflationsrate von null nur im längerfristigen Durchschnitt verstanden werden (langfristig tolerierbare Inflationsrate $\hat{\pi} = 0$).

— Gegebenenfalls ist davon auszugehen, daß die Komplexität der sozio-ökonomischen Wirkungszusammenhänge so groß ist, daß auch im längerfristigen Durchschnitt mit einer gewissen Inflationsrate größer null zu rechnen ist, die als „Bodensatz" schwerlich und nur mehr oder weniger zufällig einmal unterschritten werden kann. Wer dies für hinreichend begründbar hält, der wird unter „Preisniveaustabilität" als Ziel der Geldpolitik eine „im längerfristigen Durchschnitt maximal tolerierbare Inflationsrate" in Höhe von . . . v. H. akzeptieren ($\hat{\pi} > 0$ mit Maximalwert . . . v. H.).

Wird unter „Preisniveaustabilität" eine derartige „längerfristig maximal tolerierbare Inflationsrate" verstanden, hingegen im Ordnungsrahmen des Wettbe-

---

30 In der genannten Reihenfolge Art. 2, Art. 3a Abs. 2, Art. 105 Abs. 1 EUV.

werbsmodells oder im Unionsvertrag kommentarlos nur von „Preisniveaustabilität“ gesprochen, bleibt es dem jeweiligen Zentralbankrat überlassen, seine eigenen Vorstellungen über diese Inflationsrate zu präzisieren und damit dem stabilitätspolitischen Endziel der Geldpolitik erst einen „faßbaren“ Inhalt zu geben.

Ohne weitere ordnungspolitische Vorgaben werden die Zentralbankräte im eigenen Interesse wohl dazu neigen, den angestrebten Wert der langfristig maximal tolerierbaren Inflationsrate nur als interne Orientierungsmarke zu verwenden. Im Interesse einer tendenziell erfolgreichen Stabilitätspolitik sollte deshalb im Ordnungsrahmen festgelegt werden, daß die Zentralbankräte ihre diesbezüglichen Vorstellungen zu veröffentlichen haben. Sie sollten sagen müssen, welches stabilitätspolitische Ziel sie für „langfristig realistisch“ halten, was sie sich in dieser Beziehung „zutrauen“.

Im Wettbewerbsmodell ist nicht zwingend ausschließbar, daß die nationalen Zentralbanken mit unterschiedlichen $\hat{\pi}$-Werten ins Rennen gehen. Aber es ist — wegen der internationalen Vergleichsmöglichkeiten — eher zu vermuten, daß wenigstens tendenziell eine allgemeine Ausrichtung an dem langfristig „ehrgeizigsten“ Ziel stattfindet.

Treffen hingegen eventuell bestehende unterschiedliche Auffassungen über den $\hat{\pi}$-Wert im Zentralbankrat der Europäischen Zentralbank aufeinander, findet nur noch ein — der unmittelbaren öffentlichen Kontrolle unzugänglicher — „Wettbewerb der Meinungen“ statt. Selbst wenn von der Möglichkeit der Mehrheitsentscheidung kein Gebrauch gemacht wird, sondern ein „Konsens“, also eine Entscheidung gesucht wird, die „von allen getragen werden kann“, muß eher damit gerechnet werden, daß sich diejenigen mit den ehrgeizigsten $\hat{\pi}$-Werten nicht durchsetzen werden[31].

Bei näherer Betrachtung dürfte es auch „rational“ sein, wenn die Europäische Zentralbank mit einem vergleichsweise hohen Wert einer langfristig maximal tolerierbaren Inflationsrate arbeitet. Denn was „auf die Dauer und im Durchschnitt“ erreichbar ist und vernünftigerweise in die langfristige Zielsetzung eingehen kann, hängt von der Summe der stabilitätspolitischen Einzelergebnisse ab. Und hier lautet die Hypothese, daß die Europäische Zentralbank dem Wettbewerbsmodell in mancherlei Hinsicht „systematisch“ unterlegen ist.

---

31 Vgl. *Berthold* (1992, S. 24): „Da sich die national optimalen Inflationsraten wegen der strukturellen Unterschiede und der Präferenzen für wirtschaftspolitische Ziele in den europäischen Ländern nicht entsprechen, muß man sich in einer europäischen Währungsunion auf eine gemeinsame Inflationsrate einigen. Es ist wahrscheinlich, daß man sich auf eine durchschnittliche Rate der inflationären Entwicklung verständigt, die über der Rate im bisher inflationsärmsten Land liegt“.

2. Allgemeine geldpolitische Fragen der Zielrealisierung

Die Schwierigkeiten der Geldpolitik, ein einmal konkreter umschriebenes Ziel der Preisniveaustabilität zu verfolgen, ergeben sich aus einer Vielzahl von Gründen, die hier nur in gebündelter Form berücksichtigt werden sollen[32]:

1. Es können Unsicherheiten und demzufolge Meinungsverschiedenheiten innerhalb eines Zentralbankrates darüber bestehen, wie die gegenwärtige und in naher Zukunft zu erwartende Preisniveauentwicklung im Hinblick auf das angestrebte Ziel zu beurteilen ist, und ob deshalb die gegenwärtige „Linie" der Geldpolitik beibehalten oder revidiert werden sollte. Selbst wenn beispielsweise die gegenwärtige Inflationsrate der langfristig maximal tolerierbaren entspricht, kann strittig sein, ob damit die gegenwärtige Geldpolitik unverändert weitergeführt werden soll, oder ob etwa eher mit einer Erhöhung der Inflationsrate zu rechnen ist, der längerfristig nur entgegengewirkt werden kann, wenn schon jetzt ein restriktiverer geldpolitischer Kurs eingeschlagen wird.

2. Weil davon auszugehen ist, daß sich die gegenwärtigen Entscheidungen zur Geldpolitik und die gegenwärtige Geldmengenentwicklung erst mit Zeitverzögerungen („time lags") auf die Inflationsrate auswirken, sind die Entscheidungen über den „richtigen" Einsatz der geldpolitischen Instrumente mit besonderen Unsicherheiten belastet. Die Übertragungen der geldpolitischen Impulse im Wege des „Transmissionsmechanismus" auf andere volkswirtschaftliche Variable sind gegebenenfalls schwer zu durchschauen, zumindest strittig, von sich wandelnden Verhaltensweisen der Wirtschaftssubjekte abhängig und von Volkswirtschaft zu Volkswirtschaft möglicherweise verschieden.

3. Die Unsicherheiten bezüglich der „richtigen" Geldpolitik nehmen notwendigerweise weiter zu, wenn eine Zentralbank die Geldversorgung einer Volkswirtschaft nicht nur mit dem Ziel der Preisniveaustabilität verknüpft, sondern auch — je nach Konjunktur- und Beschäftigungslage — darauf gerichtete Ziele verfolgt: Wie ist die Konjunkturlage zu beurteilen; wie sollen die verschiedenen Ziele konkretisiert werden und was folgt daraus für den Instrumenteneinsatz[33]? Diese zusätzlichen Unsicherheiten sind schon dann zu berücksichtigen, wenn *Konflikte* zwischem dem Ziel der Preisniveaustabilisierung und anderen Zielen de facto *nicht* existieren — was im Interesse der weiteren Argumentationsführung zunächst unterstellt werden soll.

Die wegen der Komplexität der sozio-ökonomischen Zusammenhänge notwendigerweise bestehenden *Unsicherheiten* einer „richtigen" Geldpolitik und der nicht zuletzt daraus resultierende *Differenzierungsbedarf* beim Einsatz der geldpolitischen Instrumente geben der auf die nationalen Zentralbanken verteilten,

---

[32] Eine ausführlichere Darstellung mit weiteren Literaturverweisen findet sich beispielsweise bei *Issing* (1992c, S. 141 ff.).

[33] Vgl. zu derartigen Interpretations- und Beurteilungsproblemen *Hesse* (1992, S. 3 ff.)

dezentralen Geldpolitik spezifische Chancen, die der Europäischen Zentralbank versagt bleiben müssen[34]:

— Im Wettbewerbsmodell bleiben die Risiken geldpolitischer Fehlentscheidungen dezentralisiert. Etwaige Fehlentscheidungen wirken sich nicht sogleich europaweit aus und können demzufolge in ihren unerwünschten Konsequenzen leichter abgefangen werden. Symptomatisch für die bestehenden Risiken sind die oft beobachtbaren, stark voneinander abweichenden Ratschläge von Sachverständigen, wie auf eine konkrete Situation geldpolitisch am besten zu reagieren sei. Dies mag bei manchen Zentralbankräten den Eindruck erwecken, daß „an schlechtem Rat kein Mangel" herrsche[35]. Aber das Problem ist ja nicht nur, daß es viele schlechte Ratschläge geben kann, sondern daß Unsicherheit darüber bestehen kann, welcher Ratschlag denn schlecht ist.

— Im Wettbewerbsmodell kann die dezentralisierte Geldpolitik den gegebenenfalls divergierenden makroökonomischen Entwicklungen in den einzelnen Mitgliedstaaten besser angepaßt werden[36]: In den einzelnen Ländern kann sich die Konjunktur im gleichen Beobachtungszeitraum in unterschiedlichen Phasen befinden, was auch ein „Binnenmarkt" nicht zwingend wird verhindern können. Oder es liegen zwar parallele Konjunkturphasen, etwa parallele Konjunktureinbrüche vor, aber die Ursachen sind — zumindest teilweise — von Land zu Land verschieden, und gegebenenfalls ist damit zu rechnen, daß die Wirtschaftssubjekte in den einzelnen Ländern auf geldpolitische Maßnahmen unterschiedlich reagieren. Somit kann auch in Zukunft gelten, was für die gegenwärtigen Verhältnisse international akzeptiert wird: „Angesichts der unterschiedlichen wirtschaftspolitischen Herausforderungen in den einzelnen Ländern ließ das im Rahmen der internationalen Zusammenarbeit allgemein anerkannte Ziel eines inflationsfreien Wachstums im vergangenen Jahr somit keine uniforme, auf eine weltweite Zinssenkung angelegte Politik zu. ... Im Kommuniqué des Treffens der Finanzminister und Notenbankgouverneure der sieben wichtigsten Industrieländer in New York im Januar dieses Jahres wurde die Auffassung, daß die Geldpolitik in den jeweiligen Ländern das gesamte Umfeld zu beachten hat und daß das Zusammenspiel von Haushalts-, Geld- und Strukturpolitik je nach den Gegebenheiten dabei unterschiedlich ausfällt, ausdrücklich anerkannt"[37].

All dies zusammenfassend bleibt festzuhalten: Das Wettbewerbsmodell, das auf einer Harmonisierung der rechtlichen Unabhängigkeit der nationalen Zentralbanken sowie der geldpolitischen Ziele und Mittel aufbaut, bietet im Vergleich

---

34 Vgl. *Willeke* (1992, S. 295).

35 So *Issing* (1993).

36 Zu makroökonomischen Divergenzen als Problem einer Europäischen Zentralbank vgl. *Berthold* (1992, S. 25 f.); *Feldstein* (1992, S. 58); *Fuhrmann* (1992, S. 13 ff.); *Richter* (1992, S. 11 ff.); *Willeke* (1992, S. 296 f.).

37 *Deutsche Bundesbank* (1992, S. 42).

zu einer Europäischen Zentralbank die besseren Chancen, eine den ökonomischen Gegebenheiten angepaßte Geldpolitik betreiben zu können. Deshalb ist auch die Wahrscheinlichkeit, das Preisniveau im Rahmen der langfristig maximal tolerierbaren Inflationsrate zu stabilisieren, bei dezentraler Geldpolitik größer als bei der durch die Europäische Zentralbank zentral gesteuerten.

Weitere relative Vorteile des Wettbewerbsmodells kommen hinzu, wenn nun die Möglichkeit makroökonomischer Zielkonflikte berücksichtigt wird.

3. Priorität des Zieles der Preisniveaustabilisierung?

Bei Konflikten zwischen dem Ziel der Preisniveaustabilisierung einerseits sowie den Zielen der Konjunkturstützung und Arbeitslosenbekämpfung andererseits wird die Frage akut, welche Bedeutung die Regelung hat, das Ziel der Preisniveaustabilisierung sei „mit Vorrang anzustreben", es habe „Priorität". Erst wenn derartige Konflikte existieren, oder zumindest in der Öffentlichkeit von maßgeblichen Gruppierungen angenommen wird, daß sie existieren, wird die Prioritätsregel und damit das Ziel der Preisniveaustabilisierung dem entscheidenden „Härtetest" unterworfen. Es muß mit einem mehr oder weniger starken Druck unterschiedlicher Interessengruppierungen auf die geldpolitischen Entscheidungsträger gerechnet werden, die Priorität der Preisniveaustabilisierung nicht „zur reinen Lehre" ausarten zu lassen, also nicht zu „verabsolutieren".

Betrachtet man unter diesem Gesichtspunkt die Position der nationalen Zentralbanken innerhalb des Wettbewerbsmodells mit der einer Europäischen Zentralbank, ist zunächst festzuhalten, in welcher Beziehung keine Unterschiede bestehen, zumindest keine bestehen müssen.

1. Die gesetzliche Vorgabe, der Inflationsbekämpfung sei Priorität einzuräumen, kann im Ordnungsrahmen des Wettbewerbsmodells den gleichen Wortlaut haben wie im Unionsvertrag. Aber selbst wenn stets eine „strenge" Formulierung gewählt wird, lassen sich Interpretations- und Handlungsspielräume für den konkreten Einzelfall schwerlich vermeiden.

2. Die rechtliche Unabhängigkeit einer Zentralbank in institutioneller und personeller Hinsicht kann in beiden Konzeptionen gleich geregelt sein und dabei denjenigen Kriterien genügen, die (vermutlich) den höchsten Grad an Unabhängigkeit gewährleisten. Je besser die Unabhängigkeit einer Zentralbank abgesichert ist, um so eher ist es dieser möglich, den verbleibenden Interpretationsspielraum einer bereits streng formulierten Prioritätsregel eng auszulegen.

3. Die Bereitschaft der Mitglieder eines Zentralbankrates, politischem Druck zu widerstehen, hängt bei gegebener rechtlicher Unabhängigkeit in institutioneller und personeller Hinsicht allerdings auch von persönlichen Daten ab: Sachkompetenz, Parteizugehörigkeit, parteipolitische Affinitäten Parteibuchloser, Zukunfts-

perspektiven nach Ablauf der Ratstätigkeit u. ä.[38]. Hieraus ergeben sich bezüglich der Auslegung der Prioritätsregel erste Unwägbarkeiten, die sowohl bei den Entscheidungen der nationalen Zentralbanken im Rahmen des Wettbewerbsmodells als auch bei denen der Europäischen Zentralbank in Rechnung zu stellen sind.

4. Außerdem spielt der Grad des ausgeübten politischen Drucks für die Auslegung der Prioritätsregel eine wichtige Rolle. Nach aller Erfahrung ist davon auszugehen, daß der Handlungsspielraum einer Zentralbank mitbestimmt wird von der Art des Diskurses zwischen ihr und der Öffentlichkeit. In welchem Umfang sich die Bürger eines Staates für die Aktivitäten einer Zentralbank und deren Erfolge oder Mißerfolge interessieren, ist eine Funktion ihres allgemeinen „Stabilitätsbewußtseins". Und je höher dessen Niveau ist, um so mehr wird eine bereits auf Stabilität gerichtete Geldpolitik *unterstützt* — wie gerade von Zentralbankseite immer wieder mit Recht betont wird. Gleichzeitig gilt aber auch: je höher das Stabilitätsbewußtsein der Bürger ist, um so stärker ist der von der Öffentlichkeit auf die Zentralbank *ausgeübte Druck,* das stabilitätspolitische Ziel tatsächlich ernst zu nehmen. So gesehen kann das wachsende Stabilitätsbewußtsein der Bürger (und ihrer Regierungen) über den Diskurs zwischen Zentralbank und Öffentlichkeit in doppelter Weise stabilitätsfördernd wirken. Und wenn es tatsächlich stimmen sollte, daß das Stabilitätsbewußtsein in den EG-Mitgliedstaaten in den letzten Jahren allgemein gestiegen ist, dann ist das in jedem Fall nicht nur gegenwärtig, sondern auch in Zukunft „eine gute Sache": sowohl für die im Wettbewerbsmodell untereinander konkurrierenden Zentralbanken als auch alternativ für eine Europäische Zentralbank. Andererseits wäre es voreilig anzunehmen, damit sei das Problem des politischen Drucks „vom Tisch". Denn die Realität zeigt, daß die *Belastbarkeit* des vielleicht „prinzipiell gestiegenen" Stabilitätsbewußtseins in den EG-Mitgliedstaaten nach wie vor *um so geringer* ist, *je größer* die Konjunktureinbrüche und die Arbeitslosigkeit sind.

Fassen wir die zuvor genannten vier Punkte zusammen, gilt: Es gibt zwar einige Argumente, die erwarten lassen, daß dem Ziel der Inflationsbekämpfung bei Zielkonflikten in Zukunft im allgemeinen ein höherer Rang eingeräumt werden wird, als wir dies bislang gewöhnt sind. Es muß jedoch damit gerechnet werden, daß immer wieder Situationen eintreten werden, in denen ein mehr oder weniger starker politischer Druck auf die nationalen Zentralbanken oder die Europäische Zentralbank ausgeübt werden wird, bei der Inflationsbekämpfung „Konzessionen" zugunsten anderer makroökonomischer Ziele zu machen. Und mit dieser Forderung werden die Mitglieder von Zentralbankräten konfrontiert, die eben „auch nur Menschen sind".

Angesichts dieser — auch hier — verbleibenden Unvollkommenheit unserer Welt hat das Wettbewerbsmodell dezentraler Geldpolitik weitere Vorteile gegenüber einer Europäischen Zentralbank:

---

[38] Vgl. *Vaubel* (1993, S. 49 ff.).

Im *Wettbewerbsmodell* können die nationalen Zentralbanken bei aller „oligopolistischen Interdependenz" mit gemäßigt voneinander abweichenden geldpolitischen Entscheidungen experimentieren und in Richtung der härtesten Auslegung der „Priorität" der Inflationsbekämpfung miteinander konkurrieren. Das zunächst divergierende Verhalten kann eine Antwort auf unterschiedlich stark ausgeübten Druck, aber auch Reflex unterschiedlicher stabilitätspolitischer „Widerstandskraft" der Mitglieder der Zentralbankräte sein.

Bei *zentraler* Geldpolitik kommen die Mitglieder des Europäischen Zentralbankrates gegebenenfalls „mit unterschiedlichem politischem Druck im Nacken" zusammen. Es ist zwar naheliegend, daß auch europäische Durchschnittswerte zur Preisniveauentwicklung, zur Konjunkturlage, zur Arbeitslosigkeit und zu anderen Makrodaten in die Beratungen einbezogen werden. Dennoch ist es schwer vorstellbar, daß die nationalen Eckwerte, an denen sich die politischen Auseinandersetzungen in den einzelnen Mitgliedstaaten — schon wegen der sprachlichen Barrieren — vornehmlich entzünden, einfach ignoriert werden können. Demzufolge sind starke Meinungsverschiedenheiten im Europäischen Zentralbankrat über die richtige Stabilitätspolitik bereits aus Gründen unterschiedlichen politischen Drucks nicht ausschließbar.

Die in der letzten Zeit häufiger zu beobachtenden internationalen Auseinandersetzungen um die richtige Leitzinspolitik (insbesondere der Bundesbank) liefern dazu ein anschauliches „Sozialexperiment"[39]. Allerdings fehlen derartigen, letztlich unverbindlichen Auseinandersetzungen sogar noch zwei für die Sitzungen eines Europäischen Zentralbankrats charakteristische Eigenschaften: in diesen Sitzungen findet die Diskussion unter Ausschluß der Öffentlichkeit statt, und es besteht die Notwendigkeit, sich „nach bestem Wissen und Gewissen" entscheiden zu müssen. Die Wahrscheinlichkeit, daß es zu einem Kompromiß (mit Mehrheitsentscheidung oder Konsens) kommt, durch den die „Priorität" der Inflationsbekämpfung zugunsten konjunktur- und beschäftigungspolitischer Ziele aufgeweicht wird, ist groß[40].

Ein *Vergleich* zwischen dem Wettbewerbsmodell und einer Europäischen Zentralbank läßt somit zumindest die Feststellung zu, daß der gegebenenfalls von einzelnen Mitgliedstaaten und ihrer jeweiligen Öffentlichkeit ausgehende Druck,

---

[39] Pars pro toto sei auf eine Tagung des G-7-Council in Frankfurt verwiesen. Dort wandte sich der „Vizepräsident der Bundesbank, Hans Tietmeyer, ... gegen die Forderung nach raschen und deutlichen Senkungen der kurzfristigen deutschen Zinsen", während sich „für abgestimmte Zinssenkungen in Europa ... der Generaldirektor der Italienischen Notenbank, Lamberto Dini, aus(sprach), auch wenn dadurch die Inflationsbekämpfung in Deutschland zunächst erschwert würde"; zit. aus Frankfurter Allgemeine Zeitung, Nr. 11, 14. 1. 1993, S. 11.

[40] Vgl. *Jochimsen* (1992a, S. 93): Aus der „Dauerkritik" an der „konsequent auf Inflationsbekämpfung angelegten deutschen Geldpolitik" wird der Schluß gezogen: „um so höher ist das Risiko einzuschätzen, daß die Politik der Europäischen Zentralbank massiven und etwa bei hoher Arbeitslosigkeit und sonstigen nationalen Schwierigkeiten wachsenden Pressionen ausgesetzt sein wird".

Zielkonflikte stärker zu Lasten der Inflationsbekämpfung zu „lösen“, im Wettbewerb der nationalen Zentralbanken tendenziell leichter, also mit höherer Wahrscheinlichkeit neutralisiert wird, als wenn in einem Europäischen Zentralbankrat Kompromisse geschlossen werden[41].

4. Setzung eines geldpolitischen Zwischenzieles

Auch wenn die an einem stabilitätspolitischen Endziel orientierte Geldpolitik durch die Festlegung einer langfristig maximal tolerierbaren Inflationsrate präzisiert und mit einer Prioritätsregel verknüpft werden kann, bleibt noch zu entscheiden, ob mit einem Zwischenziel zur kurzfristigen Indizierung von Erfolgen oder Mißerfolgen der Geldpolitik gearbeitet werden soll, und wenn ja, wie dieses definiert werden soll. In beiderlei Hinsicht bestehen heute im internationalen Vergleich faktische Unterschiede und theoretische Meinungsverschiedenheiten[42].

Im Unionsvertrag finden sich in dieser Hinsicht keine Vorgaben für die Europäische Zentralbank. Aber es sind bereits Empfehlungen ausgesprochen worden, nach dem Vorbild der deutschen Geldpolitik eine „potentialorientierte“ Geldpolitik einzuführen[43], wenngleich es auch schon kritische Stimmen gibt[44]. Jedenfalls gilt: wenn die Europäische Zentralbank trotz weiterbestehender Meinungsverschiedenheiten ein geldpolitisches Zwischenziel akzeptiert, dann ist es eben ein ganz bestimmtes unter „prinzipiell strittigen“.

Im Wettbewerbsmodell kann hingegen anders verfahren werden. Es kann den einzelnen Zentralbanken überlassen bleiben, ob und wenn ja, an welchem Zwischenziel sie sich orientieren wollen. Ihr stabilitätspolitischer Wettbewerb mag auch in dieser Richtung als „Entdeckungsverfahren“ fungieren: die Zentralbank, die mit dem von ihr gesetzten Zwischenziel auf die Dauer eine besonders erfolgreiche Stabilitätspolitik betreibt, kann andere dazu anregen, auf gleiche Weise vorzugehen. Das Wettbewerbsmodell ist also auch in dieser Hinsicht die elastischer anwendbare Konzeption.

Abgesehen von der Frage, ob überhaupt ein Zwischenziel eingeführt werden soll, ist für den Vergleich zwischen dezentraler und zentraler europäischer Geldpolitik bedeutsam, wie mit einem bestehenden Zwischenziel umgegangen werden kann. Zum Zwecke eines Vergleichs ist es dann notwendig, ein bestimmtes Zwischenziel herauszugreifen, und deshalb soll im Sinne eines Gedankenexperi-

---

[41] Vgl. auch *Berthold* (1992, S. 24); *Jochimsen* (1992a, S. 8); *Kösters* (1991, S. 159 f.); *Vaubel* (1993, S. 70).

[42] Siehe den internationalen Vergleich bei *Issing* (1992c, S. 162 ff.).

[43] Beispielsweise vom *Sachverständigenrat zur Begutachtung der gesamtwirtschaftlichen Entwicklung* (1992, S. 241); dem stimmte *Schlesinger* zu (1992, S. 3). Vgl. auch *Kösters* (1991, S. 160 ff.); *Fuhrmann* (1992, S. 13 f.).

[44] Vgl. *Gebauer* (1992).

ments unterstellt werden, für die nationalen Zentralbanken des Wettbewerbsmodells oder für die Europäische Zentralbank gelte das gleiche, bislang von der Bundesbank verwendete Zwischenziel.

Wird die Rate des für die kommende Periode t angestrebten Wachstums der Geldmenge $M3$ mit $\hat{\mu}_t$ bezeichnet, und wird ein bestimmter — mit $M3_{t-1}$ bezeichneter — Durchschnitt der am Ende der Periode $t-1$ erreichten Geldmenge als Ausgangswert zugrunde gelegt, gilt für das als Zwischenziel angestrebte Geldmengenwachstum $\hat{\mu}_t M3_{t-1} = \Delta\hat{M}3_t$.

So definiert ist das Geldmengenziel ein „Punktziel", dessen Qualität von den Komponenten abhängt, die in die Rate $\hat{\mu}_t$ eingehen (auf die noch kurz einzugehen sein wird).

Eine weitere Entscheidung zur inhaltlichen Bestimmung des Geldmengenzieles ist notwendig, wenn davon ausgegangen wird, daß ein Punktziel eine zu rigorose Konzeption darstellt und stattdessen für das am Ende der Periode t angestrebte Geldmengenwachstum ein „Zielband" toleriert werden soll, für das $\Delta\hat{M}3_t$ den mittleren Wert ausmacht. Denn jetzt muß noch über den Umfang der (prozentualen) Abweichung von $\Delta\hat{M}3_t$ nach oben und unten entschieden werden. Ein Zentralbankrat wird hier in der Tendenz zu einer gewissen „Großzügigkeit" neigen, da er sich — bei gegebenem $\hat{\mu}_t$ mit dem Zielband am Ende des Beobachtungszeitraumes letztlich selbst attestieren kann, wie erfolgreich seine Geldmengenpolitik gewesen sein wird. Deshalb „tut auch hier Wettbewerb not". Unter Rückverweis auf die Analyse im Unterabschnitt 3. kann angenommen werden, daß sich relativ enge Zielbänder im Wettbewerbsmodell mit größerer Wahrscheinlichkeit bilden, als wenn der Europäische Zentralbankrat ohne einen solchen Konkurrenzdruck entscheiden kann.

Darüber hinaus ist nun zu berücksichtigen, daß die stabilitätspolitische Qualität der angestrebten Rate des Geldmengenwachstums — und damit die des Wertes $\Delta\hat{M}3_t$ sowie des Zielbandes — von den Entscheidungen über die Komponenten abhängt, die in die angestrebte Rate eingehen. Diese Rate kann beispielsweise in folgende Komponenten zerlegt werden:

$$\hat{\mu}_t = \hat{\pi}_t + \rho_t^e + \varphi_t^e ,$$

wobei gilt: $\hat{\pi}_t$ stellt die Rate dar, die von der Bundesbank als „normative Preisvorgabe" bezeichnet wird, ρ_t^e die Rate der erwarteten Änderung des Produktionspotentials und φ_t^e die Rate der erwarteten Änderung der Umlaufgeschwindigkeit des Geldes. Dies schließt nicht aus, daß gelegentlich noch weitere Komponenten berücksichtigt werden; so nahm etwa die Bundesbank für 1992 „im Hinblick auf die immer noch reichliche Liquiditätsausstattung infolge der Währungsumstellung in Ostdeutschland und aufgrund der aktuellen Wachstumsbeschleunigung bei der Geldmenge M3" einen Abschlag (in Höhe von 0,75 Prozent auf die zuvor abgeleitete Rate in Höhe von 5,25 Prozent) vor[45].

Die Komponenten der angestrebten Rate des Geldmengenwachstums machen klar, daß es sich hier nicht nur um eine „potentialorientierte" Geldmengenpolitik handelt, vielmehr auch Kriterien eine Rolle spielen, die in viel höherem Maße als die Abschätzung des wachsenden Produktionspotentials von stabilitätspolitischen Ermessensentscheidungen abhängen — und damit letztlich wiederum von den politischen „Druckverhältnissen" und der stabilitätspolitischen „Widerstandskraft" der Zentralbankräte.

So ist einerseits zu berücksichtigen, daß die normative Preisvorgabe, die Rate $\hat{\pi}_t$, zwar unmittelbar als „Signal" der Zentralbank für die Tarifparteien und die öffentliche Hand verstanden werden kann, bei der Lohn- und Haushaltspolitik von einem bestimmten, gegebenenfalls restriktiven geldpolitischen Kurs der Zentralbank auszugehen; dabei wird ein anti-inflationärer „Ehrgeiz" der Zentralbank um so eher signalisiert, je mehr die normative Preisvorgabe von der gegenwärtigen oder für die kommende Periode zu erwartende Inflationsrate nach unten abweicht. Aber da mit der normativen Preisvorgabe ein Teil des angestrebten Geldmengenwachstums *de facto* dazu dient, Preisniveauerhöhungen geldpolitisch zu *tolerieren und* ein eventuelles stabilitätspolitisches Fehlverhalten anderer Entscheidungsträger zu *„alimentieren"*, stellt sie ein Politikum ersten Ranges dar. Dies gilt um so mehr, weil sich hinter ihr beschäftigungspolitische Rücksichtnahme verbergen können.

Andererseits ist zu berücksichtigen, daß die Rate der erwarteten Änderung der Umlaufsgeschwindigkeit des Geldes, die Rate φ_t^e, objektiv schwer faßbar ist und deshalb leicht als Vorwand dienen kann, um eine laxere Geldmengenpolitik zu verschleiern. Auch hinter ihr lassen sich beschäftigungspolitische Rücksichtnahme verbergen.

Zusammenfassend ist zu den Raten $\hat{\pi}_t$ und φ_t^e festzuhalten: sofern sie in ein geldpolitisches Zwischenziel eingehen, wird sich der gegebenenfalls von einzelnen Mitgliedstaaten ausgehende politische Druck, Zielkonflikte stärker zu Lasten der Inflationsbekämpfung zu lösen, auf die Festlegung dieser Raten konzentrieren. Im Anschluß an die Argumente des Unterabschnitts 3. folgt dann, daß die Raten $\hat{\pi}_t$ und φ_t^e im Wettbewerb der nationalen Zentralbanken mit höherer Wahrscheinlichkeit ein relativ niedriges Niveau erreichen, als wenn in einer Europäischen Zentralbank Kompromisse geschlossen werden.

Die dritte Komponente des angestrebten Geldmengenwachstums, die Rate der erwarteten Änderung des Produktionspotentials ρ_t^e, hängt zwar auch von Ermessensentscheidungen ab, aber diese beziehen sich im wesentlichen auf die Definition des „Produktionspotentials" und auf Fragen der statistischen Erfassung, beispielsweise darauf, wie hoch die Wanderungsbewegung von Erwerbspersonen

45 *Deutsche Bundesbank* (1991, S. 10).

anzusetzen ist. Derartige Ermessensentscheidungen sind kaum Gegenstand politischer Auseinandersetzungen und insoweit „objektivierbar".

Das stabilitätspolitische Problem ergibt sich vielmehr daraus, daß die Veränderung des volkswirtschaftlichen Produktionspotentials und damit auch die darin enthaltene Veränderung der volkswirtschaftlichen Arbeitsproduktivität Durchschnittsgrößen darstellen, von denen die entsprechenden Veränderungen in den einzelnen Wirtschafszweigen (und vor allem in den einzelnen Unternehmungen) abweichen können. So gesehen ist die Vorstellung, die — gemäß der Rate ρ_t^e erfolgende — potentialorientierte Geldmengenausweitung sei eine „inflationsfreie", selbst für eine einzelne Volkswirtschaft nur bedingt korrekt. Für eine produktivitätsorientierte Nominallohnpolitik mit einer durchschnittlichen Nominallohnerhöhung müßte beispielsweise gelten: in Wirtschaftszweigen mit überdurchschnittlicher (unterdurchschnittlicher) Erhöhung der Arbeitsproduktivität und damit sinkenden (steigenden) Lohnstückkosten müßten die Preise sinken (steigen) und diese Veränderungen sich gerade kompensieren, damit insoweit das Preisniveau konstant bleiben könnte.

Diese ohnehin etwas „wackeligen" Zusammenhänge werden weiter gelockert und die stabilitätspolitischen Risiken einer potentialorientierten Geldmengenausweitung vergrößert, wenn nicht die nationalen Zentralbanken das Wachstum des volkswirtschaftlichen Produktionspotentials abschätzen, sondern eine Europäische Zentralbank von einem europaweiten Wachstum des Produktionspotentials ausgeht, das einen Durchschnitt volkswirtschaftlicher Durchschnitte darstellt. Die an einer solchen Rate ausgerichtete potentialorientierte Geldmengenpolitik ist notwendigerweise noch ungenauer als die der nationalen Zentralbanken. Im Wettbewerbsmodell bleiben die daraus resultierenden Risiken dezentralisiert: Falsche geldpolitische Entscheidungen, die sich aus einer Fehleinschäzung der Rate ρ_t^e ergeben, sind für die EG-Mitgliedstaaten zusammen betrachtet leichter zu verkraften, wenn einzelne nationale Zentralbanken und nicht die Europäische Zentralbank „europaweite Fehler" macht.

IV. Zur Wechselkurspolitik bei dezentraler und zentraler Integration

Die Wechselkurspolitik rückt — im Vergleich zur gegenwärtigen Situation innerhalb des EWS — noch näher an die Geldpolitik heran, sobald die nationalen Zentralbanken zum alleinigen Träger der Wechselkurspolitik werden. Die gegenwärtig oft unselige Verknüpfung von Leitkursen mit dem politischen Prestige von Regierungen führt, wie wir wissen, zu einer stabilitätspolitisch irrationalen Wechselkurspolitik[46]. Deren „Entpolitisierung" ist schon jetzt, aber gerade auch langfristig geboten.

---

46 Vgl. *Jochimsen* (1992a, S. 5 f.) zu den währungspolitischen Turbulenzen im Herbst 1992: „Nicht etwa ein Systemversagen — oder Marktversagen —, sondern die mangelhaf-

Der geldpolitische Ordnungsrahmen des Wettbewerbsmodells läßt erwarten, daß inflationsbedingte Verschiebungen des Preis- und Zinsgefälles zwischen den beteiligten Mitgliedstaaten die Ausnahme sein werden. Aufgrund der Annäherung der stabilitätspolitischen Erfolge im „Inneren" werden sich marktbedingt tendenziell stabile Wechselkurse einstellen: die Zahlungsbilanzen der autonomen Transaktionen werden tendenziell im Gleichgewicht gehalten, und deshalb werden Devisenmarkt-Interventionen der Zentralbanken zugunsten von Mitgliedswährungen nur noch in Grenzen notwendig sein (was „Ausreißer" nicht ausschließt; s. u.). Die spezifische Ankerfunktion einzelner nationaler Währungen wird verschwinden.

Auf diese Weise stabilisierte Wechselkurse lassen die Frage als sekundär erscheinen, ob das Wettbewerbsmodell mit flexiblen oder bedingt festen (stufenflexiblen) Wechselkursen kombiniert werden sollte. Andererseits gibt es einige Argumente, die im ganzen betrachtet eher dafür sprechen, für das Wettbewerbsmodell bedingt feste Wechselkurse vorzusehen:

— Es mag „politisch unklug" sein, die Kontroverse „dezentrale oder zentrale europäische Geldverfassung" auch noch mit der Forderung nach flexiblen Wechselkursen zu befrachten, selbst wenn flexible Wechselkurse heutzutage aus europäischer Perspektive politisch offenbar „salonfähig" geworden sind, wie beispielsweise folgende These der Bundesregierung in ihren Anzeigen zum Unionsvertrag zu erkennen gibt: „Nur ein vereintes Europa kann im Wettbewerb mit den USA und Japan auf dem Weltmarkt auf Dauer bestehen"[47] — also im Wettbewerb mit Ländern, deren Wechselkurse flexibel sind.

— Flexible Wechselkurse stellen im Vergleich zu bedingt festen Wechselkursen eine Abschwächung des stabilitätspolitischen Wettbewerbsdrucks für die beteiligten Mitgliedstaaten dar; bedingt feste Wechselkurse haben also im Wettbewerbsmodell einen höheren Grad an Ordnungskonformität.

— Auch im Wettbewerbsmodell muß bei der Inflationsbekämpfung gelegentlich mit stabilitätswidrigen „Ausreißern" gerechnet werden: geldpolitische Fehleinschätzungen und / oder politischer Druck können hierfür verantwortlich sein. Das Land mit einer höheren Inflationsrate „importiert" dann aus den übrigen Ländern relativ viel Stabilität, während sich der in der umgekehrten Richtung gehende „Import von Instabilität" auf die übrigen Länder verteilt. Diese in der Tendenz asymmetrischen Auswirkungen können eine wichtige Voraussetzung dafür sein, daß sich die autonomen Zahlungsbilanzen schließlich wieder ausgleichen, ohne daß Anpassungen von Leitkursen notwendig werden. Gelegentlich werden jedoch zur Beseitigung eingetretener monetärer

te Handhabung der vereinbarten Regeln — kraß formuliert: ein eklatantes Politikversagen — hat das EWS in die Bedrouille gebracht". In diesem Sinne äußerte sich beispielsweise auch Neumann (1992a, S. 7).

[47] *Presse- und Informationsamt der Bundesregierung* (1992 a).

und realer Spannungen Anpassungen von Leitkursen notwendig sein. Für diesen Fall bietet die — im Ordnungsrahmen des Wettbewerbsmodells vorzusehende — geld- *und* wechselkurspolitische Souveränität der nationalen Zentralbanken gute Chancen, die unvermeidlichen Leitkursanpassungen „geschmeidig und diskret" zu vollziehen[48]. Auch aus diesen Gründen kann im Wettbewerbsmodell auf flexible Wechselkurse verzichtet werden.

— Die Gefahr internationaler, gegen abwertungsverdächtige Währungen gerichteter Spekulationen (die im übrigen auch bei flexiblen Wechselkursen nicht gänzlich ausgeschaltet werden können) läßt sich dadurch stark abschwächen, daß die Leitkurspolitik zur alleinigen Aufgabe der Zentralbanken gemacht wird. Wenn die Bundesregierung dem gegenwärtigen EWS bescheinigt, daß sich dieses „schon seit 13 Jahren bewährt und seine Widerstandskraft gerade neu bewiesen hat"[49], dann gilt dies erst recht für ein EWS, das von funktionswidrigen Einflüssen der Regierungen befreit worden ist.

Es ist zwar richtig, daß der Rest an wechselkurspolitischen Problemen, der im Wettbewerbsmodell übrig bleibt, für diejenigen Mitgliedstaaten im Verhältnis zueinander verschwinden würde, wenn sie an einer Währungsunion teilnehmen. Durch eine Währungsunion werden aber nicht solche monetären und realen Spannungen verhindert, die hinter Wechselkursspannungen stehen können; unter diesem Gesichtspunkt ist die im Wettbewerbsmodell verbleibende Möglichkeit zu Leitkursanpassungen von besonderem Vorteil[50].

Außerdem behält eine Währungsunion gegenüber Drittwährungen selbst alle Probleme einer „angemessenen" Wechselkurspolitik. Dabei ist auch zu berücksichtigen, daß die Entscheidungen im Zentralbankrat der Europäischen Zentralbank — oder alternativ erst recht im Ministerrat — über die Leitkurse der Euro-Währung zu anderen Währungen sachlich noch komplizierter sein werden als analoge Entscheidungen in den nationalen Zentralbankräten, so daß insoweit innerhalb einer Währungsunion neue zusätzliche Risiken stabilitätsgefährdender Liquiditätseffekte auftauchen[51].

Wird in Abwägung dieser verschiedenen Argumente akzeptiert, daß der Abstand zwischen den Problemen innerhalb eines EWS mit wechselkurspolitisch souveränen Zentralbanken einerseits und den entsprechenden Problemen innerhalb einer Währungsunion andererseits nicht sonderlich groß ist, fallen alle anderen, bereits diskutierten relativen Vorteile des Wettbewerbsmodells zur Preisniveaustabilisierung um so mehr ins Gewicht.

---

48 So auch *Jochimsen* (1992a, S. 6).

49 *Presse- und Informationsamt der Bundesregierung* (1992 a).

50 Zur Bedeutung solcher Wechselkursänderungen vgl. beispielsweise *Berthold* (1992, S. 25 f.).

51 Vgl. *Willeke* (1992, S. 298).

Auch die durch eine Währungsunion möglichen Ersparnisse an Transaktionskosten reichen bei weitem nicht aus, die relativen Vorteile des Wettbewerbsmodells zu kompensieren. Zwar hat die Bundesregierung in ihren Informationen versucht, mit dem Argument der Ersparnis an Transaktionskosten die Währungsunion „schmackhaft" zu machen: „Zwölf Währungen in einem gemeinsamen Markt ... sind ein aufwendiger Luxus ... Jeder Tourist merkt das an seiner Urlaubskasse ... Der europäische Verbraucherschutz-Verband ... schickte ... einen Tester auf eine Reise durch die zwölf EG-Länder. Der tauschte immer sein ganzes Geld ... Am Ende hatten Gebühren und Kursverluste die Summe halbiert"[52]. Die Irrationalität eines solchen Verhaltens leuchtet unmittelbar ein: Wer am Tage mehrmals zum Haarschneiden geht, braucht sich am Abend über die teure Glatze nicht zu wundern. Im übrigen sind viele Beobachter der Auffassung, daß die Reduzierung der Transaktionskosten und ähnliche Kostenersparnisse zu gering sind, um für sich eine Währungsunion zu rechtfertigen[53].

Schlußbemerkungen

Die stabilitätspolitischen Erfolge der Geldpolitik sind, wie allgemein anerkannt wird, nicht nur von dem für eine Zentralbank geltenden Ordnungsrahmen und deren Aktivitäten sowie den darauf gerichteten Einflußnahmen abhängig, sondern auch von der Finanzpolitik, der Lohnpolitik und vom Verhalten der Unternehmungen bei der Ausnutzung von Preisspielräumen, und damit im ganzen gesehen von der in den einzelnen Mitgliedstaaten herrschenden „Stabilitätskultur" — um ein jüngeres Schlagwort aufzugreifen. Darauf kann an dieser Stelle zwar nicht mehr eingegangen werden. Andererseits zeichnet sich in der Diskussion um die Frage, ob in einer Währungsunion mit einer hinreichenden Stabilitätskultur europaweit gerechnet werden könne, eines immer deutlicher ab: wir können nicht sicher sein, daß die Europäische Zentralbank in eine ausreichende Stabilitätskultur eingebettet sein wird. Das „Wenn und Aber" ist auch hier die dominante Argumentationsform.

Deshalb ist es wohl nicht zu gewagt zu behaupten: in einer europäischen Geldverfassung mit rechtlich gleich unabhängigen Zentralbanken können die stabilitätspolitischen Risiken nicht nur der Geldpolitik, sondern auch aller anderen relevanten Politikbereiche besser abgefangen werden als in einer Währungsunion. Das Wettbewerbsmodell verfügt auch angesichts der faktisch existierenden pluralistischen Verantwortung zur Preisniveaustabilisierung über die größere Problemlösungskapazität.

---

52 *Presse- und Informationsamt der Bundesregierung* (1992 a).

53 Vgl. beispielsweise *von Hagen* (1992); *Issing* (1992, S. 3); *Richter* (1992, S. 24); *Sievert* (1992).

Literatur

Auswärtiges Amt der Bundesregierung (1992): Der Vertrag von Maastricht über die Europäische Union. Fragen und Antworten, Bonn.

Barbier, Hans D., Der Irrtum von Maastricht. Was ökonomisch falsch ist, kann politisch nicht richtig sein, Frankfurter Allgemeine Zeitung, Nr. 176, 31.7.1992, S. 29.

Berthold, Norbert (1991): Eine Europäische Zentralbank — jetzt ökonomisch sinnvoll? Wirtschaftsdienst, 71. Jg., S. 222-225.

— (1992): Europa nach Maastricht — sind die währungspolitischen Fragen gelöst? Wirtschaftsdienst, 72. Jg., S. 23-28.

Bohley, Peter (1993): Europäische Einheit, föderatives Prinzip und Währungsunion: Wurde in Maastricht der richtige Weg beschritten? In: Aus Politik und Zeitgeschichte, Beilage zur Wochenzeitung Das Parlament, Heft B1 / 93, S. 34-45.

Deutsche Bundesbank (1991): Monatsberichte, Dezember 1991, Frankfurt.

— (1992): Geschäftsbericht für das Jahr 1991, Frankfurt.

Deutscher Bundestag (1992): Stenographischer Bericht, 110. Sitzung, Plenarprotokoll 12 / 110, 8.10.1992, S. 9314-9393.

— (1992a): Stenographischer Bericht, 126. Sitzung, Plenarprotokoll 12 / 126, 2.12.1992, S. 10809-10882.

Feldstein, Martin (1992): Ziemlicher Verfall. Eine gemeinsame Währung erhöht die Arbeitslosigkeit in Europa und verstärkt Konjunkturschwankungen, Wirtschaftswoche, Nr. 27, 26.6.1992, S. 56 / 7.

Flassbeck, Heiner (1992): Die Sprengkraft eines großen Lohnkartells, Frankfurter Allgemeine Zeitung, Nr. 271, 21.11.1992, S. 15.

Fuhrmann, Wilfried (1992): Ökonomische Integrationsrisiken des politischen Integrationsprozesses, Universität-PH-Paderborn, International Economics, Working Papers, Nr. 9201.

Gebauer, Wolfgang (1992): Die Geldmengenpolitik muß überprüft werden, Frankfurter Allgemeine Zeitung, Nr. 158, 10.7.1992, S. 15.

Giersch, Herbert (1992): Wettbewerb im Zwielicht, Frankfurter Allgemeine Zeitung, Nr. 295, 19.12.1992, S. 13.

Grauwe, Paul de / *Gros,* Daniel / *Steinherr,* Alfred / *Thygesen,* Niels (1992): Kalkulierte Risiken. Replik auf Martin Feldstein, Wirtschaftswoche, Nr. 30, 17.7.1992, S. 37 / 8.

Hagen, Jürgen von (1992): Zwei Bänder für Europa, Frankfurter Allgemeine Zeitung, Nr. 260, 7.11.1992, S. 13.

Hesse, Helmut (1992): Gegenwart und Zukunft der Geld- und Währungspolitik, Deutsche Bundesbank, Auszüge aus Presseartikeln, Nr. 80, 13.11.1992, S. 3-7.

Heuss, Ernst (1992): Ein Vetorecht für die Anwälte der Stabilität, Frankfurter Allgemeine Zeitung, Nr. 47, 25.2.1992, S. 16.

Issing, Otmar (1992): European Monetary Union and its Future, Deutsche Bundesbank, Auszüge aus Presseartikeln, Nr. 76, 30.10.1992, S. 1-4.

— (1992a): Stabiles Geld in Deutschland und Europa, Deutsche Bundesbank, Auszüge aus Presseartikeln, Nr. 87, 8.12.1992, S. 3-10.

— (1992b): Unabhängigkeit der Notenbank und Geldwertstabilität, Deutsche Bundesbank, Auszüge aus Presseartikeln, Nr. 79, 10.11.1992, S. 1-8.

— (1992c): Einführung in die Geldpolitik, 4. Auflage, München.

— (1993): An schlechtem Rat kein Mangel, Frankfurter Allgemeine Zeitung, Nr. 13, 16.1.1993, S. 13.

Jansen, Paul (1992): Europäische Währungsunion — Gefahren und Risiken, Wirtschaftsdienst, 72. Jg., S. 574-580.

Jochimsen, Reimut (1992): Die Europäische Wirtschafts- und Währungsunion. Sachstand und Perspektiven im Frühjahr 1992, in: Görgens, Egon / Tuchtfeldt, Egon (Hrsg.), Die Zukunft der wirtschaftlichen Entwicklung — Perspektiven und Probleme, Ernst Dürr zum 65. Geburtstag, Bern / Stuttgart / Wien.

— (1992a): Die Europäische Wirtschafts- und Währungsunion, Deutsche Bundesbank, Auszüge aus Presseartikeln, Nr. 93, 28.12.1992, S. 5-10.

Kammler, Hans (1992): Ein Markt und viele Staaten, Frankfurter Allgemeine Zeitung, Nr. 302, 30.12.1992, S. 24.

Kielmansegg, Peter Graf (1992): Ein Maß für die Größe des Staates. Europa fehlt die Zustimmung der Bürger, Frankfurter Allgemeine Zeitung, Nr. 280, 2.12.1992, S. 35.

Kölle, Hans Martin / *Wahl,* Jürgen (1992): Brauchen wir Maastricht? Soll die Bundesrepublik dem Vertrag zur Europäischen Union zustimmen? Zwei konträre Positionen, Deutsche Bundesbank, Auszüge aus Presseartikeln, Nr. 85, 1.12.1992, S. 12-14.

Kösters, Wim (1991): Europäische Zentralbank und Preisniveaustabilität, Hamburger Jahrbuch für Wirtschafts- und Gesellschaftspolitik, 36. Jahr, S. 155-167.

Kösters, Wim / *Belke,* Ansgar / *Kruth,* Bernd-Joachim (1992): Monetäre Integration in Europa — Grundlagen, Entwicklungen und Perspektiven nach den Maastrichter Beschlüssen, Wirtschaftliche Grundbildung, H. 2, S. 17-25.

Mestmäcker, Ernst-Joachim (1992): „Widersprüchlich, verwirrend, gefährlich", Frankfurter Allgemeine Zeitung, Nr. 236, 10.10.1992, S. 15.

Möschel, Wernhard (1992): Fünf Optionen für Europa, Frankfurter Allgemeine Zeitung, Nr. 213, 12.9.1992, S. 13.

Neumann, Manfred J. M. (1992): In die Ära der Euro-Mark, Frankfurter Allgemeine Zeitung, Nr. 97, 25.4.1992, S. 13.

— (1992a): „Die Mark ist ein Wohlstandsfaktor", Deutsche Bundesbank, Auszüge aus Presseartikeln, Nr. 72, 16.10.1992, S. 6-8.

Presse- und Informationsamt der Bundesregierung (1992): Anzeige in der Tagespresse, zitiert nach Frankfurter Allgemeine Zeitung, Nr. 2, 5.1.1992, S. 5.

— (1992a), Anzeige in der Tagespresse, zitiert nach Frankfurter Allgemeine Zeitung, Nr. 247, 23.10.1992, S. 29.

— (1992b), Anzeige in der Tagespresse, zitiert nach Frankfurter Allgemeine Zeitung, Nr. 252, 29.10.1992, S. 29.

Richter, Rudolf (1992): Über Papierstandards, Währungsunion und das Ende der D-Mark. Wirtschaftstheoretische Kritikpunkte zum Thema Europäische Währungsunion, Universität des Saarlandes, Arbeitsstelle für Neue Institutionen-Ökonomik, Diskussionsbeiträge.

Sachverständigenrat zur Begutachtung der gesamtwirtschaftlichen Entwicklung (1992): Jahresgutachten 1992 / 93, Bundestagsdrucksache 12 / 3774, 19.11.1992, S. 233-242.

Schlesinger, Helmut (1992): Grundfragen einer europäischen Zentralbankpolitik, Deutsche Bundesbank, Auszüge aus Presseartikeln, Nr. 92, 21.12.1992, S. 1-5.

Siebert, Horst (1992): Die Weisheit einer höheren Instanz. Zu den ordnungspolitischen Ärgernissen der Verträge vom Maastricht gehört auch die Vereinbarung über eine europäische Industriepolitik, Frankfurter Allgemeine Zeitung, Nr. 63, 14.3.1992, S. 15.

Sievert, Olaf (1992): Geld, das man nicht selbst herstellen kann, Frankfurter Allgemeine Zeitung, Nr. 225, 26.9.1992, S. 13.

Steuer, Werner (1993): Maastricht und der Deutsche Bundestag, Wirtschaftsdienst, 73. Jg., S. 138-142.

Streit, Manfred E. (1992): Krücken für die Champions. Auch auf europäischer Ebene bleibt Industriepolitik ein Irrweg, Frankfurter Allgemeine Zeitung, Nr. 141, 20.6.1992, S. 13.

Tietmeyer, Hans (1992): Die Europäische Wirtschafts- und Währungsunion. Eine deutsche Sicht, Stuttgart / Jena / New York.

— (1992a): Europa auf dem Weg zur monetären Integration — Erfahrungen und Perspektiven, Deutsche Bundesbank, Auszüge aus Presseartikeln, Nr. 90, 15.12.1992, S. 5-10.

Vaubel, Roland (1992): Das Ende der Preisstabilität, Frankfurter Allgemeine Zeitung, Nr. 75, 28.3.1992, S. 13.

— (1993): Eine Public-Choice-Analyse der Deutschen Bundesbank und ihre Implikationen für die Europäische Währungsunion, in: Duwendag, Dieter / Siebke, Jürgen (Hrsg.), Europa vor dem Eintritt in die Wirtschafts- und Währungsunion, Schriften des Vereins für Socialpolitik, N. F. Bd. 220, Berlin, S. 23-79.

Wildenmann, Rudolf (1992): Probleme der sozio-politischen Steuerungskapazität Europas, in: Kantzenbach, Erhard (Hrsg.), Die wirtschaftliche Neuordnung Europas — Erfahrungen und Perspektiven —, Schriften des Vereins für Socialpolitik, N. F. Bd. 218, Berlin, S. 81-92.

Willeke, Franz-Ulrich (1992): Inflationsgefahren einer Europäischen Währungsunion, Wirtschaftsdienst, 72. Jg., S. 294-298.

Willgerodt, Hans (1991): Wirtschaftspolitische Grundbedingungen der Europäischen Gemeinschaft, Bittburger Gespräche, Jahrbuch 1991 / 1, München, S. 49-65.

Währungsunion ohne eine europäische Zentralnotenbank

Von Ernst Heuß, Erlangen-Nürnberg

In recht eindrücklicher Weise hat das Jahr 1992 gezeigt, wie weit Wunsch und Wirklichkeit bei der europäischen Währungsunion auseinanderfallen. Hierfür genügt es, an einige Geschehnisse zu erinnern.

Die ersten Dissonanzen entstanden bereits wenige Tage nach der Bekanntgabe des Maastrichter Vertragstextes, als die Deutsche Bundesbank die Leitzinsen im Dezember 1991 erhöhte. Äußerungen, wie das Wort vom Zinsdiktat der Deutschen Bundesbank von seiten der französischen und britischen Publizistik zeigen, wie weit man von einer gegenseitigen Verständnisnahme noch entfernt ist. Offenbar war man sich nicht bewußt, daß die Deutsche Bundesbank nichts anderes machte, als der Preisstabilität gegenüber anderen Zielsetzungen die Priorität einzuräumen, wie sie in dem Maastrichter Vertrag festgelegt ist. So waren im Zusammenhang mit der innerdeutschen Währungsverschmelzung die Preise in Deutschland in Bewegung geraten, denen entgegenzutreten es Aufgabe der Deutschen Bundesbank ist. So hätte eine sachgerechte Diskussion darauf hinweisen müssen, daß aufgrund dieser Umstände sich die deutsche Volkswirtschaft in den Jahren 1990 und 91 nicht in dem gleichen konjunkturellen Rhythmus wie dem der anderen Länder im EWS bewege. Wenn ein Vorwurf an die deutsche Adresse in dieser Hinsicht angebracht gewesen wäre, so wäre er nicht an die Deutsche Bundesbank, sondern an die deutsche Regierung zu richten gewesen, die darauf in den Maastrichter Verhandlungen die europäischen Partner eindrücklich hätte hinweisen müssen.

Nicht besser steht es mit der zweiten Bastion, der Unabhängigkeit der europäischen Zentralnotenbank, die dadurch gegen politischen Druck von außen abgeschirmt werden soll. Die Antwort Mitterands auf die Frage, was unter einer solchen Unabhängigkeit zu verstehen sei, ist bekannt. Aber auch die Stimmen der damaligen bürgerlichen Opposition mit ihrem Postulat der Loslösung des Französischen Frankens von den Fesseln der DM können nicht als maastricht-freundlich bezeichnet werden.[1] Eine derartige unterschiedliche Akzentuierung zeigt, wie sehr Verschiedenes bei ein- und demselben Terminus in den einzelnen Ländern mitschwingt.

---

1 Die 180-gradige Kehrtwendung der bürgerlichen Parteien nach Übernahme der Regierung im Frühjahr 1993 macht das Vorangegangene nicht ungeschehen, sondern offenbart lediglich die Labilität in währungspolitischer Hinsicht.

Als man auf der Grundlage des Delors-Berichtes an die Ausarbeitung des Maastrichter Vertrages herangetreten ist, herrschte offenbar die Meinung vor, bereits 1991 eine gute Strecke des Weges zu einer gemeinsamen Währung zurückgelegt zu haben, nachdem seit 1987 die Wechselkurse unter den Mitgliedern des EWS unverändert geblieben sind und auch Großbritannien das Pfund 1990 in eine feste Wechselkursbindung zum EWS gebracht hat. Mit den Turbulenzen im Herbst 1992 sind alle diese Erwartungen in ein Nichts zerronnen. Faktisch ist man dadurch auf den Stand der sogenannten Währungsschlange zurückgeworfen worden, als sie sich nach dem Ölschock von 1973 praktisch auf Deutschland und die Beneluxländer reduziert hat. Auf diesen Hintergrund nehmen die Ratifizierungen der Maastrichter Verträge Züge des Irrealen an, zumindest hinsichtlich des festgelegten Zeitplanes, nach dem noch in diesem Jahrzehnt die europäische Währung aus der Taufe gehoben werden soll. Offensichtlich läßt man sich hier von der Vorstellung leiten, daß die Schaffung einer europäischen Währung ebenso wie die Errichtung eines Gebäudes nach einem bestimmten Zeitplan vollzogen werden kann. Hier wird vergessen, daß nicht Bausteine, sondern Menschen in ein Bezugssystem gebracht werden sollen. Dazu bedarf es eines besonderen Kittes, und zwar dem eines gegenseitigen Vertrauens. Wie es damit bestellt ist, hat das Jahr 1992 recht deutlich vor Augen geführt.[2]

Der Eintritt einer Volkswirtschaft in eine Währungsunion gleicht einem Übertritt von dem eigenen kleineren nationalen Schiff auf das größere europäische. Hierbei stellt sich zugleich die entscheidende Frage nach dem Kurs, der auf dem Europaschiff gesteuert werden wird. Besonders diejenigen Volkswirtschaften, die im Vergleich zu den anderen hinsichtlich der Preisstabilität und der Beschäftigung in den letzten Jahrzehnten besser gefahren sind, drängen sich Bedenken von der Art auf, ob das größere Schiff auch bei seiner größeren Seetüchtigkeit nicht doch in die Klippen gerät, die man auf dem eigenen kleineren Schiff bisher erfolgreich umfahren hat. So überrascht es nicht, daß nach einer 1992 durchgeführten demoskopischen Befragung in Deutschland eine deutliche Mehrheit der Bevölkerung kein Zutrauen zu dem europäischen Steuermann hat. Ähnlich liegen die Dinge in anderen Ländern, wenn auch bei den kleinen die Befürchtungen anderer Art im Vordergrund stehen dürften.

Es ist eine alte Einsicht in unsere menschliche Natur, daß bestimmte Verpflichtungen wie die zur Preisstabilität am besten dann eingehalten werden, wenn der Handlungsspielraum für die dafür verantwortlichen Agenten so eng gezogen ist, daß sie sich nicht anders als in der gewünschten Art und Weise bewegen können. Ein solcher wird aber nicht durch die Errichtung einer europäischen Zentralnotenbank geschaffen, sondern gerade dadurch aufgehoben. Stattdessen ist er in einem

---

[2] Es ist auffallend, wie wenig man sich in der Nationalökonomie darüber äußert, wie Vertrauen gebildet wird. Es beruht auf Erfahrungen, die wiederum die Zeitdimension Vergangenheit aufweisen. Vertrauensschaffung ist daher ein in der Zeit sich vollziehender evolutorischer Prozeß.

viel höherem Maße gegeben, wenn an den nationalen Notenbanken festgehalten wird.[3] Hier besteht aufgrund der starken innereuropäischen Verzahnung — reichlich zwei Drittel des Außenhandels sind innereuropäisch — ein sehr hohes gegenseitiges Abhängigkeitsverhältnis, welches die jeweilige nationale Notenbank bei ihrer Geld- und Kreditpolitik vor allem im Hinblick auf die Zahlungsbilanz und den Außenhandel berücksichtigen muß. Diese Einbindung gilt es wieder in eine Form zu setzen, wie sie schon einmal im 19. Jahrhundert im Prinzip bestanden hat. Damals hat für weitgehend alle maßgebenden Volkswirtschaften der westlichen Welt der Goldstandard gegolten, woraus sich zwangsläufig feste Wechselkurse für die Volkswirtschaften ergeben haben. So hätte z. B. eine Abwertung den Goldgehalt der betreffenden Valuta entsprechend vermindert, was nichts anderes als eine Schuldenzusammenstreichung einer notleidenden Bank dargestellt hätte. Es ist daher die Abwertung des Schweizer Frankens 1936 dort in weiten Kreisen auch als eine solche noch empfunden worden. So hat Wilhelm Röpke mit Recht davon gesprochen, daß die damalige Goldwährung eine Währungsgemeinschaft dargestellt hatte, ohne daß die nationalen Recheneinheiten untereinander im Verhältnis von eins zu eins wie bei der lateinischen Münzunion aufweisen mußten. Ihr Ordnungsprinzip war die vollständige Konvertibilität bei festem Wechselkurs. Damit wurde auch der Handlungsspielraum festgelegt, den die Sicherstellung der internationalen Liquidität bestimmt hatte. Darüber hinaus wurde die Mindestdeckung der Noten durch Gold noch gesetzlich bestimmt, was als eine vom Recht gesetzte Weisungsgebundenheit aufgefaßt werden kann, die selbstverständlich eine weitere von seiten der Regierung ausgeschlossen hat.

Fragt man nach den Konsequenzen, welche sich aus dieser Währungsordnung für die Preisentwicklung ergeben haben, so stößt man auf ein für heute erstaunliches Phänomen. Man wird in der Geschichte des Geldwesens Mühe haben, ein Jahrhundert zu finden, in welchem am Ende des Jahrhunderts (Ausbruch des ersten Weltkrieges) die Kaufkraft der gleichen Münze grosso modo die gleiche war wie zu Beginn des betreffenden Jahrhunderts (Ende der napoleonischen Kriege). Es gilt, daraus die Einsichten für den weiteren Gang der monetären Integration zu nutzen.

Ein Blick auf den bisherigen monetären Integrationsprozeß zeigt, daß sich davon bereits ein großer Teil niedergeschlagen hat. So gelten die Bedingungen für den Eintritt in die europäische Einheitswährung auf Stufe 3, unter anderem auch die Konvergenzkriterien, ebenso für eine Währungsunion, bei der die Wechselkurse für die nationalen Währungen untereinander unwiderruflich fest fixiert

---

[3] Sievert sieht hingegen in der europäischen Währung die Möglichkeit, echte Wettbewerbsmärkte für die nationalen Arbeitsmärkte zu schaffen. Abgesehen davon, daß es in diesen Fällen nur eine Frage der Zeit sein wird, bis sich eine Koordinierung der Lohnpolitik unter den nationalen Gewerkschaften etabliert, ist daran zu erinnern, daß die sog. Harmonisierung in der EG nicht zuletzt auf sozialpolitischem Gebiet diesen Prozeß noch beschleunigt. Außerdem ist dieser Beitrag nicht ganz frei von politischer Blauäugigkeit. Vgl. *O. Sievert:* Geld, das man nicht selbst herstellen kann, FAZ Nr. 225 v. 26. 9. 1992.

sind. Ein solcher Prozeß läßt sich jedoch nicht in einen festen Zeitplan pressen. Er ist ein evolutorischer, der zunächst mit wenigen Volkswirtschaften beginnt, die den Kern einer solchen Währungsunion bilden, zu der später sukzessive weitere Volkswirtschaften stoßen, nachdem sie sich über die Zweckmäßigkeit, einer solchen Währungsunion anzugehören, überzeugt haben. Hierin liegt der Fehler, der bei der Schaffung der sog. Währungsschlange wie auch des EWS begangen worden ist, als man meinte, es müßten sogleich alle EG-Länder Mitglieder eines solchen monetären Zusammenschlusses sein.

Unter den gegenwärtigen Umständen ließe sich ein solcher Kern vorstellen, der sich aus Deutschland, Frankreich und den Beneluxländern zusammensetzt. Mit der Etablierung fester Wechselkurse untereinander besteht auch keine Notwendigkeit für eine Bandbreite, die letzten Endes ein Residuum der Goldpunkte aus der Goldwährungszeit darstellt. Ferner kann es zweckmäßig sein, die innere Geschlossenheit einer solchen Währungsunion nach außen hin dadurch zu dokumentieren, daß die nationalen Recheneinheiten untereinander die Relation 1 zu 1 aufweisen, also eine zukünftige Euro-Mark gleich einem Euro-Franken ist. Hier kann die ECU zwar als technische Bezugsgröße dienen, ohne aber selbst als eigene Recheneinheit aufzutreten. So bleibt auch die nationale Valuta das gesetzliche Zahlungsmittel in dem betreffenden Lande, und es werden daher die Banken von den anderen Valuten nur so viel halten, wie es die innereuropäische Liquidität erfordert. Dies besagt, daß darüber hinausgehende Notenbestände einer anderen europäischen Valuta an die betreffende Notenbank zurückgeschickt werden, und zwar in der Weise, wie es früher im amerikanischen Federal Reserve System mit distriktsfremden Banknoten geschehen ist. Dies zwingt die nationalen Notenbanken zu einer Geld- und Kreditpolitik, die auf ihre internationale — wovon die innereuropäische ein Teil ist — Liquidität bedacht sein muß. Dies schließt jedoch eine gegenseitige Konsultation etwa im Rahmen des Europäischen Währungsinstitutes nicht aus, ebenso die Schaffung von Ziehungsrechten, wobei der Maximalumfang der gegenseitig eingeräumten Kredite im Maße des realen Wachstums der betreffenden Volkswirtschaften von Jahr zu Jahr erhöht werden kann, was sicherlich eine zweckmäßigere Größe ist als die Goldproduktion zu Zeiten der Goldwährung. Außerdem lassen sich auch die Konvergenzkriterien in eine solche Währungsunion einfügen, und zwar in der Weise, daß ein Mitglied, das diese Kriterien erfüllt, in Zeiten von Turbulenzen Anspruch auf Unterstützung seiner Währung durch die anderen über das Ausmaß seiner Ziehungsrechte hat. Als Beispiel kann die Hilfe der Deutschen Bundesbank bei den spekulativen Attacken gegenüber dem Französischen Franken 1992 / 93 angeführt werden. Dies heißt, daß eine Währung, die den Konvergenzkriterien genügt, aus dem Währungsverband nicht herausgeschossen werden kann.

Die Länder, welche noch nicht zu diesem Kern gehören, lassen sich am besten als „zugewandte" Orte bezeichnen, um einen Terminus der alten Eidgenossenschaft vor der französischen Revolution zu benutzen. Sie sind noch nicht bereit, sich definitiv zu binden, halten aber ihre Währung in einer festen Relation zu dieser Währungsgruppe, woraus sich selbstredend die entsprechenden Konsequenzen für die eigene Geld- und Kreditpolitik ergeben. Hierfür kann Österreich als Beispiel mit seiner schon über ein Jahrzehnt dauernden Bindung des Schillings an die DM dienen. Es wird dann nur eine Frage der Zeit sein, bis sich diese Länder — es dürfte sich vorwiegend um die noch gegenwärtigen EFTA-Länder handeln — definitiv dem europäischen Währungskern anschließen. Ebenso wäre dann auch die Barriere für den Eintritt Großbritanniens nicht zu hoch, wenn die Kompetenz für die eigene Geld- und Kreditpolitik weiter bei der Bank of England bleibt, allerdings mit dem Verzicht auf eigene Wechselkursveränderungen, eine Einschränkung der Souveränität, die zu den Glanzzeiten des Englischen Pfundes eine Selbstverständlichkeit gewesen ist.

Auf diese Weise würde sich ein europäischer Währungsblock bilden, dessen Eigengewicht auf dem internationalen Devisenmarkt dem der übrigen Währungsräume wie dem des Dollars oder des Yen ebenbürtig wäre. Vorstellungen, daß die einzelnen nationalen Währungen Europas wie Nußschalen dem Wellenschlag des Dollarraumes ausgesetzt seien, sind dann nicht mehr angebracht. Stattdessen wäre eher eine umgekehrte Entwicklung denkbar. Gegenüber den anderen Währungsblöcken weist der europäische im Innenverhältnis eine dezentrale Geld- und Kreditpolitik auf, deren Regelmechanismus preisstabilisierend wirkt. Daraus könnten sich unter Umständen Rückwirkungen auf die anderen Währungsblöcke ergeben.

Zur Funktionsfähigkeit einer erweiterten Europäischen Gemeinschaft

Von *Hartmut Berg* und *Frank Schmidt*, Dortmund

I. Problemstellung: Erfordernisse, Möglichkeiten und Hemmnisse institutioneller Reformen in einer erweiterten Europäischen Gemeinschaft

Die „EWG der Sechs“, wie sie durch den Vertrag zur Gründung der Europäischen Wirtschaftsgemeinschaft vom 25. März 1957 gebildet wurde, schien grundsätzlich hinreichend günstige Funktionsvoraussetzungen zu bieten. Durch die Entscheidung für eine „kleineuropäische Lösung“ (*Giersch,* 1957) war die Mitgliedschaft jener Länder vermieden worden, deren Bereitschaft, Souveränitätseinbußen hinzunehmen, vorerst gering war. Für sie bot die European Free Trade Association (EFTA) eine (wenn auch nicht sonderlich überzeugende) Alternative.

Die Mitglieder der EWG hatten bereits im Rahmen der 1952 gegründeten Europäischen Gemeinschaft für Kohle und Stahl (EGKS) gemeinsame Erfahrungen sammeln können. Der EWG-Vertrag zielte darauf ab, Volkswirtschaften in eine Zollunion einzubringen, die mit Ausnahme des italienischen Mezzogiorno den Status hochentwickelter Industrieländer aufwiesen, die zudem geographisch sehr viel günstiger zueinander plaziert waren als etwa die Mitglieder der EFTA und die schließlich auch dadurch ein hohes Maß an Homogenität gewährleisteten, daß zu Beginn des Integrationsprozesses in Deutschland, in Frankreich, in Italien und in den Niederlanden Regierungen derselben Couleur im Amt waren (*Etzioni,* 1966).

Die Funktionsfähigkeit der Europäischen Wirtschaftsgemeinschaft hat jedoch sehr bald und in zunehmendem Maße Beeinträchtigungen erfahren. Die Gründe für diese Entwicklung sind zahlreich: Verbindlich, detailliert und präzise wird im EWG-Vertrag nur das Procedere geregelt, das für die Bildung der Zollunion vorgesehen wurde. Je mehr der Integrationsprozeß über diese erste Stufe hinaus fortschritt, desto mehr wurde es erforderlich, über die Art und den Zeitplan dieses Fortschreitens immer wieder aufs neue Konsens herzustellen.

Die Bildung einer Zollunion fordert ein erheblich geringereres Maß an Souveränitätsverzicht als ihre Weiterentwicklung zu einem Gemeinsamen Markt und als dessen Absicherung durch eine Wirtschafts- und Währungsunion. Je mehr der Integrationsprozeß bei den „klassischen“ Befugnissen der nationalen Parlamente und Regierungen Konzessionen erforderlich machte, desto stärker wurde der Widerstand derer, die am überkommenen Nationalstaat grundsätzlich festzuhalten gewillt waren.

Beleg für diese Abneigung der nationalen Regierungen, sich durch den zunehmenden Verlust von wesentlichen Entscheidungsbefugnissen mehr und mehr entmachten zu lassen, war vor allem die 1965 von Frankreich praktizierte „Politik des leeren Stuhls": Als dieses Land im Ministerrat Gefahr lief, in einer als bedeutsam erachteten Angelegenheit überstimmt zu werden, zog sich die französische Regierung vorübergehend aus dem Rat zurück. Frankreich nahm seine Mitarbeit im Rat erst wieder auf, als man sich im Rahmen des „Luxemburger Kompromisses" darüber verständigt hatte, kein Land zu überstimmen, wenn es geltend machen würde, dadurch in seinen „nationalen Interessen" beeinträchtigt zu werden. Die Folge dieser Übereinkunft war, daß der Rat, um eine erneute Krise zu vermeiden, auch in weniger bedeutsamen Fragen stets nur im Einvernehmen aller Mitglieder entschied. Dort, wo kein Konsens hergestellt werden konnte, kamen Entscheidungen folglich nicht zustande.

Dem störungsfreien und stetigen Fortschreiten des Integrationsprozesses war diese Praxis naturgemäß wenig förderlich. Dieser Prozeß geriet vielfach immer wieder ins Stocken, wenn es der Kommission nicht gelang, Kompromisse zu formulieren, die vom Rat akzeptiert wurden. Dort, wo die nationalen Interessen besonders stark divergierten, kam es vielmehr überhaupt nicht zu einer Einigung. Integrationsfortschritte konnten folglich nicht erreicht werden. Beispiel ist etwa die in Artikel 74 EWG-V ausgesprochene Verpflichtung der Mitgliedstaaten zum Betreiben einer gemeinsamen Verkehrspolitik. Trotz zahlreicher Bemühungen der Kommission dauerte es etwa dreißig Jahre, bevor es schließlich (nach einer erfolgreichen Untätigkeitsklage des Europäischen Parlaments gegen den Rat) im Rahmen des Programms „EG-Binnenmarkt '92" gelang, hier erste Liberalisierungsschritte einzuleiten.

Die angesprochenen Funktionsmängel wurden erheblich verstärkt, als es zu der Erweiterung der „EG der Sechs" zur „EG der Neun" und sodann zur „EG der Zwölf" kam. Die Zahl der Mitglieder im Rat erfuhr eine Verdoppelung. Die Kommission, die zunächst aus 9 Mitgliedern bestand, ist gegenwärtig mit 17 Kommissaren besetzt. Der Prozeß der Willensbildung und Entscheidungsfindung wurde nicht nur dadurch erschwert, daß nunmehr die Zahl derer größer geworden war, für die konsensfähige Lösungen gesucht werden mußten. Bedeutsamer war noch die Erfahrung, daß die zweimalige EG-Erweiterung zu einer größeren Heterogenität der Interessen geführt hat und daß auch die Hartnäckigkeit größer geworden ist, mit der einzelne Mitglieder auf der Beachtung ihrer nationalen Belange bestehen.

Gegenwärtig steht eine abermalige Erweiterung der Europäischen Gemeinschaft zur Diskussion. Österreich und Schweden haben die Aufnahme von Beitrittsverhandlungen bereits beantragt. In der Schweiz wird eine EG-Mitgliedschaft intensiv diskutiert. Es ist kaum denkbar, daß Finnland und Norwegen der EG fernbleiben, wenn außer Dänemark auch Schweden hier den Beitritt vollzogen hat. Von den ehemaligen Mitgliedern des Rates für gegenseitige Wirtschaftshilfe haben sich Polen, Ungarn und die Tschechische Republik für einen möglichst raschen EG-Beitritt ausgesprochen. Auch Rumänien, Bulgarien und die Slowakei haben ein entsprechendes Interesse bekundet. Beitrittswillig sind schließlich die Türkei, Malta und Zypern — eine Aufzählung, die durchaus noch nicht erschöpfend ist.

Eine Erweiterung der Gemeinschaft erfordert institutionelle Reformen, wenn die Gefahr einer zunehmenden Funktionsunfähigkeit vermieden werden soll. Diese These wird im Folgenden zunächst noch einmal begründet, um sodann mögliche Reformansätze zu diskutieren. Schließlich sollen Reformgrenzen benannt werden. Sie ergeben sich aus der Vermutung, daß auch neue Konzepte Einschränkungen in ihrer Leistungsfähigkeit gegen sich gelten lassen müssen und daß im übrigen Reformbestrebungen Widerstände provozieren, die zu Zugeständnissen zwingen.

II. Funktionelle und institutionelle Methode als Strategien wirtschaftlicher Integration

Der EWG-Vertrag konzipiert ein wirtschaftspolitisches Programm, das durch die „Errichtung eines Gemeinsamen Marktes" und die „schrittweise Annäherung der Politik der Mitgliedstaaten" Fortschritte bei Wachstum und Stabilität anstrebt — Fortschritte, von denen die Verfasser und die Befürworter dieses Vertrages annahmen, daß sie anderenfalls, also bei Fortbestehen des status quo ante, nicht erreichbar sein würden.

Die Strategien, derer man sich dabei vornehmlich zu bedienen gedachte und sich tatsächlich auch vornehmlich bedient hat, werden üblicherweise als funktionelle und als institutionelle Methode wirtschaftlicher Integration bezeichnet.

Die funktionelle Methode zielt auf die Bildung einer Zollunion und deren Weiterentwicklung zu einem „Binnenmarkt", also auf die Herstellung eines Wirtschaftsraumes „ohne Binnengrenzen, in dem der freie Verkehr von Waren, Personen, Dienstleistungen und Kapital ... gewährleistet ist" (Art. 8a EWG-V).

Durch den Abbau der Zölle und sonstigen Handelshemmnisse im gegenseitigen Warenverkehr der Mitgliedstaaten und die Beseitigung möglichst auch aller anderen Formen und Praktiken nationaler Marktsegmentierung erhofft man einen Wettbewerb gesteigerter Intensität, verbesserte Möglichkeiten der Nutzung von Skalenerträgen und ein Angebot von größerer Vielfalt (*Berg*, 1988).

Die institutionelle Methode strebt nach zunehmender „Vergemeinsamung" nationaler (Wirtschafts-)Politiken durch die im Zeitablauf immer umfassender vollzogene Übertragung von Befugnissen auf die Organe der Gemeinschaft, insbesondere auf Kommission und Rat.

Die „Gemeinschaftsmethode“ als das Zusammenwirken von (vor allem) Kommission und Rat gewährleistet, so die zunächst wohl vorherrschende Erwartung, Ergebnisse „überlegener Rationalität“. Der „hohe Sachverstand einer unabhängigen Kommission“ sei Garant „technisch optimaler Lösungen“, die „tatsächlich Ausdruck eines europäischen Interesses sind“. Im Rat „vollzieht sich der Ausgleich, die Versöhnung der Einzelinteressen der Mitgliedstaaten und des Gemeinschaftsinteresses“. Ergebnis sei eine Politik „hoher Sachgerechtigkeit“ — eine Politik, die nationalen Lösungen vielfach überlegen sein werde und die damit ebenso wie die funktionelle Methode Wohlfahrtsgewinne eintrage (*Hallstein*, 1968, 1969; *Berg*, 1972).

Die ersten Jahre nach Inkrafttreten des EWG-Vertrages waren durch sehr ansehnliche Raten des Wirtschaftswachstums und durch eine rasche Zunahme des EWG-Intrahandels, also des Austausches der Integrationspartner untereinander, gekennzeichnet. Die Bildung der Zollunion, die gemäß Art. 9 EWG-Vertrag als „Kernstück“ der Gemeinschaft anzusehen ist, konnte zügig vorangetrieben werden. Die Kommission vermochte rasch Autorität und Ansehen zu gewinnen. Die hohen Erwartungen, die sich vielfach mit der Gründung der EWG verbunden hatten, schienen sich glänzend zu bestätigen (*Haas*, 1968; *Lindberg*, 1963). Nachdem der Prozeß der europäischen Integration über mittlerweile mehr als drei Jahrzehnte hinweg als Erfahrung vorliegt, ist die Euphorie der ersten Phase eindrucksvoller Erfolge und rascher Fortschritte indes einer eher zurückhaltenden Bewertung gewichen (*Giersch*, 1988).

Das Versprechen „mehr Wettbewerb“ konnte nur mit Einschränkungen, die Zusage „besserer Politik“ nach wohl mittlerweile weit verbreiteter Vermutung gar nicht eingelöst werden.

III. Zur Leistungsfähigkeit der funktionellen Methode wirtschaftlicher Integration

Die funktionelle Methode kann über einen längeren Zeitraum hinweg nur dann für die Verwirklichung der angestrebten Ziele nutzbar gemacht werden, wenn zuvor regulierte Bereiche in die Wettbewerbsordnung überführt werden, wenn die Gemeinschaft um neue Mitglieder mit wettbewerbsfähigen Sortimenten erweitert oder wenn der Außenschutz vermindert und damit Drittlandsangeboten der Zugang zu den Märkten der Integrationspartner erleichtert wird. Zudem muß der Wettbewerb vor Beschränkungen wirksam geschützt werden. Im Sinne dieser Erfordernisse ist das Wachstumspotential, das durch die Anwendung der funktionellen Methode erschlossen werden kann, bislang noch bei weitem nicht ausgeschöpft worden.

Die wettbewerbsstimulierende Potenz der funktionellen Methode wird durch die Erfahrung gemindert, daß es bislang nicht gelungen ist, den angestrebten EG-Binnenmarkt tatsächlich zu verwirklichen. Schon in der ursprünglichen Fassung des EWG-Vertrages wurden zahlreiche Ausnahmebereiche (zumindest vorerst) akzeptiert. Dort, wo mehr Wettbewerb angestrebt wurde, gelang es vielfach nicht, nationale Regulierungen zu beseitigen. Für das Sonderregime des EGKS-Vertrages gilt, daß das in Art. 4 EGKS-V ausgesprochene Verbot staatlicher Beihilfen nicht durchgesetzt werden konnte.

Durch die Erweiterung der „EWG der Sechs" zur „EG der Neun" und sodann zur „EG der Zwölf" dürfte zusätzlicher Wettbewerbsdruck nur sehr begrenzt wirksam geworden sein. Die Produktionsprogramme der neuen Partner verhielten sich zu denen der Gründungsmitglieder zumeist komplementär. Dort, wo Substitute angeboten wurden, mangelte es diesen vielfach an Wettbewerbsfähigkeit. So geriet etwa die britische Industrie nach dem EG-Beitritt Großbritanniens auf dem heimischen Markt verstärkt unter Wettbewerbsdruck, ohne auf den kontinentalen Märkten der Integrationspartner im erhofften Umfang Marktanteile gewinnen zu können.

Fortschritte bei der gegenseitigen Öffnung der Märkte im Innenverhältnis der Integrationspartner haben erfahrungsgemäß nahezu stets Bestrebungen zur Folge, Anbietern aus Drittländern den Zugang zu diesen Märkten zu erschweren. Die wettbewerbsstimulierenden Impulse, die sich durch die Bildung eines EG-Binnenmarktes ergeben (können), sind folglich in dem Maße zu relativieren, wie es partikularen Interessen gelingt, ihr Begehren nach Protektion durchzusetzen.

Der EWG-Vertrag bevollmächtigt die Kommission zum Betreiben einer Wettbewerbspolitik, die verhindern soll, daß die gegenseitige Öffnung der Märkte, die durch den Abbau der Zölle und sonstiger Handelshemmnisse im Integrationsraum angestrebt wird, durch wettbewerbsbeschränkende Abreden nicht zustande kommt oder rückgängig gemacht wird. Dazu enthält Art. 85 Abs. 1 EWG-Vertrag ein grundsätzliches Verbot von Kartellen und formlos vorgenommener Verhaltensabstimmung, sofern diese Praktiken geeignet sind, den Handel zwischen Mitgliedstaaten zu beeinträchtigen.

Art. 85 Abs. 3 EWG-Vertrag relativiert diese Bestimmung durch eine Generalklausel, die es gestattet, Vereinbarungen von Unternehmen vom Kartellverbot freizustellen, wenn sie zur Verbesserung der Warenerzeugung und -verteilung beitragen, den Verbraucher an dem dabei entstehenden Gewinn angemessen beteiligen und den Wettbewerb nicht unangemessen beschränken.

Die Kommission hat von dieser Ausnahmeklausel zumindest in den ersten Jahren ihrer Tätigkeit vergleichsweise großzügig Gebrauch gemacht, dies zumeist mit der Begründung, kleine und mittlere Unternehmen seien zum Eintritt in die Märkte der jeweils anderen Partnerstaaten vielfach nur befähigt, wenn ihnen dazu Kooperation zugestanden werde.

Die in Art. 86 EWG-Vertrag normierte Mißbrauchskontrolle marktbeherrschender Unternehmen konnte (wie die entsprechende Regelung des § 22 im deutschen „Gesetz gegen Wettbewerbsbeschränkungen“) nur in wenigen Fällen erfolgreich angewendet werden. Eine Zusammenschlußkontrolle wurde der europäischen Wettbewerbspolitik erst mit der Fusionskontrollverordnung des Jahres 1989 zugestanden.

Wie für die deutsche Wettbewerbspolitik gilt auch für ihr europäisches Gegenstück die Erfahrung, daß die „klassische“ Form der Wettbewerbsbeschränkung durch Kartellbildung erheblich an Bedeutung eingebüßt hat. Formlos, also ohne Vereinbarung eines Kartellvertrages erfolgende Verhaltensabstimmung ist erfahrungsgemäß nur selten erfolgreich nachweisbar. Die Mißbrauchsaufsicht über marktbeherrschende Unternehmen wird durch eine Vielzahl von grundsätzlichen und praktischen Schwierigkeiten behindert. Als wichtigstes Instrument der Wettbewerbspolitik ist somit die Zusammenschlußkontrolle anzusehen. Sie wurde der europäischen Wettbewerbspolitik gegen den Widerstand Frankreichs erst nach einer über Jahrzehnte hinweg kontrovers geführten Diskussion zugestanden.

Die Ausgestaltung, die dieses Instrument in der Fusionskontrollverordnung 4064 / 89 vom 21. Dez. 1989 erfahren hat, gestattet es der Kommission, bei der Würdigung eines Zusammenschlußvorhabens auch Aspekte der Industriepolitik zu berücksichtigen. Bei der Anwendung der europäischen Fusionskontrollverordnung wird es folglich immer wieder zu Konflikten zwischen industriepolitischen und wettbewerbspolitischen Zielen kommen. Die Position der Befürworter einer EG-Industriepolitik ist durch die Beschlüsse von Maastricht erheblich gestärkt worden. Sollten sie sich gegen die Verfechter einer konsequent betriebenen Wettbewerbspolitik zunehmend durchsetzen, ist damit zu rechnen, daß von den Möglichkeiten der Fusionskontrollverordnung nur sehr zurückhaltend Gebrauch gemacht werden wird. Es wäre dann durchaus nicht mehr gewährleistet, daß es im Integrationsraum nicht zur Herausbildung marktbeherrschender Positionen kommt (*Berg,* 1992).

Die Leistungsfähigkeit der funktionellen Methode würde durch eine derartige Entwicklung beeinträchtigt werden. Das gilt vor allem dann, wenn die Wettbewerbspolitik nicht durch eine liberale Außenwirtschaftspolitik entlastet wird. Sie muß Anbietern aus Drittländern den Zugang zu den Märkten der Gemeinschaft offen halten.

Art. 110 EWG-V verpflichtet die Gemeinschaft zu einer gemeinsamen Handelspolitik, die „zur harmonischen Entwicklung des Welthandels“ beiträgt. Tatsächlich ist die Außenhandelspolitik der Gemeinschaft jedoch durch ein erhebliches Maß an Protektionismus gekennzeichnet. Dies gilt nicht nur für den Austausch von Agrarerzeugnissen, sondern sehr wohl auch für den Handel mit industriellen Fertigwaren. Selbstbeschränkungsabkommen und andere Importhemmnisse zielen vor allem darauf ab, Einfuhren aus Japan und aus Newly Industrialized Countries (NIC’s) wie Korea, Taiwan, Singapur und Malaysia zu begrenzen.

Betroffen werden dadurch vornehmlich die Exportmöglichkeiten dieser Länder bei Automobilen, bei Erzeugnissen der Unterhaltungs- und der Mikroelektronik und bei Textilien. Die Vereinigten Staaten sind dagegen vornehmlich vom Protektionismus im Agrarbereich und von den Einfuhrbegrenzungen betroffen, die von der Kommission zur Lösung der Krise der europäischen Stahlindustrie für erforderlich gehalten wurden. Anlaß zur Kritik sind hier auch die massiven Finanzhilfen, mit denen das Projekt „Airbus" gefördert wird — ein Vorhaben „strategischer" Außenhandelspolitik, das darauf abzielt, die dominante Position des US-Herstellers Boeing als Anbieter für Großflugzeuge des zivilen Luftverkehrs zu brechen (*Berg / Tielke-Hosemann,* 1988).

Zusammenfassend ergibt sich der Befund, daß die grundsätzlich sehr vielversprechenden Möglichkeiten der funktionellen Methode im Verlauf des Integrationsprozesses nur begrenzt genutzt wurden. Regulierung und Marktsegmentierung durch staatlich geschaffene „nicht-tarifäre" Handelshemmnisse verhinderten, daß das Wettbewerbsprinzip im Integrationsraum weitgehend durchgesetzt werden konnte. Der Wettbewerbspolitik wurde das unverzichtbare Instrument der Zusammenschlußkontrolle lange Zeit hindurch vorenthalten. Das Nutzen der durch die Fusionskontrollverordnung nunmehr verfügbaren Möglichkeiten wird dadurch erschwert, daß die Befürworter einer EG-Industriepolitik darauf drängen, die Bildung marktbeherrschender Unternehmen im Gemeinsamen Markt zuzulassen oder sogar zu fördern, wenn dadurch die Präsenz in wachstumsträchtigen und strategisch bedeutsamen „Zukunftsindustrien" („high technology") gesichert werden kann.

Durch die Erweiterung der Gemeinschaft konnte der Wettbewerb nur begrenzt zusätzlich stimuliert werden. Dort, wo die europäische Industrie durch überlegene Anbieter aus Drittländern unter Druck geriet oder zu geraten droht (Textilien, Automobile, Unterhaltungselektronik, Elektronische Datenverarbeitung) reagiert die Gemeinschaft mit Protektionismus. Dort, wo die Gemeinschaft, wie etwa im Rahmen des Projektes „Airbus", durch massive Subventionierung Exportförderung betreibt, muß sie mit Vergeltungsmaßnahmen und Abwehraktivitäten rechnen.

IV. Institutionelle Integration im Widerstreit von politischer und ökonomischer Rationalität

Die auf Gemeinschaftsebene betriebene Politik hat das Versprechen, ein (im Vergleich mit entsprechenden nationalen Lösungen) „überlegenes Maß an Sachgerechtigkeit" *(W. Hallstein)* zu erbringen, nicht einlösen können. Sie hat vielmehr eher fragwürdige Lösungen und erhebliche Fehlentwicklungen zu verantworten. Die Gemeinsame Agrarpolitik und der (mittlerweile eingestandene) Irrweg einer sehr umfassenden, sehr detaillierten und strikt verbindlichen „ex-ante-Harmonisierung" belegen diese Bewertung (*Willgerodt,* 1974; *Siebert* 1989).

Die Neue Politische Ökonomie liefert eine Erklärung für das Verhalten, durch das Rat und Kommission zu den offenkundigen Mängeln der auf Gemeinschaftsebene betriebenen Politik wesentlich beitragen (*Remus,* 1969; *Vaubel,* 1992).

1. Kompetenzzuwachs als Handlungsmotiv der EG-Kommission

Der EG-Kommission wird durch den EWG-Vertrag eine Initiativfunktion („Motor der Gemeinschaft") zuerkannt. Zugleich ist sie mit der Ausführung der (zumeist auf der Grundlage ihrer Vorschläge) vom Rat gefaßten Beschlüsse betraut (Art. 155 EWG-V). Macht man sich die Annahmen, Argumente und Ergebnisse der hier relevanten Ökonomischen Theorie der Bürokratie zu eigen, dann muß diese Verbindung von Initiativ- und Exekutivfunktion als verfehlt angesehen werden.

Die Kommission pflegt zu behaupten, sie lasse sich als „Hüterin des Vertrages" ausschließlich vom „Gemeinschaftsinteresse" leiten. Tatsächlich erscheint es jedoch sinnvoll, anzunehmen, daß die Mitglieder dieser bürokratischen Institution (auch) ein Eigeninteresse wahrzunehmen versuchen. In ihrer Nutzenfunktion dürfte das Bestreben, Ansehen zu erlangen, ebenso relevant sein wie das Ziel, Einfluß auszuüben und Macht zu gewinnen.

Je größer der „Verwaltungsapparat" ist, der der Kommission zur Verfügung steht, je mehr Kompetenzen ihr zuerkannt werden, je größer der von ihr zu verantwortende Haushalt ausfällt, desto günstigere Möglichkeiten bieten sich den Mitgliedern der Kommission, ihre individuellen Interessen durchzusetzen. Dieses Gremium wird folglich Lösungen bevorzugen, die auf Regulierung zielen. Pendant zu dieser Präferenz ist die Abneigung, Marktlösungen zu akzeptieren, weil diese eine staatliche Regelungs- und Kontrollinstanz weitgehend entbehrlich machen.

Die Relevanz dieser Überlegungen wird durch die Ausgestaltung der Gemeinsamen Agrarpolitik belegt. Dabei steht dieses Beispiel nicht allein. Die Landwirtschaft wird im EWG-Vertrag als wettbewerbspolitischer Ausnahmebereich behandelt, für den in Art. 39 ein gesonderter Zielkatalog formuliert wird, um sodann in Art. 40 zur Verwirklichung dieser Ziele folgende Alternativen zur Wahl zu stellen:

a) gemeinsame Wettbewerbsregeln;

b) bindende Koordinierung der verschiedenen einzelstaatlichen Marktordnungen;

c) eine europäische Marktordnung.

Die EG-Kommission hat von diesen Möglichkeiten von Anfang an die Lösung präferiert, die ihr durch die Ausarbeitung und Verwaltung gemeinsamer Marktordnungen den größtmöglichen Zuwachs an Einfluß, Mitteln und Kompetenzen in Aussicht stellte.

Das dazu von ihr geschaffene System umfassender Regulierungen und Interventionen wurde sodann auf eine immer größer werdende Zahl von Erzeugnissen ausgeweitet. Wie mittlerweile wohl kaum noch bestritten wird, läuft die derart konzipierte und exekutierte Politik den Erfordernissen ökonomischer Rationalität im Sinne höchstmöglicher Sachgerechtigkeit grob zuwider (*Willgerodt,* 1974). Dem Kriterium der politischen Rationalität entsprach sie dagegen (zunächst) sehr wohl, weil sie dem hier in der Verantwortung stehenden Akteuren, also vor allem der Kommission, erhebliche Befugnisse und von Jahr zu Jahr steigende Mittel verschaffte.

Die schon früh erhobenen Forderungen nach einer Reform der Gemeinsamen Agrarpolitik fanden bei der EG-Kommission erst Akzeptanz und Unterstützung, als sich zeigte, daß ein immer größerer Teil des EG-Haushalts zur Finanzierung dieser Politik aufgewendet werden mußte und daß die dabei erreichten Ergebnisse die Kommission mehr und mehr diskreditierten.

Die Landwirte bemängeln unzureichende Erlöse. Die Verbraucherorganisationen monieren „überhöhte“ Preise. Drittländer, die als Nahrungsmittelexporteure tätig sind, beklagen, daß ihnen der Zugang zum EG-Markt weitgehend versperrt werde und daß die Gemeinschaft durch den massiv subventionierten Absatz der von ihr akkumulierten Überschüsse auf dem Weltmarkt hier für alle anderen Anbieter gleichermaßen die Mengen und die erzielbaren Erlöse schmälere.

Die zunehmende Schelte, die die Gemeinsame Agrarpolitik der Kommission eintrug, ließ sie konsequent nach weniger unpopulären Betätigungen suchen. Besonders intensiv waren diese Bemühungen auf dem Gebiet der Industriepolitik. Schon mit der 1986 verabschiedeten Einheitlichen Europäischen Akte gelangte man hier zu ersten Erfolgen. Die Beschlüsse von Maastricht haben die zunächst noch eher vorsichtig angedeuteten neuen Betätigungsmöglichkeiten dann sehr viel extensiver und verbindlicher geregelt.

Die Attraktivität industriepolitischer Kompetenzen ergibt sich für die Kommission vor allem aus der Verlockung, daß man sich hier gleichermaßen in Bedrängnis geratener, von einer Strukturkrise bedrohter Branchen und wachstumsträchtiger „Zukunftsindustrien“ annehmen kann:

Dort, wo dauerhaft rückläufige Nachfrage und das Auftreten neuer Anbieter von überlegener Leistungsfähigkeit traditionelle Produktionen unter Anpassungsdruck geraten läßt (Kohle, Stahl, Schiffsbau), zielt Industriepolitik darauf ab, den Abbau bestehender Überkapazitäten sozial verträglich zu gestalten und die Ausrichtung der Sortimente auf ergiebigere Märkte finanziell zu fördern. Dort, wo sich durch Engagements in „high technology“ neue Wachstumspotentiale zu eröffnen scheinen, soll Industriepolitik, zumeist in Verbindung mit „Strategischer Handelspolitik“, heimische Unternehmen zum erfolgreichen Eintritt in diese Märkte befähigen. Beispiele sind die Luft- und Raumfahrt, die Mikroelektronik, die Gentechnologie und neue Verkehrssysteme.

Art. 130 EG-V eröffnet somit trotz aller einschränkenden Wendungen, die hier gebraucht werden, sehr weitgehende Möglichkeiten. Sie kommen dem Bestreben der Kommission nach Ausweitung ihres Einflusses vor allem auch deswegen entgegen, weil durch industriepolitische Aktivitäten schon mit begrenzten Budgets sehr weitgehend auf das Geschehen einer Branche eingewirkt werden kann. Zugleich lehrt die Erfahrung, daß die politisch verantwortlichen Akteure und ihre leitenden Beamten bei einem Scheitern der geförderten Projekte kaum jemals zur Rechenschaft gezogen werden. Gibt es doch nahezu stets genügend Möglichkeiten, die Ursachen des Mißerfolgs anderen zuzuweisen (*Berg / Mammen,* 1981; *Berg / Tielke-Hosemann,* 1988).

2. Die Rolle des Rates im Prozeß der Willensbildung und Entscheidungsfindung

Der Rat ist dem Bestreben der Kommission, ihre Aufgaben extensiv, diskretionär und redistributiv wahrzunehmen, bislang nicht wirksam entgegengetreten. Die Entscheidungspraxis dieses Gremiums kommt dem Expansionsdrang der Kommission sogar eher entgegen. Die im Rat gefaßten Beschlüsse sind vor allem dann, wenn sie einstimmig getroffen werden, vielfach Kompromisse, die bewußt vage gehalten sind und die Zusagen machen, durch die sich der Kommission zusätzliche Handlungsspielräume eröffnen.

Zudem tendieren die Regierungen dazu, „unpopuläre" Probleme zur Entscheidung dem Rat zuzuweisen, um dadurch nur noch begrenzt in der Verantwortung zu stehen, um Kritik abzuwenden und Einbußen an Wählerstimmen zu vermeiden. Auch dadurch wachsen der Kommission immer wieder neue Kompetenzen zu.

Der Rat tagt nicht öffentlich. Protokolle der Ratssitzungen werden nicht publiziert. Die im Rat zusammenkommenden Minister können sich der Kontrolle durch die nationalen Parlamente somit weitgehend entziehen. Stößt eine Ratsentscheidung auf Kritik, so bleibt immer noch die Exkulpation, man sei überstimmt worden oder man habe zustimmen müssen, um eine (noch) schlechtere Lösung zu verhindern oder eine anderenfalls drohende „Krise" zu vermeiden. Auch Mitglieder der deutschen Bundesregierung pflegen sich dieser Argumentation häufig zu bedienen.

V. „Wachstumskonkurrenz der Staaten" und „Wettbewerb der Standorte"

Je mehr man sich dem Ziel eines EG-Binnenmarktes annähert, desto stärker wird die zwischen den Regierungen der Mitgliedstaaten bestehende Reaktionsverbundenheit. Haben hohe Lohn- und Lohnnebenkosten, steigende Energiepreise, verschärfte Umweltauflagen u. a. m. in einem Mitgliedstaat eine Verschlechterung der Standortbedingungen zur Folge, dann droht hier die Abwanderung von Unternehmen, und das Ansiedeln neuer Betriebe wird erschwert. Dort, wo die gebotene Standortqualität überdurchschnittlich günstig eingeschätzt wird, kommt es verstärkt zu Investitionen. Wirtschaftspolitische Fehlentwicklungen werden somit durch Abwandern von Kapital und überdurchschnittlich qualifizierter Arbeit gleichsam bestraft; durch das Gewährleisten günstiger Rahmenbedingungen können neue Investoren gewonnen werden (*Siebert,* 1992).

Zwischen den Integrationspartnern besteht eine „Wachstumskonkurrenz der Staaten" (*Stegemann,* 1966). Sie werden in ihrer wirtschaftlichen Leistung und ihren wirtschaftspolitischen Erfolgen aneinander gemessen. Sie müssen folglich besorgt sein, bei Wachstum, Beschäftigung, Stabilität und anderen relevanten Kriterien nicht zurückzufallen. Wie im dynamischen Wettbewerb zwischen Unternehmen, so können auch Regierungen darauf hoffen, daß ihnen wirtschaftspolitische „Innovationen" Vorsprungsgewinne eintragen. Als Pioniere im Sinne Schumpeters müssen sie dann damit rechnen, daß ihre Politik von anderen imitiert wird.

Zunehmender Wettbewerbsdruck hat Bestrebungen zur Folge, die auf Wettbewerbsbeschränkung abzielen. Diese Erfahrung gilt auch für den institutionellen Wettbewerb. Um sich den Anpassungszwängen einer freien „Konkurrenz der Standorte" nach Möglichkeit zu entziehen, sind die Mitgliedstaaten bestrebt, auf Gemeinschaftsebene kooperative Lösungen („Kartellösungen") auszuhandeln und sie sodann für alle verbindlich zu machen.

Die dazu erforderliche Einigung kann bei erheblichen Unterschieden im Entwicklungsstand der einzelnen Partnerstaaten nur durch Redistribution erreicht werden. Der einmal erzielte „redistributive Konsens" ist dabei in dem Sinne instabil, daß Fortschritte im Integrationsprozeß oder ein Wandel der globalen Rahmenbedingungen immer wieder neue Umverteilungsforderungen zur Folge haben. Soweit diesen nachgegeben wird, fließen dem EG-Haushalt zusätzliche Mittel zu. Nutznießer dieser Entwicklung ist somit wiederum vor allem die EG-Kommission, der weitere Möglichkeiten der Einflußnahme eröffnet werden.

Beleg für diese Entwicklung sind die zahlreichen (Umverteilungs-) Fonds, die in der EG mittlerweile bestehen und die erheblichen Mittel, die ihnen zufließen. In seiner ursprünglichen Fassung vom 25. März 1957 sah der EWG-Vertrag lediglich die Bildung eines „Europäischen Sozialfonds" (Art. 123) und einer „Europäischen Investitionsbank" (Art. 129) vor. Zusätzlich geschaffen wurden mittlerweile der „Europäische Ausrichtungs- und Garantiefonds für die Landwirtschaft" sowie der „Europäische Fonds für regionale Entwicklung".

Die Beschlüsse von Maastricht sehen schließlich vor, daß der Rat noch vor dem 31. Dezember 1993 einen „Kohäsionsfonds" einrichtet, „durch den zu Vorhaben in den Bereichen Umwelt und transeuropäische Netze auf dem Gebiet der Verkehrsinfrastruktur finanziell beigetragen wird" (Art. 130e EG-V).

Die Umverteilungspolitik, die durch die Tätigkeit dieser Fonds betrieben wird, hat auch eine über die Grenzen der Gemeinschaft hinaus wirksame Dimension. Protektionistische Maßnahmen belasten Drittlandsanbieter zugunsten von Erzeugern, die im Integrationsraum ansässig sind. Die zahlreichen Assoziierungsabkommen, die die EG abgeschlossen hat, haben zudem Umverteilungsprozesse zwischen Drittländern zur Folge. Die der EG assoziierten Mitglieder der Weltwirtschaft werden begünstigt, alle anderen müssen Nachteile hinnehmen.

Die zuvor skizzierten „Mechanismen" führen dazu, daß die Europäische Gemeinschaft durch eine starke Tendenz zur Zentralisierung gekennzeichnet ist. Es besteht eine fatale Präferenz für nicht-marktliche, bürokratische, interventionistische Lösungen. Zu monieren ist das hypertrophe Wachstum eines kaum noch durchschaubaren Umverteilungssystems. Die Folgen sind bekannt: Faktorproduktivität und Wachstumsdynamik werden belastet. Es kommt zu Einbußen an Anpassungsflexibilität. Das Entstehen und Erstarken einer „EG-Umverteilungsbürokratie" fördert zudem die Neigung, sich gegenüber der „übrigen" Weltwirtschaft zunehmend abzuschotten und neuen Mitgliedern den Zugang zur Gemeinschaft zu erschweren (*Streit / Voigt,* 1991).

Die Beitrittsgesuche „ärmerer" Volkswirtschaften stoßen auf Ablehnung, weil die „reichen" Mitglieder ihre Umverteilungsansprüche fürchten und die weniger entwickelten Integrationspartner eine Schmälerung der ihnen zufließenden Transfers zu vermeiden suchen (*Willgerodt,* 1992). Für bereits hochentwickelte Länder werden die Vorteile einer EG-Mitgliedschaft durch die Aussicht vermindert, nach einem Beitritt als „Nettozahler" in die Pflicht genommen zu werden.

VI. Reformmöglichkeiten in einer erweiterten Gemeinschaft

Ein zugleich ökonomisch fundiertes und hinreichend praktikables „föderatives Leitbild", das die skizzierte Zentralisierungstendenz im Prozeß der Europäischen Integration als Fehlentwicklung decouvrieren könnte, ist nicht verfügbar (*Straubhaar,* 1993). Das „Subsidiaritätsprinzip" trägt (zumindest vorerst noch) weitgehend Leerformelcharakter (*Grimm,* 1992; *Vollmer,* 1993). Es dürfte kaum tauglich sein, um einer „Vergemeinsamung" immer weiterer Politikbereiche entgegenzuwirken.

Im übrigen droht die Europäische Gemeinschaft funktionsunfähig zu werden, wenn ihr Mitglieder der „Rest-EFTA" und des vormaligen Rates für gegenseitige Wirtschaftshilfe (RGW) beitreten, ohne daß die Institutionen der Gemeinschaft und ihre Arbeitsweise tiefgreifende Reformen erfahren.

Ein möglicher Ansatz soll im Folgenden skizziert werden. Er ergibt sich aus dem Plädoyer, das Wettbewerbsprinzip als die der funktionellen Methode zugrundeliegende Maxime auch für das Konzept der institutionellen Integration fruchtbar zu machen.

Dieser Forderung liegt die Erwartung zugrunde, daß der Wettbewerb der Anbieter von öffentlichen Gütern als dynamische Sequenz von Innovation und Imitation ein Angebot hervorbringen wird, welches den Wählerpräferenzen entspricht, und daß sich im Verlauf dieses Prozesses zugleich auch eine Antwort auf die Frage ergibt, auf welcher politischen Ebene und mit welchem Grad an Zentralisierung Entscheidungen jeweils sachgerecht zu treffen sind.

Das grundlegende Problem bei der Bereitstellung öffentlicher Güter liegt bekanntlich in der fehlenden Bereitschaft der Nachfrager, über ihre Präferenzen und somit auch ihre Zahlungswilligkeiten verläßlich Auskunft zu geben. Dieses Problem kann nach *Tiebout* durch den räumlichen Wettbewerb von Anbietern jeweils differenzierter Bündel von Kollektivgütern gelöst werden (*Tiebout,* 1956). Die annahmegemäß mobilen Nachfrager offenbaren ihre tatsächlichen Präferenzen dann durch eine „Abstimmung mit den Füßen“. Funktionsvoraussetzung eines derartigen Wettbewerbs ist neben der uneingeschränkten Mobilität von Unternehmen und Arbeitskräften das Vorhandensein einer nicht zu geringen Zahl von autonomen Anbietern.

Die Wettbewerbstheorie lehrt, daß die Voraussetzungen für das Zustandekommen und für den Bestand von funktionsfähigem Wettbewerb verbessert werden, wenn die räumlich und sachlich relevanten Märkte eine Ausweitung erfahren und wenn die Angebotsvielfalt zunimmt. Diese Einsichten gelten auch für den politischen Wettbewerb. Auch hier wird es zu einer Verbesserung der Wettbewerbsbedingungen kommen, wenn der Gemeinschaft neue Mitglieder beitreten und wenn dadurch die miteinander rivalisierenden Konzepte und Lösungen an Zahl und Vielfalt zunehmen. Vermindert wird zudem die Möglichkeit zur Bildung wirksamer Kartelle.

Die Schlußfolgerung lautet somit: In ihrer bisher praktizierten Form steht die institutionelle Methode wirtschaftlicher Integration dem Beitritt neuer Mitglieder entgegen. Sie begünstigt zudem Lösungen, die Faktorproduktivitäten belasten und die Wachstumsdynamik beeinträchtigen.

Dagegen kann dynamischer Wettbewerb auch im politischen Bereich den vermutlich vielfach eher kontraproduktiven Tendenzen zur Zentralisierung und Bürokratisierung entgegenwirken. Dadurch können der Gemeinschaft neue Wachstumspotentiale erschlossen werden. Ein Beitritt weiterer Mitglieder würde die Funktionsfähigkeit einer derart reformierten Gemeinschaft nicht etwa beeinträchtigen, er würde sie vielmehr auf mehrfache Weise fördern: Er würde als Markteintritt den Wettbewerb sowohl im ökonomischen als auch im politischen Bereich neue Anstöße geben. Er würde zudem die Möglichkeit zu umfassenden Wettbewerbsbeschränkungen vermindern. Die Leistungsfähigkeit der funktionellen und der (in neuer Interpretation zu verstehenden) institutionellen Methode würde gleichermaßen gesteigert werden. Zudem würde sich der häufig beschworene Konflikt zwischen „Erweiterung“ und „Vertiefung“ weitgehend als Scheinproblem erweisen (*Willgerodt,* 1992).

VII. Reformgrenzen und Reformwiderstände

Die zuvor skizzierten Reformempfehlungen beruhen in ihrem Grundgedanken auf der bereits genannten Arbeit von *Tiebout* zur Bereitstellung lokaler Kollektivgüter. Die Möglichkeiten der Umsetzung dieses theoretischen Kalküls in die politische Praxis sind vielfach in Zweifel gezogen worden. Die Kritik beruft sich im wesentlichen auf die Vermutung, daß wesentliche Modellvoraussetzungen in der Realität nicht anzutreffen seien, es hier folglich zu gravierenden Ineffizienzen kommen werde.

Zentrale Bedeutung für die Funktionsfähigkeit institutionellen Wettbewerbs kommt der Mobilität von Produktionsfaktoren zu. Die Wanderung von Arbeitskräften und Unternehmen darf keinen Restriktionen unterliegen. Zudem muß bei den Wirtschaftssubjekten die Bereitschaft vorhanden sein, auf Angebotsschwächen auch tatsächlich mit Abwanderung zu reagieren.

Problematisch ist in diesem Zusammenhang, daß Standortentscheidungen nicht ausschließlich vom verfügbaren Kollektivgüterangebot abhängen, sondern auch von den Verdienstmöglichkeiten und damit von der privaten Arbeitsnachfrage. Zudem besitzen hier Faktoren Relevanz, die dem direkten Einfluß der lokalen Administration entzogen sind, so etwa geographische Gegebenheiten, Klima oder das soziale Umfeld. Schließlich dürfte die Mobilität großer Bevölkerungsgruppen gering sein, so daß ein effizienzerzwingender Abwanderungsdruck auf die Anbieter nicht gewährleistet sein muß. Ursachen mangelnder Mobilität sind „sunk costs", also Investitionen im weitesten Sinne, die bei Abwanderung nicht durch entsprechende Verkaufserlöse zurückgewonnen werden können. Beispiele sind am Wohnort geschaffene soziale Kontakte oder, im Bereich von Unternehmen, produktionsspezifische Gebäude. Wesentliche Teile der europäischen Arbeitsmärkte dürften zudem noch auf absehbare Zeit sprachlich segmentiert bleiben.

Eine effiziente Allokation öffentlicher Güter durch räumlichen Anbieterwettbewerb erfordert eine vollständige Internalisierung von Kosten und Nutzen, also die Abwesenheit externer Effekte. Diese Bedingung ist verletzt, wenn sich Regionen durch eine wenig restriktive Umweltpolitik Standortvorteile sichern können, während die Kosten in Form einer schlechteren Umweltqualität externalisiert werden. Auch müssen Wanderungsentscheidungen mit ihren sozialen Grenzkosten belastet werden. Bei Vorliegen von Externalitäten kann es sonst zu Zuwanderungen kommen, die Kapazitätsengpässe etwa im Infrastrukturbereich verursachen, deren Kosten von den bereits Ortsansässigen mitgetragen werden müssen. Ohne geeignete Internalisierungsstrategien kommt es zu einer räumlichen Allokation, die erhebliche Ineffizienzen aufweist.

Einen Sonderfall bildet das Problem der „fiskalischen Externalität": Zuwanderungen erlauben den Anbietern eine Senkung des von ihnen geforderten Preises, d. h. des lokalen Steuersatzes, sofern der Konsum der offerierten Güter nicht rivalisiert, also etwa Kapazitätsgrenzen bei der Verkehrsinfrastruktur noch nicht erreicht sind. Abwanderungen zwingen dagegen zu Steuererhöhungen sofern Unteilbarkeiten vorliegen, da dann trotz einer geringeren Zahl von Nachfragern die Kosten des Angebotes gleich bleiben.

Liegen fiskalische Externalitäten vor, so befinden sich die Anbieter in einem Dilemma, das unter Umständen zu einer Art „ruinöser Standortkonkurrenz", etwa in Form einander überbietender Ansiedlungsprämien, führen kann (*Oates / Schwab,* 1988).

Mangelnde Mobilität und das Vorliegen von Externalitäten begründen zwar Zweifel an der theorieanalogen Funktion des institutionellen Wettbewerbs, reichen aber wohl kaum aus, um ihn als politisches Gestaltungsprinzip zu verwerfen. Für das Wirksamwerden von Wettbewerbsdruck ist die vollständige Mobilität aller Produktionsfaktoren keinesfalls unabdingbar. Ausreichend ist bereits die Mobilität einiger Faktoren, zumal dann, wenn diese komplementär zu den immobilen Faktoren sind. Demokratisch gewählte Regierungen laufen Gefahr, ihre Machtbasis einzubüßen, wenn sie im Wettbewerb um mobile Faktoren, wie Kapital und qualifizierte Arbeit, zurückfallen und in der Folge dann auch die Wohlfahrt der immobilen Bevölkerungsgruppen sinkt. Mobilität wird somit substituiert durch lokale bzw. nationale Parteienkonkurrenz.

Das Vorhandensein externer Effekte kann für sich genommen einen Verzicht auf das Koordinationsverfahren Wettbewerb ebenfalls nicht begründen. Es zwingt jedoch zur Suche nach geeigneten Internalisierungsstrategien. Die EG kann hier subsidiär mit dem Ziel tätig werden, einen Ordnungsrahmen zu schaffen, der die Kosten der Internalisierung möglichst gering hält (*Siebert / Koop,* 1990).

Die Möglichkeit, einen „Wettbewerb der Standorte", eine „Konkurrenz der Systeme" herbeizuführen und vor Beschränkungen zu schützen, erfährt ihre Einschränkung vermutlich nicht vornehmlich durch das Eingeständnis, daß die theoretische Fundierung der hier relevanten Konzepte noch Fragen offenläßt. Von größerer Relevanz ist vielmehr die Einsicht, daß politischer, institutioneller Wettbewerb nur von den Akteuren organisiert werden kann, die, wie zuvor zu zeigen versucht wurde, eher ein Interesse an der Beschränkung dieses Wettbewerbs haben. Daraus folgt, daß es in der Praxis vermutlich vornehmlich darum gehen wird, den noch bestehenden „Restwettbewerb" zu bewahren und Reservoirs potentieller Konkurrenz zu erschließen.

Dabei ist zu beachten, daß bei Kooperationsprojekten nationaler Regierungen nicht zwingend die wettbewerbsbeschränkende Wirkung im Vordergrund stehen muß. Zusammenarbeit, etwa im Bereich der Forschungs- und Technologiepolitik oder bei der Internalisierung externer Effekte im Umweltschutz, kann durchaus effizienzsteigernd sein. Wichtig ist jedoch, daß Kooperation freiwillig erfolgt und nicht zwingend alle Mitgliedstaaten umfaßt. Nur so kann das Ausmaß an Redistribution begrenzt werden. Nur so bleibt die Möglichkeit erhalten, die entsprechenden Vereinbarungen aufzukündigen. Zudem muß gesichert sein, daß die Partner weiterhin hinreichendem Wettbewerbsdruck ausgesetzt sind, der dafür sorgt, daß Ineffizienzen aufgedeckt werden und der für Bürger und Unternehmen die Möglichkeit erhält, auf Leistungsschwächen mit Protest oder Abwanderung zu reagieren. Eine liberale Außenhandelspolitik könnte diese Garantien leisten. Doch auch hier neigt die Gemeinschaft eher dazu, den Wettbewerbsdruck durch protektionistische Maßnahmen zu begrenzen.

VIII. Zusammenfassung und Schlußfolgerungen: Droht ohne Politische Union ein Zerfall der Europäischen Gemeinschaft?

Wir fassen unsere Überlegungen zusammen, um dann einige Schlußfolgerungen zu formulieren:

Die Europäische Gemeinschaft ist in eine Krise geraten. Das sehr ehrgeizige Programm „EG-Binnenmarkt '92" konnte zum 1. Januar 1993 nur mit erheblichen Abstrichen und Einschränkungen verwirklicht werden: Eine Vielzahl von nationalen Regulierungen wird den freien Austausch von Waren und Dienstleistungen im Integrationsraum vorerst weiter behindern. Für den Faktor Arbeit bestehen auch künftig erhebliche Mobilitätshemmnisse. Auch die Niederlassungsfreiheit konnte als Ziel bislang nicht durchgesetzt werden.

Die Beschlüsse von Maastricht sind auf massive Widerstände und Bedenken gestoßen. Es erscheint kaum noch vorstellbar, daß sie sich in der ursprünglichen Fassung tatsächlich durchsetzen lassen werden.

Die Uruguay-Runde des GATT konnte noch immer nicht erfolgreich abgeschlossen werden. Die Gründung einer Nordamerikanischen Freihandelszone verstärkt die Gefahr, daß die Weltwirtschaft in einzelne Handelsblöcke zerfällt, die sich durch Protektionismus gegeneinander abschirmen.

Die kräftigen Wachstumsimpulse, die der Cecchini-Report als Ergebnis einer Vollendung des EG-Binnenmarktes in Aussicht stellte, scheinen weitgehend auszubleiben. Das Jahr 1993 zumindest wird in allen wichtigen EG-Staaten eine Phase eher schwacher Konjunktur markieren. Auch in der Bundesrepublik Deutschland konnte eine Rezession nicht vermieden werden.

Der EG-Kommission wird, wie uns scheint, mit guten Gründen eine Neigung zur Überregulierung zum Vorwurf gemacht. Der Rat erweist sich trotz der häufiger gewordenen Anwendung des Mehrheitsprinzips immer wieder als entscheidungsunfähig. Die Konferenzen der Staats- bzw. Regierungschefs erschöpfen sich zumeist in wenig gehaltvollen Grundsatzerklärungen. Die Befugnisse des Europäischen Parlaments sind nach wie vor sehr begrenzt. Der Vorwurf eines erheblichen Demokratiedefizits, der der Europäischen Gemeinschaft immer wieder gemacht wird, besteht zu Recht.

Die Willensbildung und Entscheidungsfindung in der Europäischen Gemeinschaft ist somit durch ein hohes Maß an Ineffizienz gekennzeichnet: Die hier gefaßten Beschlüsse sind häufig grob sachwidrig. Die Verschwendung von Ressourcen dürfte eher die Regel als die Ausnahme bilden. Hinzu kommt der Mangel an demokratischer Legitimation.

Trotz aller dieser Probleme und Schwierigkeiten ist der Wunsch, der EG beizutreten, weit verbreitet. Österreich hat die Aufnahme von Beitrittsverhandlungen bereits beantragt. In Schweden hat das Parlament einen entsprechenden Beschluß gefaßt. In der Schweiz wird das Pro und Kontra eines EG-Beitritts zur Zeit intensiv diskutiert. Norwegen und Finnland, die Türkei, Ungarn und Polen, Malta und Zypern sind weitere Länder, die Beitrittsabsichten bereits bekundet haben oder entsprechende Anträge stellen werden, falls für sie wichtige Handelspartner die EG-Mitgliedschaft erwerben.

Die Institutionen der Europäischen Gemeinschaft haben bereits durch die Erweiterung der „EG der Sechs" zur „EG der Neun" und sodann zur „EG der Zwölf" in ihrer Effizienz erhebliche Einbußen erfahren. Eine erneute Erweiterung würde ohne tiefgreifende Reformen vermutlich die endgültige Funktionsunfähigkeit von Rat und Kommission zur Folge haben. Die Notwendigkeit entsprechender Reformen wird zwar grundsätzlich kaum noch bestritten; wie hier verfahren werden soll, ist jedoch noch völlig offen.

Die Akzeptanzprobleme, mit denen sich die Europäische Gemeinschaft gegenwärtig konfrontiert sieht, haben ihre Ursachen auch in der Einsicht, daß die ursprünglich im Rahmen der europäischen Integration angestrebten Ziele mittlerweile verwirklicht werden konnten, ihre Relevanz eingebüßt haben oder nunmehr als eher fragwürdig eingeschätzt werden.

So sind die deutsch-französische Aussöhnung und die Wiederherstellung der staatlichen Souveränität, die Konrad Adenauer mit den Verträgen zur Gründung der Europäischen Gemeinschaft für Kohle und Stahl und zur Gründung der Europäischen Wirtschaftsgemeinschaft anstrebte, als Ziele seit langem erreicht. Die Notwendigkeit, der Bedrohung aus dem Osten im Zeichen des Kalten Krieges ein durch seine Einigung wirtschaftlich starkes Westeuropa entgegenzusetzen, hat ihre ursprüngliche Relevanz weitgehend eingebüßt. Als eher fragwürdig gilt heute das Bemühen etwa eines Charles de Gaulle, Frankreich in der EG die Führung zu verschaffen, um den USA und der Sowjetunion als dritte Supermacht ebenbürtig zu werden. In ökonomischer Sicht schließlich ist festzustellen, daß die Verwirklichung der EG als Zollunion im Zeitraum 1959 bis 1967 zwar vergleichsweise starke Wachstumsimpulse bewirkt hat, daß aber ähnlich attraktive Erträge durch die seitdem forcierte institutionelle Integration zumindest nicht nachweisbar sind.

Der Befund der bisherigen Überlegungen ist somit eindeutig: Eine Fortsetzung des Integrationsprozesses in Europa macht es zunächst erforderlich, die Ziele neu zu bestimmen, die hier erreicht werden sollen, und sich sodann über die Mittel zu einigen, die zur Verwirklichung dieser Ziele in besonderer Weise tauglich sind.

Die Verfasser plädieren für eine Strategie, die sich durch folgende Empfehlungen kennzeichnen läßt:

Die vor allem in Deutschland geäußerten Bedenken gegen die Bildung einer Währungsunion erscheinen berechtigt. Die Beschlüsse von Maastricht mögen eine Chance für eine stabile Einheitswährung eröffnen — mehr garantieren sie jedoch nicht. Im Gegensatz zu den vertraglich fixierten Vereinbarungen besteht nämlich tatsächlich vor allem in Großbritannien und Frankreich ein starker Widerstand gegen die Institution einer unabhängigen Europäischen Zentralbank, die eine autonome Geldpolitik betreiben kann und streng auf das Ziel Preisniveaustabilität verpflichtet ist.

Die ökonomischen Erträge einer einheitlichen europäischen Währung bestehen im Fortfall jener Transaktionskosten und jener Risiken, die sich gegenwärtig noch aus dem Nebeneinander mehrerer Währungen und aus der Möglichkeit von Wechselkursänderungen ergeben. Diese Erträge erscheinen nicht so gewichtig, daß man ihretwegen auf die D-Mark als Stabilitätsanker eines Europäischen Währungssystems verzichten sollte.

Die Beschlüsse von Maastricht zielen nicht nur auf die Bildung einer Währungsunion; angestrebt werden vielmehr auch bedeutsame Fortschritte auf dem Wege der Gemeinschaft zu einer Politischen Union. Wirtschaftliche und politische Integration werden somit eng miteinander verknüpft. Daß dieses Vorgehen von der Sache her sinnvoll ist, wird von uns bezweifelt. Zum einen führt es im Rahmen der bestehenden Gemeinschaft zu zusätzlichen Problemen, Spannungen und Konflikten. Zum anderen wird der Beitritt neuer Mitglieder erschwert, wenn nicht gar verhindert.

Die EG weist vor allem seit ihrer „Süderweiterung" um Griechenland, Spanien und Portugal erhebliche Unterschiede im Entwicklungsniveau der Volkswirtschaften ihrer Mitglieder auf. Regelungen etwa der Sozialpolitik oder des Umweltschutzes, die sich die „reichen" Volkswirtschaften Deutschlands, Frankreichs und der Beneluxstaaten in ihrer finanziellen Belastung möglicherweise „leisten" können, sind für die Mitglieder, deren Volkswirtschaften noch einen erheblichen Entwicklungsrückstand aufweisen, nicht akzeptabel. Sie würden hier die Wettbewerbsfähigkeit erheblich beeinträchtigen und Wachstumschancen zunichte machen.

Bereits die Einheitliche Europäische Akte aus dem Jahre 1986 trägt diesen Unterschieden Rechnung, indem sie in Art. 8c bestimmt, daß die Kommission „bei der Formulierung ihrer Vorschläge zur Verwirklichung der Ziele des EG-Binnenmarktes den Umfang der Anstrengungen berücksichtigt, die einigen Volkswirtschaften mit unterschiedlichem Entwicklungsstand im Zuge der Errichtung des Binnenmarktes abverlangt werden ...". Hier kann die EG-Kommission Ausnahmeregelungen zugestehen.

Eine weitergehende Differenzierung sehen bekanntlich die Beschlüsse zur Währungsunion vor. Hier werden Konvergenzkriterien definiert, deren Erfüllung

Voraussetzung dafür sein soll, daß ein Mitglied der Währungsunion beitreten kann. Dabei kann kaum ein Zweifel darüber bestehen, daß auch auf mittlere Sicht nur eine Minderheit der Integrationspartner in der Lage sein wird, diesen Konvergenzkriterien zu genügen. Nicht zuletzt aus dieser Einsicht wird ja vielfach die Befürchtung abgeleitet, daß diese Kriterien früher oder später „weicher" formuliert werden, um dadurch weiteren Mitgliedern die Chance eines Beitritts zu eröffnen.

Es erscheint somit unredlich, wenn Politiker behaupten, ein „Europa der unterschiedlichen Geschwindigkeiten" werde es niemals geben. Denn tatsächlich werden Konzepte der abgestuften Integration bereits praktiziert. Schon jetzt gestattet es der EWG-Vertrag, unterschiedliche Rechte zuzuerkennen und unterschiedliche Pflichten aufzuerlegen. Im übrigen bestehen seit langem auch erhebliche Unterschiede in der Konsequenz, mit der die einzelnen Mitgliedsstaaten den Verpflichtungen, die sich für sie aus der Anwendung des EWG-Vertrages ergeben, tatsächlich nachkommen (*Grabitz,* 1984).

Die Verpflichtung, das Ziel der Politischen Union zu akzeptieren und zugleich auch anspruchsvolle Gemeinschaftslösungen zu übernehmen, würde den Beitritt neuer Mitglieder erschweren oder sogar unmöglich machen. Bereits hochentwikkelte Volkswirtschaften wie die der Schweiz und Schwedens könnten sich anspruchsvoll definierte Standards im Bereich der Sozialpolitik oder in dem des Umweltschutzes und die damit verbundenen finanziellen Belastungen zwar möglicherweise „leisten", aber gerade diese Länder sind dem Ziel der Politischen Union aufgrund ihrer langen Tradition als neutrale Staaten vorerst eher abgeneigt.

Beitrittswillige Staaten von noch relativ geringer Leistungsfähigkeit würden überfordert werden, wenn man ihnen für sie noch nicht brauchbare Lösungen aufzwingen wollte. Eine Teilhabe der vormals sozialistischen Volksrepubliken Osteuropas am Prozeß der europäischen Integration könnte dadurch erschwert und verzögert werden. Eine solche Entwicklung wäre in hohem Maße unerwünscht, weil wirtschaftliche Krisen und politische Instabilitäten dann sehr bald auch den Wohlstand der bereits etablierten Mitglieder der Europäischen Gemeinschaft gefährden könnten.

Die höchsten Erträge im Sinne einer bedeutsamen Wohlfahrtssteigerung ergeben sich erfahrungsgemäß aus der Bildung eines Gemeinsamen Marktes. Eine Teilhabe an den Vorzügen des Gemeinsamen Marktes der Europäischen Gemeinschaft sollte auch dann möglich sein, wenn Länder sich vorerst nicht an der Bildung einer politischen Union beteiligen möchten. Dies ist das Konzept eines Europäischen Wirtschaftsraumes, das aus liberaler Sicht bei eher geringem Aufwand die größten Vorteile in Aussicht stellt.

Der Vertrag zur Bildung eines Europäischen Wirtschaftsraumes wurde bekanntlich zwischen der Europäischen Gemeinschaft und den Mitgliedern der „Rest-EFTA" geschlossen: Schweiz, Schweden, Österreich, Finnland und Norwegen.

Ungarn, Polen und die CSFR, die den Beitritt zur EG anstreben, sollten zunächst die Möglichkeit erhalten, die Zugehörigkeit zum Europäischen Wirtschaftsraum zu erlangen. Dabei wäre es nicht „fair", aber auch ökonomisch nicht sinnvoll, von diesen Ländern bereits ex ovo die Übernahme aller Regelungen zu fordern, auf die sich die Integrationspartner im Zuge eines langen Prozesses geeinigt haben.

Je mehr ein zunächst bestehender Entwicklungsrückstand aufgeholt wird, desto weniger Gebrauch sollte von den Ausnahmeregelungen gemacht werden können, die hier zunächst zugestanden wurden. Partnerstaaten, denen an der Bildung einer Politischen Union gelegen ist, haben die Möglichkeit, sich gleichsam in einem „politischen Club" zusammenzufinden. Mitglieder, denen diese Bereitschaft fehlt, können der Europäischen Gemeinschaft sehr wohl als einer Art von „ökonomischen Club" angehören. Dabei gelten zwar für alle Clubmitglieder grundsätzlich die gleichen Pflichten und Rechte, bei erheblichen Entwicklungsrückständen sollten hier jedoch zeitlich befristete Ausnahmen zugestanden werden (*Schmieding,* 1992).

Ergebnis wäre ein Europa durchaus unterschiedlicher Geschwindigkeiten. Der Integrationsprozeß würde jedoch als Konsequenz derartiger Arrangements sehr wahrscheinlich weniger krisenbelastet und störanfällig fortschreiten als bei dem Versuch, sehr unterschiedliche Volkswirtschaften mit durchaus auch unterschiedlichen Zielen (und allemal auch mit unterschiedlichen Möglichkeiten) verbindlich auf das für alle gleichermaßen gültige Ziel einer Politischen Union und anspruchsvoller gemeinschaftlicher Lösungen festzulegen.

Gegen das zuvor skizzierte Konzept wirtschaftlicher Integration wird häufig eingewendet, das Ziel einer Politischen Union werde dadurch preisgegeben; es drohe das Entstehen eines „Europa à la carte", das in seiner „Beliebigkeit" nicht wünschenswert sein könne und das zu wenig verbindlich und gefestigt sei, um vor einem Rückfall in nationalstaatlichen Egoismus wirksam zu schützen.

Hier bestehen offensichtlich Mißverständnisse. Betrachtet wurde die Europäische Gemeinschaft als wirtschaftspolitisches Programm, das auf Mehrung des Wohlstandes abzielt. Das wirksamste Mittel zur Verwirklichung dieses Ziels besteht ohne Zweifel in der möglichst weitgehenden Durchsetzung des Wettbewerbsprinzips in einem „Gemeinsamen Markt" der Integrationspartner, in dem der freie Verkehr von Waren, Dienstleistungen, Personen und Kapital dauerhaft und glaubwürdig gewährleistet ist und in dem Anbietern aus Drittländern der Marktzugang möglichst wenig erschwert und behindert wird.

Ein derartiger Zustand erfordert weder den „Überbau" einer Politischen Union noch zwingt er die Integrationspartner zur Preisgabe ihrer nationalen Währungen zugunsten einer für alle gültigen Einheitswährung. Es konzediert der hier beschriebene und als wünschenswert bezeichnete Zustand dagegen durchaus nicht „Beliebigkeit"; er verpflichtet vielmehr zur strikten Beachtung aller Erfordernisse und Regeln, die erfüllt und beachtet werden müssen, wenn die genannten Freiheitsrechte durchgesetzt und respektiert werden sollen.

Unverzichtbar ist somit ohne Zweifel ein „Minimum an Harmonisierung" (*Stegemann*, 1966) im Sinne einer „europäischen Minimalgemeinschaft" (*Möschel*, 1993). Sie legt den Mitgliedstaaten erhebliche Verpflichtungen auf, fordert ihnen erhebliche Autonomieeinbußen ab. Sie bleibt allerdings hinter dem zurück, was durch die Beschlüsse von Maastricht verbindlich gemacht werden soll, doch sollte das nach Auffassung der Autoren nicht bedauert werden.

Literatur

Berg, H.: Zur Funktionsfähigkeit der Europäischen Wirtschaftsgemeinschaft, Göttingen 1972.

— Motor-Cars: Between Growth and Protectionism, in: de Jong, H. W.,Ed., The Structure of European Industry, 2. A., Dordrecht 1988, S. 245 - 267.

— Die EG-Zusammenschlußkontrolle im Spannungsfeld von Wettbewerbs- und Industriepolitik: Der Fall „Aérospatiale-Alenia / De Havilland", in: WiSt. Wirtschaftswissenschaftliches Studium, 31. Jg. (1992), S. 322 - 326.

Berg, H. / *Mammen*, G.: Alternative Strategien staatlicher Technologieförderung: Eine Analyse der Projekte „Concorde" und „Airbus", in: Jahrbuch für Sozialwissenschaft, Bd. 32 (1981), S. 346 - 379.

Berg, H. / *Tielke-Hosemann*, N.: Von Glanz und Elend staatlicher Technologieförderung: Das Projekt „Airbus", in: Hamburger Jahrbuch für Wirtschafts- und Gesellschaftspolitik, Bd. 33 (1988), S. 121 - 140.

Etzioni, A.: European Unification. A Strategy of Change, in: International Political Communities. An Anthology, New York 1966, S. 175 - 197.

Giersch, H.: Einige Probleme der kleineuropäischen Zollunion, in: Zeitschrift für die gesamte Staatswissenschaft, Bd. 113 (1957), S. 602 - 631.

— Der EG-Binnenmarkt als Chance und Risiko, Kieler Diskussionsbeiträge, Nr. 147, Kiel 1988.

Grabitz, E.: Abgestufte Integration. Eine Alternative zum herkömmlichen Integrationskonzept?, Kehl am Rhein 1984.

Grimm, D.: Subsidiarität ist nur ein Wort, in: Frankfurter Allgemeine Zeitung, Nr. 217 v. 17.9.1992.

Haas, E. B.: The Uniting of Europe. Political, Social, and Economic Forces 1950 — 1957, 2. A., Stanford (Cal.) 1968.

Hallstein, W.: Europa 1980, Bonn 1968.

— Der unvollendete Bundesstaat. Europäische Erfahrungen und Erkenntnisse, Düsseldorf 1969.

Lindberg, L. N.: The Political Dynamics of European Economic Integration, Stanford (Cal.) 1963.

Möschel, W.: Konturen einer Politischen Union. Plädoyer für eine europäische Minimalgemeinschaft, in diesem Band.

Oates, W. E. / *Schwab,* R.: Economic Competition among Jurisdictions: Efficiency Enhancing or Distortion Inducing?, in: Journal of Public Economics, Vol. 35 (1988), S. 333-354.

Remus, R.: Kommission und Rat im Willensbildungsprozeß der EWG, Meisenheim am Glan 1969.

Schmieding, H.: Maastricht: A Dead End of European Integration?, Kieler Diskussionsbeiträge Nr. 192, Kiel 1992.

Siebert, H.: Perspektiven zur Vollendung der europäischen Binnenmarkts, in: Kyklos, Vol. 42 (1989), S. 181-202.

— Standortwettbewerb — nicht Industriepolitik, in: Die Weltwirtschaft, H. 4 / 1992, S. 409-424.

Siebert, H. / *Koop,* M.: Institutional Competition. A Concept for Europe?, in: Außenwirtschaft, 45. Jg. (1990), S. 439-462.

Stegemann, K.: Wettbewerb und Harmonisierung im Gemeinsamen Markt, Köln 1966.

Straubhaar, T.: Zur optimalen Größe eines integrierten Wirtschaftsraumes, in diesem Band.

Streit, M. E. / *Voigt,* S.: Die Handelspolitik der Europäischen Gemeinschaft aus weltwirtschaftlicher Perspektive, in: Hamburger Jahrbuch für Wirtschafts- und Gesellschaftspolitik, Bd. 36 (1991), S. 193-219.

Tiebout, C.: A Pure Theory of Local Expenditures, in: Journal of Political Economy, Vol. 64 (1956), S. 416-424.

Vaubel, R.: Die politische Ökonomie der wirtschaftspolitischen Zentralisierung in der Europäischen Gemeinschaft, in: Jahrbuch für Neue Politische Ökonomie, Bd. 11 (1992), S. 30-65.

Vollmer, L.: Wirtschaftsverfassung und Wirtschaftspolitik der EG nach „Maastricht", in: Der Betrieb, H. 1 / 1993, S. 25-30.

Willgerodt, H.: Der „Gemeinsame Agrarmarkt der EWG", Tübingen 1974.

— Armut als Integrationshindernis? Zum Konflikt zwischen Vertiefung und Erweiterung der Europäischen Gemeinschaft, in: Zeitschrift für Wirtschaftspolitik, 41. Jg. (1992), S. 95-123.

Zur optimalen Größe eines integrierten Wirtschaftsraumes

Von *Thomas Straubhaar*, Hamburg

„Certainly the title of this paper is deceptively simple, yet it cloaks a problem that goes to the heart of political theory: how should human beings organise their collective endeavours, especially those that require governmental action, so as to achieve best their diverse and often conflicting objectives?" (Cooper 1976: 41)

Einleitung

Die Frage von *Cooper* (1976) nach der „optimalen Größe eines integrierten Raumes" bot den *theoretischen* Anlaß zu meiner Arbeit. Die Kritik an den Maastrichter Verträgen vom Dezember 1991 gab den *wirtschaftspolitischen* Anstoß, sich intensiver mit der Frage zu beschäftigen, wie innerhalb Europas *„human beings (should) organise their collective endeavours, especially those that require governmental action, so as to achieve best their diverse and often conflicting objectives*", um die Frage *Coopers* noch einmal aufzunehmen.[1]

Die Diskussion über die optimale Größe eines integrierten Wirtschaftsraumes lohnt heute in Europa aus zweierlei Gründen: Zunächst stellt sich für die Europäische Gemeinschaft (EG) die Frage, in welchem Ausmaß neue Mitgliedsländer aufzunehmen sind (Erweiterungsdimension).[2] Dann sind in den Maastrichter-Verträgen vom 7.2.1992 die gemeinsam zu regulierenden Bereiche und die Konturen einer Währungs- und Wirtschaftsunion sowie der angestrebten Europäischen Union zwar festgeschrieben. Die Ratifikationsvorbehalte in Dänemark, Frankreich, aber auch in Großbritannien haben jedoch mehr als klar gemacht, daß die Diskussion um die Vertiefungsdimension keinesfalls schon abgeschlossen ist.

Die Frage nach der optimalen Größe eines integrierten Wirtschaftsraumes ist vor allem auch deshalb zu stellen, weil die der europäischen Integration zugrundeliegende Theorie der fünfziger Jahre von *Kohr* (1949), *Viner* (1950), *Meade*

---

1 *Cooper* (1976: 41).

2 Unmittelbare Beitrittskandidaten sind die EFTA-Länder Österreich, Schweden und Finnland und bald wohl auch Norwegen. Früher oder später wird die Frage des EG-Beitritts zunächst für die osteuropäischen Länder wie Ungarn, Polen, Tschechien und Slowenien sowie der Mittelmeerländer Malta, Zypern und später für die baltischen Staaten sowie der Slowakei und der Türkei zu beantworten sein.

(1955) und *Lipsey* (1960) — um nur einige der bekannteren Namen zu nennen — vor allem eine Theorie des Zweitbesten war, gewachsen aus der Erkenntnis, daß eine Rückkehr zum globalen Freihandel der Zeit vor 1931 nicht mehr möglich schien. Weder die Theorie der Zollunion noch die Theorie des Gemeinsamen Marktes genügen jedoch, um die laufende politische Diskussion über Erweiterung und Vertiefung der EG nachhaltig zu bereichern und insbesondere um die Frage zu beantworten, ob die EG mit den geplanten Erweiterungs- bzw Vertiefungsabsichten einen Schritt in Richtung eines optimalen Integrationsraumes vollzieht.[3]

Diese Arbeit hat zunächst das Ziel aufzuzeigen, welchen Beitrag zur aktuellen vor allem politisch geführten Kontroverse um EG-Vertiefung und EG-Erweiterung die theoretische Diskussion über die optimale Größe eines integrierten Wirtschaftsraumes bieten könnte.[4] Hierzu dient Abschnitt I, der die Optik verschiedener Theorieansätze und damit den Rahmen der weiteren Analyse wiedergibt.[5] Wie sich die theoretischen Erkenntnisse für die wirtschaftspolitische Dis-

[3] Welche Grenzen der Integrationstheorie der fünfziger Jahre gesetzt sind, wird in der Kontroverse von *Baldwin* (1989, 1992) deutlich, der zu wesentlich anderen (nämlich günstigeren) Ergebnissen für das EG-Binnenmarktprogramm kommt als der *Cecchini*-Report, der auf den traditionellen Analyseargumenten aufgebaut war. Einen kompetenten Überblick zur „ökonomischen Integrationsforschung in Vergangenheit und Zukunft" bietet *Breuss* (1992). Er geht so weit, der Integrationsforschung vor 1985 das Prädikat „Siechtum" anzuhängen. Im weiteren dokumentiert *Breuss* (1992) überzeugend die beträchtlichen Forschungsdesiderata, wobei er als neue Fragestellungen vor allem die Außeneffekte der europäischen Integration nennt (weil innerhalb Europas die Diskussion auf eine Makro- und Regionalanalyse à l'Américaine konvergiere).

[4] Ich bin mir bewußt, daß allein die Definition von „Integration" und „Optimalität" eine ausführliche Analyse verdienen würde. Da es mir weniger um definitorische Feinheiten als um grundsätzliche Fragestellungen geht, erlaube ich mir ein sehr rudimentäres Begriffsverständnis. Im folgenden ist mit „Integration" bzw. „integriert" ein Zusammengehen einzelner Kollektive auf formeller (vertraglicher) Basis zu einem gemeinsamen Kollektiv gemeint, wobei vorerst weder die Tiefe dieses Zusammenschlusses (welche Teilbereiche also betroffen sind) noch die Form (ob funktionelles oder institutionelles Zusammengehen) interessieren (das kleinste Kollektiv ist somit der Mehrpersonenhaushalt, das größte Kollektiv ist die Weltbevölkerung). „Optimale Größe" soll sich auf die Frage beziehen, ob eine kollektive Institution in der Lage ist, ein Problem „optimal" zu lösen, so daß durch keine andere kollektive Institution ein oder mehrere Individuen besser gestellt werden könnten, ohne daß ein oder mehrere andere Individuen schlechter gestellt werden (Pareto-Optimalität). Um dieses Konzept zu operationalisieren, setzte ich jedoch im folgenden das Pareto-Optimalitätsprinzip der Einfachheit halber der kostenminimalen Allokationseffizienz gleich, verzichte also auf distributive Entschädigungsaspekte.

[5] Es geht also nicht darum, die Theorie der internationalen Integration extensiv darzustellen. Seit dem EG-Weißbuch zum europäischen Binnenmarkt von 1985 ist die Integrationsliteratur in einem gewaltigen Ausmaß gewachsen, wobei oft (Einzel-)Fragen über Vor- und Nachteile, Kosten und Nutzen sowie die Auswirkungen bestimmter integrationspolitischer Maßnahmen dominieren (so auch in CEPR 1992). Um hier aus der Flut der Publikationen auf ein paar neuere Standardwerke zu verweisen, vergleiche die Lehrbücher von *Molle* (1990), *Tsoukalis* (1991), *Pelkmans* (1984), die Forschungberichte von *Pelkmans / Winters* (1988), *Winters* (1991, 1992), *Smith / Venables* (1988, 1991) sowie den Übersichtsartikel von *Breuss* (1992).

kussion nutzbar machen ließen, beschreibt Abschnitt II. In Abschnitt III gehe ich das Wagnis ein, einen Vorschlag vorzustellen [zu dem das *Äquivalenzprinzip* von *Olson* (1977 bzw. 1969) auf der einen und das *Prinzip der überlappenden politischen Jurisdiktionen* von *Casella / Frey* (1992) andererseits Pate standen], der sich als Rahmen für die grundsätzliche Marschrichtung der weiteren Integrationsschritte versteht. Ein paar zusammenfassende Bemerkungen schließen meinen Beitrag ab.

„Die ökonomische Theorie sagt nichts darüber aus, welche Funktionen von einer lokalen, einzelstaatlichen oder zentralen Regierung, von einer ad-hoc-Autorität oder -Organisation, von einer internationalen Organisation oder von einem anderen Institutionstyp wahrgenommen werden sollten. Aber auch keine andere Disziplin besitzt eine Theorie, die hier allgemein angewandt werden könnte." (Olson 1977 bzw. 1969)

I. Analyserahmen

Ein Blick in neuere wirtschaftswissenschaftliche Publikationen läßt ohne große Mühe erkennen, daß die Frage nach der optimalen Größe eines integrierten Wirtschaftsraumes auf neues Forschungsinteresse gestoßen ist.[6] Dieser Abschnitt gibt zunächst einen eklektischen Überblick zur aktuellen theoretischen Diskussion, wobei angesichts der Literaturfülle das Augenmerk vor allem auf neuere Forschungsentwicklungen gelegt wird.

Ausgangslage bietet die hinlänglich akzeptierte Erkenntnis der Finanzwissenschaft, daß einer von mehreren Individuen gemeinsam getragenen kollektiven Institution aus ökonomischer Sicht zunächst einmal drei Aufgaben zukommen: eine allokations-, eine distributions- und eine stabilitätsorientierte Funktion.[7] Ob

---

[6] Vgl. die Arbeiten von *Luckenbach* (1989, 1991), von *Lorenz* (1992) und von *Eichengreen* (1992). Besonders hervorzuheben ist *Tichy* (1992, 1992a, b). Er liefert entscheidende Impulse zu dieser Diskussion (vgl. Abbildung 1), vor allem auch weil er allen Schwierigkeiten zum Trotz versucht, theoretische Aussagen auf ihren empirischen Gehalt hin zu testen. Seine wichtigste Erkenntnis lautet: Trotz zahlreicher Integrationsbemühungen ist Europa nach wie vor recht heterogen, so daß „je nach gewähltem Kriterium unterschiedliche Ländergruppen einander nahe stehen und somit unterschiedliche optimale Integrationsgebiete nahelegen" *(Tichy* 1992: 3, deutsche Zusammenfassung). Dieses empirisch belegte Ergebnis ist ein entscheidender Pfeiler der hier gewählten eher abstrakten Analyse.

[7] Vgl. hierzu insbesondere *Musgrave / Musgrave / Kullmer* (1990), aber auch *Oates* (1972) und *Frey* (1977). Eine von *Jacques Delors* eingesetzte und von *Tommaso Padoa-Schioppa* präsidierte Expertengruppe nannte dann ihre Studie mit Verwies auf *Musgrave* auch entsprechend „Effizienz, Stabilität und Verteilungsgerechtigkeit" [*Padoa-Schioppa* (1988: 18)], weil sich staatliche Funktionen in diese drei Zweige aufschlüsseln ließen. Diese finanzwissenschaftlich geprägte Sicht vernachlässigt, ob kollektive Institutionen tatsächlich diese Funktionen wahrnehmen oder nicht vielmehr eigenen Zielen der Politiker und der Beamten folgen. Diese Frage wird in der Public Choice-Literatur ausgiebig behandelt [mit Blick auf die europäische Integration vgl. hierzu vor allem die Arbeiten

die Größe eines Wirtschaftsraumes optimal ist, hängt somit davon ab, ob die gemeinsamen Institutionen in der Lage sind, ihre funktionellen Aufgaben pareto-optimal (bzw. kostenminimal) wahrzunehmen.

1. Stufe: Funktionelle Integration auf der Ebene einer Freihandelszone oder einer Zollunion
1. Hohe Handelsintensität 2. Ähnliche Preisrelationen 3. Hoher Intra- und Interhandel 4. Ähnliche Produktions- und Handelsstrukturen 5. Ähnlicher Entwicklungsstand 6. Potential für Economies of Scale 7. Spezialisierungspotential 8. Geringe Aussenhandelshemmnisse
2. Stufe: Funktionelle Integration auf der Ebene eines Gemeinsamen Binnenmarktes
9. Ähnliche Verfügbarkeit über Arbeitskräfte 10. Ähnliches Lohnniveau
3. Stufe: Institutionelle Integration auf der Ebene einer Währungsunion
11. Ähnliche Wirtschafspolitik 12. Sehr ähnliche Inflationsraten 13. Gemeinsame Anpassungsschocks (und ähnliche Folgen bei externen Schocks) 14. Abwesenheit von Wechselkurs-Illusionen 15. Akzeptanz eines gewissen Grades an Fiskalförderalismus

Abb. 1: Kriterien eines optimalen Integrationsraumes
(nach *Tichy* 1992: 114)

von *Vaubel* (1991, 1992), für die polit-ökonomische Analyse inter- oder supranationaler Organisationen liefert der Sammelband von *Vaubel / Willett* (1991) einen Überblick]. Ebenso wird im folgenden auch der Aspekt vernachlässigt, daß einer kollektiven Institution vor allem die Aufgabe zukomme, optimale Rahmenbedingungen für das wirtschaftliche Handeln zu schaffen, ein Aspekt, der in der Institutionenökonomie eingehend behandelt wird (vgl. hierzu die Diskussion zu *Stiglitz* et al. (1989); mit Blick auf die europäische Integration vgl. hierzu insbesondere die Arbeiten von *Bernholz* (1990, 1992) sowie aus einer etwas anderen Perspektive von *Giersch* (1989, 1990).

1. Allokative Aspekte: Optimale Eingriffsebene wider das Marktversagen

Ausgehend von den grundlegenden Arbeiten von *W. E. Oates, M. Olson, Ch. M. Tiebout* und *G. Tullock*[8], ist die Frage nach dem optimalen Allokationsraum vertieft diskutiert worden.[9] Zusammengefaßt, ergeben sich aus der Theorie des Finanzföderalismus mit Blick auf die optimale Größe eines integrierten Wirtschaftsraumes folgende Erkenntnisse:

1. Im Bereich der allokativen Kollektivfunktion führt eine dezentrale (strikt gruppenspezifische) Aufgabenteilung ebenso zu Wohlfahrtsverlusten (wegen Spillovers, Unteilbarkeiten und Skaleneffekten usw.), wie sich auch Wohlfahrtsverluste zeigen, wenn alle kollektiven Aufgaben durch eine weltweite Institution erfüllt würden (wegen der gruppenspezifisch unterschiedlichen Präferenzen, denen weniger gut Rechnung getragen werden kann, des eingeschränkten Minderheitenschutzes und der geringeren Bürgernähe).

2. In einer Weltgesellschaft ist kaum von homogenen Wertvorstellungen hinsichtlich der Gestaltung von Wirtschaft und Umwelt auszugehen. Vielmehr besteht die Weltgesellschaft aus einer Vielzahl sehr stark differenzierter Gruppen, die sich aus historischen, kulturellen, ethnischen, religiösen, sprachlichen und sonstigen Gründen in ihren Wertvorstellungen mehr oder weniger stark unterscheiden. Somit hat eine auf gruppenspezifische Traditionen, Normen und Werte abgestimmte dezentrale Politik gegenüber einer global orientierten Regelung Vorzüge. Eine gruppenspezifische Differenzierung trägt den unterschiedlichen Präferenzen der Gesellschaftsmitglieder besser Rechnung als eine schematisierte Gleichbehandlung innerhalb einer globalen Organisation. Die gruppenspezifische Selbstbestimmung ermöglicht, unterschiedliche Traditionen, Normen und Wertvorstellungen zu berücksichtigen. Auf diese Weise

---

8 Deren wichtigste Artikel sind wiederabgedruckt in *Kirsch* (1977).

9 Vgl. hierzu *Luckenbach* (1989). — *Vaubel* (1992) folgt in seiner Suche nach dem optimalen Grad der politischen Integration im wesentlichen demselben Vorgehen, wenn er zur Beurteilung des Maastrichter Vertrags davon ausgeht, „daß eine wirtschaftspolitische Zentralisierung nur in denjenigen Bereichen sinnvoll — d. h. effizient — sein kann, in denen die nationale Wirtschaftspolitik entweder die Marktintegration der Gemeinschaft behindert oder technologische externe Wirkungen in anderen Mitgliedsländern erzeugt oder aber Skalenerträge in der Produktion nationaler oder lokal öffentlicher Güter zuläßt ... (Dabei ist eine) dieser drei Bedingungen ... zwar notwendig, aber keine ist hinreichend für die Rechtfertigung der Zentralisierung" *(Vaubel* 1992: 31). In seinem Korreferat zu *Vaubel* (1992) verweist *Zohlnhöfer* (1992) richtigerweise darauf, daß der Zentralisierungsgrad — und damit der optimale Grad der politischen Integration — politisch und nicht nach ökonomischen Kriterien bestimmt ist. Er hält eine Betrachtungsperspektive zu eng, welche die EG lediglich als Vehikel *wirtschaftlicher* Integration sieht, und bedauert die Vernachlässigung der *politischen* Dimension der EG. Auch wenn diese Kritik zutreffend ist, halte ich es aus ökonomischer Sicht für legitim zu fragen, wie bestimmte politische Ziele kostenminimierend erreicht werden können.

läßt sich das Angebot kollektiver Leistungen optimaler auf gruppenspezifisch geprägte Präferenzen abstimmen.

3. Ein kollektives Gut nicht auf weltweiter Ebene global, sondern für kleinere Integrationsräume zu erstellen, drängt sich dann auf, wenn in gewissen Kollektiven die Präferenz für ein kollektives Gut ausgeprägter ist als in anderen Weltregionen.[10]

4. Die optimale Aufteilung in gruppenspezifische und globale Regelungen liegt somit dort, wo der zusätzliche Gewinn aus der Beseitigung von Mängeln einer gruppenspezifischen Regelung und der Übernahme der globalen Lösung genau dem zusätzlichen Verlust aus der globalen Regelung und damit der Aufgabe gruppenspezifischer Tradition entspricht.

Luckenbach (1989, 1991) spezifiziert präziser, wie der Punkt zu bestimmen ist, von welchem an die Wohlfahrtsgewinne durch eine weitere Delegation kollektiver Aufgaben an die globale Ebene kompensiert werden durch die Wohlfahrtsverluste infolge eines zu starken Verzichts auf gruppenspezifische Lösungen. Anhand der Komponenten, der Determinanten und der Maximierungskriterien der raumwirtschaftlichen Effizienz kommt sie zu Ergebnissen, die für meine weitere Analyse in zweierlei Hinsicht von Interesse sind:

1. Um dem räumlich unterschiedlichen Wirkungsbereich [global, regional (im Sinne von großräumig international), national, lokal, kommunal] verschiedener Formen des Marktversagens[11] Rechnung zu tragen, sind kollektive Institutionen aus raumwirtschaftlicher Sicht *maßzuschneidern*. Je nach Externalität, die zu internalisieren ist, bedarf es *spezifischer* (und nicht genereller) *kollektiver Institutionen* mit jeweils spezifischer (und nicht genereller) wirtschaftspolitischer Zuständigkeit.[12] Es ist daher „für jedes Kollektivgut mit spezifischem

---

[10] Im Vordergrund dürften damit vor allem unterschiedlich ausgeprägte Qualitätsvorstellungen kollektiver Güter stehen. Als Beispiele wären zu nennen die Rechts- und Eigentumsordnung, Luft- oder Wasserqualität, Landschaftspflege (vgl. hierzu *Pommerehne* 1987). Ich verstehe auch die Distributionsfunktion kollektiver Institutionen (wieweit also die Ergebnisse des Marktprozesses durch sozial- und / oder strukturpolitische Maßnahmen zu korrigieren sind, um die Wohlstandsunterschiede zwischen Personengruppen (‚Reiche und Arme', ‚Alte und Junge'), Regionen (Stadt und Land) oder Sektoren (Landwirtschaft und Industrie) abzubauen) als Ausdruck einer gemeinschaftlichen Präferenz, die sehr wohl von Kollektiv zu Kollektiv stark differieren kann. Aus diesem Grund gehe ich auch nicht gesondert darauf ein, welche optimale Größe ein integrierter Wirtschaftsraum aufgrund distributiver Aspekte aufweist.

[11] Grund für das Marktversagen ist, daß einzelne Bürger von der Wirkung kollektiver Institutionen nicht ausgeschlossen werden können (Free-Rider oder Trittbrettfahrer). Wir haben also externe Effekte (positive und negative), die über das Verursacherprinzip nicht abgedeckt sind. Hier fehlen die Zahlungsbereitschaft der Nachfrage und somit der Anreiz für Anbieter, das Produkt oder die Leistung herzustellen. Ebenso versagt der Markt dann, wenn marktmächtige Organisationen (Monopole, Kartelle) ein Abweichen von einem effizient funktionierenden marktwirtschaftlichen System erwirken. Ebenso können Informations- und Risikoaspekte zu einem Marktversagen führen.

Wirkungsbereich eine separate Regierungsinstitution (zu) fordern, so daß sichergestellt werden kann, daß jene, die aus dem öffentlichen Gut einen Nutzen erhalten, auch die sind, die dafür bezahlen."[13]

2. Je stärker als Folge technologischer Fortschritte die Kosten der Raumüberwindung sinken, desto größer werden die Wirkungsbereiche des Marktversagens.[14] Deshalb wird in vielen Fällen mit zunehmender Technologisierung eine Ausdehnung der allokationspolitischen Zuständigkeitsbereiche kollektiver Institutionen erforderlich sein.[15]

Mit Blick auf wirtschaftspolitische Folgerungen zeigt sich aus der Diskussion der allokativen Funktion kollektiver Institutionen, daß es eine *generell* optimale Größe eines integrierten Wirtschaftsraumes nicht gibt. Das Denken in kollektiven Institutionen, die auf Grund ihrer hoheitlichen Omnipotenz für alle Regulationen generell zuständig sind, führt auf einen Irrweg. Richtig ist eine maßgeschneiderte funktionelle Arbeitsteilung, deren räumliche Dimension sich situationsbedingt an der jeweils *spezifischen* Dimension des Marktversagens orientiert.[16]

---

12 Dieses Ergebnis deckt sich mit *Olson* (1977: 71): Es gibt „keine Ausnahme für die Regel, die besagt, systematische Kräfte würden in all jenen Situationen gegen eine effiziente Allokation wirken, in denen die Grenzen einer Jurisdiktion mit der Reichweite eines von ihr angebotenen öffentlichen Gutes nicht deckungsgleich sind.".

13 *Olson* (1977: 71), der mit dieser Übereinstimmung den Begriff „fiskalische Äquivalenz" kennzeichnet.

14 Ist weltweit ein Ausschluß der Nutznießung kollektiver Güter weder technisch möglich, noch administrativ sinnvoll zu vollziehen, haben wir es — in der Definition *Kindlebergers* (1986) — mit „international public goods" zu tun. Diese Form der kollektiven Güter läßt sich in jedem Fall mit sinkenden Durchschnittskosten pro Kopf (und Grenzkosten von Null) erstellen und müßte — dem Argument *Kindlebergers* (1986) weiter folgend — weltweit (auf globaler Ebene) erstellt werden. Als Beispiele wären zu nennen Frieden, Sicherheitspolitik, Grundlagenforschung, internationale Rechtsordnung, völkerrechtlich garantierte Eigentums- Anspruchs- und Verfügungsrechte, der multilaterale Freihandel, die Freiheit der Meere und des Luftraumes, Artenschutz in Fauna und Flora, weltweit anerkannte Standards für Maße und Gewichte, Wettersatelliten u. a. m. Internationale kollektive Güter verlangen nach einer internationalen Organisation, die dafür sorgt, daß aus allokativer oder stabilitätsorientierter Sicht ein optimales Maß an international kollektiven Gütern angeboten wird. Vgl. hierzu auch *Vosgerau* (1987: 132 - 133), der erste Ansätze zur ökonomischen Analyse internationaler Institutionen bietet, die internationale öffentliche Güter produzieren könnten. Insbesondere unterscheidet er drei Strukturierungskriterien: 1. Räumliche Geltung und Integrationsgrad, 2. Zentralisierungsgrad und 3. Verfassung, Gesetz und Vertrag.

15 *Vaubel* (1992: 35 - 36) verweist richtigerweise darauf, daß allein aufgrund internationaler Externalitäten allerdings noch keine Legitimation entstehe, „eine Vereinheitlichung der Politik oder gar eine zentrale Entscheidungskompetenz ... zu rechtfertigen", weil bei international öffentlichen Gütern trotz allem eine regionale Differenzierung oft möglich und vielfach auch erwünscht sei.

16 Aus Platzgründen beschränke ich mich hier auf die allokationsorientierte Funktion kollektiver Institutionen. Bei der stabilitätsorientierten Funktion kollektiver Institutionen geht es darum, mittels einer gemeinsam getragenen makroökonomischen Politik gewisse gesamtwirtschaftliche Ziele zu erfüllen, soweit mit einer reinen Marktwirtschaft ohne institutionellen Rahmen die konjunkturelle Stabilität (Vollbeschäftigung und Preis-

2. Raumwirtschaftliche Aspekte: Das Konzept der „natürlichen Integration"

Der Begriff der „natürlichen Integration" wird von *Jacquemin / Sapir* (1991: 169) verwendet, um eine Integrationsform zu charakterisieren, die grenzüberschreitende Aktivitäten zwischen „geographisch nahe gelegenen" und deshalb „natürlichen" Handelspartnern beschreibt. Der Begriff der natürlichen Integration anerkennt einen letztlich sehr banalen Zusammenhang, nämlich daß ökonomische Aktivitäten stark durch raumwirtschaftliche Aspekte geprägt sind, eine Erkenntnis, die von *Andreas Predöhl* (1934, 1971 bzw. 1949) in seiner Unterscheidung von Staatsraum und Wirtschaftsraum schon sehr früh in die Theorie eingebracht, aber in der Integrationstheorie kaum beachtet worden ist.[17]

Würden wir in einer egalitären und hoch individualistischen Welt leben, in der

1. alle Menschen in ihrem Konsum- und Produktionsverhalten voneinander unabhängig sind (d. h. es gibt keine externen Effekte) und

niveaustabilität) nicht gewährt ist. Ausgelöst durch die Beiträge von *Mundell* (1961), *McKinnon* (1963), *Kenen* (1969), *Magnifico* (1973), *Ishiyama* (1975) und *Vaubel* (1978) hat sich seither eine kaum mehr überblickbare Flut von Einzelbeiträgen zum Thema der Stabilitätsfunktion geäußert, wobei insbesondere die Frage nach der optimalen Größe einer Währungsunion im Vordergrund stand [Vgl. aus der neueren Literatur die Beiträge von *Revelas* (1980), *Schiemann* (1986, 1989), *Wilhelm* (1989), *Ogrodnick* (1990), *Eichengreen* (1990, 1990a, 1992) und *Menkhoff / Sell* (1991, 1992)]. Bei der Diskussion über optimale Währungsräume geht es letzlich um die Frage, welches Währungsregime für einen bestimmten Wirtschaftsraum optimal sei, um damit die makroökonomischen Stabilitätsziele (insbesondere Preisniveaustabilität und hoher Beschäftigungsstand) bestmöglich erreichen zu können.

17 Eine Ausnahme bilden die Arbeiten von *Lorenz* (1992), der mit Blick auf Regionalisierungstendenzen im Welthandel immer wieder auf den Stellenwert der Arbeiten von Predöhl und auf die Erkenntnisse der Raumwirtschafts- und Standortstheorie aufmerksam gemacht hat. Ebenso findet sich der Aspekt der „natürlichen Integration" in den Gravitätsmodellen, die vor allem in den sechziger Jahren einige interessante empirische Arbeiten induziert haben (vgl. hierzu den Standardartikel von *Savage / Deutsch* 1960 sowie *Sautter* 1974). Mit Blick auf *Heuß* (1955), der schon sehr früh auf die Folgen der Kosten der Raumüberwindung für die Marktorganisation hingewiesen hat, geht auch *Oberender* (1988) am Rande auf die raumwirtschaftlichen Aspekte des internationalen Handels ein (allerdings mit einem ganz anderen Ansatz als *Predöhl)*. Die Vernachlässigung raumwirtschaftlicher Aspekte ist deshalb bedauerlich, weil die Außenwirtschaftstheorie im wesentlichen nur die wirtschaftlichen Transaktionen zwischen Volkswirtschaften, nicht jedoch zwischen Regionen erklären kann. *Lorenz* (1992: 84) sieht m. E. zu Recht in der Vernachlässigung des interregionalen Handels einen Wissensverlust, der im Ausmaß, der Vernachlässigung des intraindustriellen Handels in den Modellen der traditionellen Außenwirtschaftstheorie gleichkommt. Mit *Krugmans* (1991) faszinierenden Werk „Geography and Trade" erhält die Raumwirtschaft wieder jenen Stellenwert, der auch erlaubt, gewisse Rückschlüsse auf die optimale Größe integrierter Wirtschaftsräume zu ziehen. Eigentlich aber hat schon *Giersch* (1990) in seiner Thünen-Vorlesung 1989 die Renaissance der Raumwirtschaft eingeläutet. Er veranschaulicht mit dem Bild eines Kegels, wie sich aus einer raumwirtschaftlichen Sicht ein Zentrum-Peripherie-Muster ergibt — womit er die Ergebnisse *Krugmans* vorwegnimmt.

2. auf vollkommenen Wettbewerbsmärkten nur private Güter ausgetauscht werden (d. h. es gibt keine kollektiven Güter[18]),

würde sich die Frage nach der optimalen Größe eines integrierten Wirtschaftsraumes vorerst gar nicht stellen. Die *Predöhlsche*-Trennung in Staats- und Wirtschaftsraum wäre obsolet. Weder zur effizienten Allokation kollektiver Güter, noch zur Internalisierung externer Effekte würde es einer gemeinsamen Institution (eben eines Staatsraums) bedürfen. Rationale individuelle Entscheidungen führten über die Automatismen des Marktmechanismus zu einer effizienten Allokation der Produktionsfaktoren. Produktionsfaktoren wanderten an den Ort ihrer höchsten Grenzproduktivität. Dadurch würden relative Knappheiten bzw. relativer Überfluß beseitigt und räumliche Grenzproduktivitätsunterschiede ausgeglichen. Die auf der Grundlage individueller Entscheide zustandekommende räumliche Allokation der Produktionsfaktoren maximierte den Wohlstand der Menschen insgesamt.

In einer Welt, in der keine politischen Grenzen die Mobilität wirtschaftlicher Aktivitäten beeinflussen, werden nun aber jene raumwirtschaftlichen Aspekte wichtig, welche die Wahl der Produktionsstandorte bestimmen:[19] Je ausgeprägter die Skaleneffekte der Produktion und je geringer die Kosten der Raumüberwindung, desto stärker sind die Konzentrationsprozesse in einem Wirtschaftsraum (Agglomerationseffekt). Um Transportkosten zu minimieren, siedeln Unternehmer ihre Produktionsstandorte am Ort der stärksten lokalen Nachfrage an. Damit ergibt sich sehr rasch das polarisierende Bild eines Zentrum-Peripherie-Musters: Wo die Nachfrage hoch ist, wird produziert, wodurch neue Nachfrager (vorerst als Arbeitskräfte, dann aber auch als Konsumenten) und neue Produzenten (auch von Zwischenprodukten und Vorleistungen) angelockt werden.

Das Zentrum-Peripherie-Muster wird durch verschiedene Faktoren selbstverstärkt: Geographische Nähe erzeugt positive Externalitäten in Form technologischer und Informations-Spillovers sowie durch den gemeinsamen Pool mobiler Träger von Humankapital (ausgebildete Arbeitskräfte).[20]

---

18 Kollektivgüter meint hierbei sowohl die public goods, also die öffentlichen Güter, bei denen das Ausschlußprinzip aus technischen oder administrativen Gründen versagt, als auch die common goods, also die Gemein(schafts)güter, bei denen das fehlende Eigentumsrecht einen Ausschluß verhindert. Vgl. hierzu *Arnold* (1992).

19 *Von Böventer* (1981) bietet einen Überblick zu den verschiedenen raumwirtschaftlichen Modellen. Insbesondere zeigt er auch, unter welchen grundsätzlichen Annahmen sich welche räumliche Verteilung der Produktionsstandorte ergibt. *Carlberg* (1985) ergänzt raumwirtschaftliche Allokationsmodelle um den Aspekt unterschiedlicher Steuer-/ Ausgabensysteme.

20 Lediglich am Rande sei darauf verwiesen, daß *Porter* (1990) den Agglomerationseffekt dazu benutzt, das Auftreten von „Clusters" zu erklären, also die räumliche Konzentration (Klumpen) von Betrieben der gleichen Branche. Letztlich meint er aber damit lediglich die positiven externen Größeneffekte oder Spillovers des Wissens, der Information und der Lernprozesse — Aspekte, die in der Neuen Wachstumstheorie ausgiebig diskutiert werden.

Dieser Konzentrationsbewegung steht entgegen, daß

1. nicht alle Skaleneffekte beliebig ausdehnbar sind (beispielsweise im Bereich der Dienstleistungen),
2. die Kosten der Raumüberwindung für gewisse Tätigkeiten sehr groß werden können (beispielsweise für nicht-handelbare Güter),
3. nicht alle Produktionsfaktoren beliebig (räumlich und sektoriell) mobil sind (beispielsweise seßhafte Arbeitskräfte, investiertes Sachkapital).

Für die Diskussion der optimalen Größe eines integrierten Wirtschaftsraumes bietet das Konzept der natürlichen Integration Anlaß zur Frage, ob durch *institutionelle* Maßnahmen das Entstehen von Zentren gefördert werden könne, ob also ein „Kampf um die Zentren" möglich sei. Insbesondere die Vertreter der „Neuen" Wachstumstheorie"[21] sind der Ansicht, daß mit den richtigen Institutionen von den drei Aktionsparametern (Skaleneffekte, Kosten, Mobilität) insbesondere die Erzielung von positiven Skaleneffekten eine Grundlage zum strategischen Verhalten biete. Dabei stehen weniger die „internen" als vielmehr die „externen" Skaleneffekte im Vordergrund.[22] Die von den Vertretern der Neuen Wachstumstheorie (wieder) in die Diskussion eingebrachten „externen" Skaleneffekte würden nun rechtfertigen, daß gemeinsame Institutionen geschaffen würden, um positive Externalitäten anzuregen. Entsprechend werden kollektive Aktionen unterstützt, um Humankapital zu akkumulieren, Informationen und Ideen zu verbreiten und Lerneffekte zu ermöglichen.[23]

---

21 Vgl. hierzu die grundlegenden Arbeiten zur Neuen Wachstumstheorie von *Romer* (1986, 1987, 1990) und *Lucas* (1988) sowie von *Grossman / Helpman* (1991). In der neuen Wachstumstheorie geht es mit Blick auf die hier interessierende Fragestellung vor allem darum, ob es erstens positive Spillovers gibt, die innerhalb einer bestimmten Größe eines integrierten Wirtschaftsraumes optimal genutzt werden können und zweitens, ob eine gemeinsam getragene kollektive Institution diese positiven Spillovers eher zu erielen vermag als private Institutionen. Die Konsequenzen, die sich aus den neueren Ansätzen der Wachstumstheorie für die optimale Größe eines integrierten Wirtschaftsraumes ergeben, sind noch relativ wenig erforscht. Wie *Rivera-Batiz / Romer* (1991) zeigen, hängen die Ergebnisse sehr stark von der Annahme ab, ob die sich integrierenden Länder homogen oder heterogen sind [vgl. *Rivera-Batiz / Romer* (1991), die in ihrem letzten Abschnitt (S. 550-552) deutlich die Grenzen ihres Modells aufdecken].

22 Die Unterscheidung von internen und externen Skaleneffekten geht auf *Marshall* (1920) zurück. Interne Skaleneffekte sind die innerbetrieblich nutzbaren Vorteile der Massenproduktion. Externe Skaleneffekte sind jene positiven Externalitäten (Spillovers) einer wirtschaftlichen Aktivität, die von allen Firmen einer Region genutzt werden können (und zu sinkenden Durchschnittskosten führen). So sind Grundlagenwissen, Information, Verfügbarkeit über Humankapital und Agglomerationsdichte typische Beispiele von positiven externen Skaleneffekten (Externalitäten oder Spillovers). Eine erste empirische Untersuchung für das EG-Binnenmarktprogramm bieten *Caballero / Lyons* (1990), wobei ihre Ergebnisse nicht unbestritten blieben [vgl. insbesondere *König* (1990)]. *Caballero / Lyons* (1990) berechnen für ausgesuchte EG-Länder hohe externe, aber nur geringe (bis negative) interne Skaleneffekte, wobei gerade die Existenz negativer interner Skaleneffekte die Resultate von *Caballero / Lyons* (1990) mehr als fraglich erscheinen lassen.

Zusammengefaßt, ergibt das Konzept der natürlichen Integration folgende Erkenntnisse für die Analyse der optimalen Größe eines integrierten Wirtschaftsraumes:

1. Aus raumwirtschaftlicher Sicht ist zunächst die ungeteilte Welt die optimale Größe eines integrierten Wirtschaftsraums.

2. Die sich ergebenden Konzentrationsprozesse zeigen, daß durch strategisches Verhalten der „Kampf um die Zentren" entscheidend beeinflußt werden kann. Somit kann es für Individuen (die sonst an die Peripherie verbannt würden) sehr wohl sinnvoll sein, sich zusammenzuschließen, abzugrenzen und innerhalb des integrierten Wirtschaftsraumes positive Externalitäten zu generieren, die Vorteile im Kampf um die Zentren zu verschaffen vermögen.[24]

3. Die Akkumulation von Humankapital und die Lerneffekte — beides entscheidende Grundlagen für die Nutzung positiver externer Effekte — erfolgt leichter in Ballungsräumen (Zentren) als in Randregionen (Peripherie), wo die entsprechende Initialzündung und die Basis für eine rasche Verbreitung fehlen. Das Zentrum-Peripherie-Muster verlangt nun auch aus distributiver Sicht nach Institutionen, die das Marktergebnis korrigieren und die für einen Abbau regionaler Disparitäten sorgen.[25] Die sich aus den Marktkräften ergebende Primärverteilung soll mit kollektiven Redistributionsmaßnahmen verändert werden.

4. Bereits *Predöhl* (1971: 164) hat darauf verwiesen, daß „ginge es nur um die Größe der Versorgung, dann würde kein Staatsraum weit vom Maximum der internationalen Arbeitsteilung abweichen. Aber die Wirtschaft besteht nicht

---

23 Nicht zuletzt mit dem positiven Externalitätenargument werden seit jeher mit relativ leichter Hand Gelder aus öffentlichen Kassen für Forschung und Entwicklung sowie für die universitäre Bildung gesprochen, obschon gerade die Effizienz staatlicher Humankapitalinvestitionen fraglich ist (vgl. hierzu die empirische Studie von *Lichtenberg* 1992). *Grubel* (1992) und vertieft *Weder / Grubel* (1992) behaupten denn auch, daß sich die Neue Wachstumstheorie auf dünnem Eis bewege, gewisse Alternativen vernachlässige, zu voreiligen Schlüssen führe und weil sie fragwürdige Ratschläge erteile, berge sie in politischer Hinsicht Gefahren.

24 Wie *Coase* (1937, 1988) zeigt, bedeutet diese Aussage noch nicht, daß positive Externalitäten durch staatliche Kollektive zu erbringen sind. In weiten Teilen sind private Kollektive ebenso in der Lage, positive Externalitäten zu erzeugen. Diesen Punkt streichen *Grubel* (1992) und *Weder / Grubel* (1992) richtigerweise hervor. Sie verweisen insbesondere auf private Verbände und eigens zum Zweck der Internalisierung externer Effekte ins Leben gerufene Organisationen. Dieser Aspekt wird meinen Lösungsvorschlag in Abschnitt III wesentlich befruchten.

25 Noch einmal sei an die Ergebnisse der Neuen Wachstumstheorie erinnert, die zeigt, daß bei großen Unterschieden im Entwicklungsstand und in der Produktionsstruktur Polarisierungstendenzen die Regel und nicht die Ausnahme sind. So verweist denn *Krugman* (1991) auch darauf, daß entgegen der Erwartungen des Konzepts der komparativen Kostenvorteile das EG-Binnenmarktprogramm 1992 und erst recht etwaige Erweiterungsabsichten um osteuropäische Länder sehr wohl ein Abweichen von einer optimalen Größe eines europäischen Wirtschaftsraumes darstellen könnten.

isoliert, sie ist Glied jenes Ganzen, das in der *Volkswirtschaft* seinen politischen Ausdruck findet. . . . Sozialpolitische, bevölkerungspolitische, wehrpolitische Ziele bestimmen die staatliche Wirtschaftspolitik und damit auch die handelspolitische Gestaltung des Verhältnisses von Staatsraum und Wirtschaftsraum ebensosehr wie das Ziel des Maximums. Wie dieses die internationale Arbeitsteilung, so verlangen jene die Abweichung von der internationalen Arbeitsteilung in Richtung Autarkie . . . das Verhältnis von Staatsraum und Wirtschaftsraum (wird) durch alle diese Ziele zugleich bestimmt. Wir bezeichnen diesen Zustand als Optimum".

„Noch kann von einem europäischen ‚Staat' mit allen dazugehörigen Attributen nicht die Rede sein." (EG-Kommissionspräsident Jacques Delors 1993)

II. Wirtschaftspolitische Folgerungen

Bisher war die Diskussion über Erweiterung und Vertiefung der EG durch ein politisches Primat gekennzeichnet (vgl. hierzu programmatisch *Delors* 1993).[26] Nur so läßt sich erklären, daß die ökonomische Grundlage der Maastrichter-Verträge ursprünglich im wesentlichen in einem Forschungsbericht der EG-Kommission (1990), dem *Delors*-Bericht, bestand und die eigentliche wissenschaftliche Diskussion erst post festum erfolgte (dann aber dafür als heftige und dringend nötige Kontroverse). Die politische Absicht der Maastrichter-Verträge liegt explizit in der Schaffung einer Europäischen Union auf der Grundlage einer Wirtschafts- und Währungsunion. Wenn auch nicht festgeschrieben ist, welche Form die Europäische Union haben soll, besteht doch kein Zweifel, daß es sich um ein Gebilde handeln wird, das nach institutionellen Gesichtspunkten organisiert sein wird. Unter der Überschrift „Zurück zum Primat der Politik" und mit Bezug auf den spanischen Philosophen *Ortega y Gasset* schließt *Delors* (1993) sein Credo mit dem Aufruf, daß sich die europäischen Völker die politischen Institutionen eines Staates geben sollen, um so die schon bestehende politische Macht Europas angemessen zum Ausdruck zu bringen. In diesem Abschnitt will ich zeigen, daß das Primat der Politik und die Absicht, einen europäischen Staat zu bilden, elementaren ökonomischen Erkenntnissen widersprechen.

1. Ökonomische Folgerungen

Die Analyse des Abschnitts I ergibt, zusammengefaßt, ein eindeutiges Bild: Aus einer ökonomischen Optik ist einem Integrationsprozeß abzusagen, der nach

---

[26] „There is deep and enduring economic logic to the further integration of the European economies, but the precise institutional arrangements necessary to effect it will be determined by factors that have little to do with economics" (CEPR 1992: 7).

institutioneller Supranationalstaatlichkeit strebt. Die räumliche Dimension des Marktversagens und die Möglichkeit, positive Spillovers zu erzielen, bestimmen, wieweit flexible, situationsbedingt funktionale Kooperationen starre, institutionelle Hierarchien ersetzen sollten.

Die in Vergangenheit und Gegenwart akzeptierte politische Vorherrschaft bei der Festlegung der Grenzen eines Wirtschaftsraumes [womit in den Worten *Predöhls* (1971) aus dem Wirtschafts- ein Staatsraum gemacht wurde] wird in Zukunft immer weniger optimal sein.[27] War die Dominanz politischer Aspekte eng mit der Industrialisierung verbunden, verlangt die heutige Zeit eine den modernen technologischen Möglichkeiten angepaßte funktionelle Arbeitsteilung.

Je mehr technologische Fortschritte der Daten-, Informations-, Güter-, Dienstleistungs- und Personenübertragung die Kosten der Raumüberwindung senken, desto stärker werden ökonomische (kostenminimierende) Aspekte, dem Konzept der natürlichen Integration entsprechend, die internationale Arbeitsteilung bestimmen. Versuchen institutionelle Entscheidungsträger diesen Sachverhalt zu negieren, werden die ökonomischen Akteure mit den Füßen abstimmen und Produktionsstandorte verlagern. Die „relative Attraktivität" der immobilen Produktionsfaktoren (zu denen neben den seßhaften Arbeitskräften, dem investierten Sachkapital, den standortgebundenen Ausstattungsfaktoren insbesondere auch die institutionellen Rahmenbedingungen gehören) ist dann entscheidend dafür, wieweit mobile Produktionsfaktoren an einem Standort gehalten bzw. angezogen werden können.[28] Mobile Produktionsfaktoren orientieren sich nämlich innerhalb einer globalen Arbeitsteilung danach, an welchem Ort sie die höchste Produktivität und damit das höchste Faktoreinkommen erzielen. Immobile Produktionsfaktoren fragen „was sollen wir tun" (um mobile Produktionsfaktoren anzuziehen), während mobile Faktoren fragen „wohin sollen wir gehen" (um mit komplementären immobilen Produktionsfaktoren ein möglichst hohes Grenzprodukt zu erzielen).

Mobile Produktionsfaktoren vergleichen verschiedene institutionelle Rahmenbedingungen und erstellen ein Attraktivitätsprofil. Bei sonst gleichen Bedingungen dürfte dann ein in den Rahmenbedingungen attraktiverer Standort einem

27 Diese Skepsis gegenüber dem politischen Primat, das Tiefe und Breite der Integrationsform bestimmt, beinhaltet nicht eine generelle Ablehnung politischer Aspekte. So zeigt *Wildenmann* (1992: 86-87) überzeugend, daß allein aufgrund der Legitimation politischer Schritte ein Grundkonsens nötig ist, der seinen Ausdruck in einer Verfassung finden müsse. *Bernholz* (1990: 2-3) verdeutlicht die Notwendigkeit einer europäischen Verfassung ebenso. Er hebt hervor, daß beim Fehlen verbindlicher Verfassungsregeln die Zentrifugalkräfte riesig sind: „. . . die Erfahrung zeigt, daß lockere Konföderationen im Verhältnis zu Bundesstaaten meist nur eine kurze Lebensdauer aufweisen oder nicht sehr erfolgreich waren" *(Bernholz:* 1990: 3). Allerdings ließen sich hier die Beziehungen zwischen der Schweiz und Liechtenstein sowie zwischen Belgien und Luxemburg als Gegenbeispiele anfügen.

28 Das Konzept der „relativen Attraktivität" wurde von *Jones* (1980) in die Literatur eingebracht und von *Borner / Brunetti / Straubhaar* (1990) am Beispiel der Schweiz angewendet.

weniger attraktiven Standort vorgezogen werden. Entsprechend vermag ein relativ attraktiverer Standort die mobilen Produktionsfaktoren eher anzuziehen. Besonders attraktive Rahmenbedingungen können selbst hohe Produktionskosten eines Standorts überkompensieren. International unterschiedliche Rahmenbedingungen schaffen einen Anreiz zur Arbitrage (Ausnutzung von Kostendifferenzen aufgrund international abweichender institutioneller Rahmenbedingungen, z. B. Steuerbelastung). Die wirtschaftliche Standortarbitrage setzt dann ein, wenn die Produktionskosten des Standortwechsels geringer ausfallen als die Unterschiede der relativen Attraktivität sich in Kostennachteilen auswirken. Unternehmer und mobile Arbeitskräfte wandern dann an die Standorte mit den für sie günstigsten Bedingungen.

2. Politische Folgerungen

Je stärker die internationale Arbeitsteilung fortschreitet und je dynamischer und flexibler ökonomische Aktivitäten als Folge sinkender Kosten der Raumüberwindung sich von einem Produktionsstandort zu einem anderen verschieben lassen, desto weniger effizient kann und wird es sein, politische Kompetenzen unbesehen des funktionellen Gehalts institutionell zu bündeln. Vielmehr wird die wirtschaftliche Effizienz eine gestufte institutionelle Verteilung politischer Kompetenz erfordern. An Stelle einer einzigen omnipotenten Institution, die für alle Funktionen zuständig ist, sollten verschiedene Formen der horizontalen und vertikalen institutionellen Kooperation treten.

Natürlich fragt sich, welches Gewicht den Nationalstaaten in diesem gewandelten Umfeld zukommt. Schonungslos legt *Giersch* (1989: 1) in seinem weltwirtschaftlichen Denkansatz den Stellenwert der Nationalstaaten dar: „Nationen sind ein Erbe der Geschichte. Sie erscheinen als Stufe der Entwicklung von den kleinräumigen Gebilden und Gruppen der Vorzeit zu einer Weltgesellschaft der Zukunft. Wenngleich Nationen heute noch nicht ignoriert werden dürfen, treten sie doch schon in den Hintergrund“. Aufgrund meiner bisherigen Analyse wird klar, daß dieses Urteil auch auf die Europäische Gemeinschaft (oder ihre Nachfolgeinstitutionen) zutrifft. Soweit die EG oder der von *Delors* (1993: 6) nach den „Attributen“ der heutigen Nationalstaaten angepeilte „europäische Staat“ anstreben, in größeren (europäischen) Dimensionen die mehr oder weniger gleichen Kompetenzen wahrzunehmen, die heute den einzelnen Nationalstaaten vorbehalten sind, ist zu erwarten, daß hier ein Supranationalstaat entsteht, der wiederum generell alles Marktversagen zu korrigieren sucht. Es mag eine Teilmenge des gesamten Marktversagens geben, dessen räumlicher Wirkungsbereich mit dem Gebiet der EG zusammenfällt.[29] In diesen — aber nur in diesen (wohl nur

[29] Beispielsweise mißt *Vaubel* (1992: 36-37) den Skalenerträgen bei diversen Großprojekten der Forschung und verschiedenen Bereichen der Verkehrs- und Leitungsnetze,

wenigen) — Bereichen ist eine EG-Kompetenz gerechtfertigt. In allen anderen Bereichen ist die Kompetenz an eine übergeordnete Institution (bei international kollektiven Gütern) bzw. an untergeordnete Ebenen (bei nationalen, lokalen und kommunalen Kollektivgütern) abzugeben.

An meiner negativen Einschätzung der politischen Absicht der EG, sich zu einer Europäischen Union weiterzuentwickeln, ändert auch wenig, daß in den Maastrichter-Verträgen das Subsidiaritätsprinzip eine enorme Aufwertung erfahren hat. Es bleibt nämlich festzustellen, daß jede polit-ökonomische Interessensgruppe dem Begriff einen anderen Inhalt gibt.[30]

Weder an einem *super*-nationalstaatlichen Gebilde, noch an der Vision eines „Europa der Regionen" (soweit diese wiederum nach politischen Kriterien definiert würde) hat sich eine neu zu findende europäische Arbeitsteilung zu orientieren. Vielmehr müssen neue Kooperations- und Koordinationsformen horizontaler und vertikaler Art auf der Basis demokratischer und subsidiärer Strukturen im Zentrum gemeinsamen Vorgehens stehen.[31]

Politische, gesellschaftlich-kulturelle und ökonomische Aufgaben brauchen nicht uniform auf derselben Kompetenzebene der Zusammenarbeit angegangen zu werden. Im Gegenteil soll situationsbedingt je nach räumlicher Dimension des Marktversagens oder der gruppenspezifischen Präferenzen festgestellt werden, welche funktionelle Kooperations- und Koordinationsform in der Lage ist, kollektive Aufgaben mit dem geringsten Aufwand an knappen Ressourcen zu erledigen.

---

der Geldverfassung, der Verteidigung und der Außen(handels-)politik eine europäische Dimension zu, wobei er selber kritisch in Frage stellt, ob gewisse Skalenerträge nicht auf einer weltweiten Ebene noch besser ausgeschöpft werden könnten.

30 „Das Wort Subsidiarität ist in Brüssel zwar oft zu hören, doch de facto geht der Trend in Richtung Zentralismus und weitere Kompetenzhäufung" (Europa-Gruppe 1990). Für die neue Entwicklung nach dem Gipfel von Edinburgh im Dezember 1992 vgl. *Klepsch* (1993).

31 Hier wird ‚Subsidiarität' als Grundsatz verstanden, „daß, was die kleineren und untergeordneten Gemeinwesen leisten und zum guten Ende führen können, für die weitere und übergeordnete Gemeinschaft in Anspruch zu nehmen gegen die Gerechtigkeit verstoße, weil jedwelche Gesellschaftstätigkeit subsidiär ist; sie soll die Glieder des Sozialkörpers unterstützen, darf sie aber niemals zerschlagen oder aufsaugen" (Enzyklika *Pius* XI. ‚Quadragesimo anno' von 1931). Allerdings sehe ich keine Ursache, das Subsidiaritätsprinzip an starren, politisch definierten „Staatsräumen" zu orientieren. Vielmehr scheint mir richtig, das Subsidiaritätsprinzip als funktionelles Gestaltungsprinzip zu verstehen (vgl. dazu Abschnitt III.2).

„Die Europäische Integration spielt sich als ein politischer Prozeß ab, in dessen Rahmen nie ernstlich zur Diskussion stand, welche Staaten unter wissenschaftlichen Gesichtspunkten einen optimalen Integrationsraum bilden." (Tichy 1992)

III. Lösungsvorschlag

Aus der bisherigen Analyse folgt eine Notwendigkeit, Institutionen entsprechend den wahrzunehmenden Funktionen spezifisch maßzuschneidern, wobei die räumliche Ausdehnung des Marktversagens das Maß abgibt. In diesem Abschnitt soll ein Konzept vorgestellt werden, das diesem Aspekt Rechnung trägt.

1. Das Konzept der optimalen Klubgröße

Die ursprünglich aus einer mikroökonomischen Optik entstandene Theorie der Klubs von *Buchanan* (1965)[32] läßt sich auf einer makroökonomischen Ebene für die Frage nach der optimalen Größe eines integrierten Wirtschaftsraumes nutzbar machen.[33] Ausgehend von *Casella / Feinstein* (1990) fragen *Casella / Frey* (1992)

---

32 Die Grundlage zu einer Theorie der Klubs wird *Buchanan* (1965) zugeschrieben. Eigentlich haben aber auch *Olson / Zeckhauser* (1966) mit ihrer gleichzeitig publizierten ökonomischen Theorie der Allianzen die gleichen Argumente in die wissenschaftliche Diskussion eingebracht, wobei ihre makroökonomische Fragestellung für meine weiteren Überlegungen eher direkt verwendbar ist. So verweisen sie explizit darauf, daß sich die Theorie der Gruppe sowohl „gegen oben" auf die Ebene der Nationalstaaten oder internationale Organisationen als eben auch „gegen unten" auf die Ebene von Interessengruppen oder Einzelpersonen anwenden lasse. *Fritz-Aßmus* (1990, Kapitel 1 und Seiten 94-95) zeigt, daß die Theorie der Klubs und die Theorie der Allianzen im wesentlichen den gleichen Fragen gewidmet sind und sich lediglich im Untersuchungsgegenstand unterscheiden.

33 *Buchanan* (1965) folgend, sind Klubgüter einerseits Güter, deren Konsum bis zu einem gewissen Grad nicht-rivalisiert (d. h. der Konsumnutzen am Klubgut durch Individuum A reduziert vorerst den Konsumnutzen anderer Individuen am selben Klubgut nicht). Andererseits ist das Ausschlußprinzip auf deren Nutzung anwendbar. Typische Klubgüter sind Sportanlagen, Nationalparks, Radio- und Fernsehsendungen, Verkehrsanlagen uam. Auch Klubgüter sind durch Externalitäten- und Skaleneffekt charakterisiert. Beispiele hierfür finden sich bei Straßen, Kreuzungen, Innenstädten, Allmenden u. a. m. In diesem Verständnis finden sich Gemeinschaftsgüter bei Museen, (Bau-)denkmälern, Ausstellungen, öffentlichen Plätzen, wenn also die Nutzung (im Sinne der Verwendung) sehr wohl konkurriert, somit also Rivalität vorliegt. Demgegenüber ist nach einem einmal getroffenen Entscheid ein Ausschluß nicht mehr möglich oder wenig sinnvoll. Anders aber als bei kollektiven Gütern besteht nur innerhalb einer gewissen Mitgliederzahl keine Nutzungs-Rivalität. Ab einer bestimmten Klubgröße zeigen sich Ballungs- oder Verdrängungseffekte. Solange keine Nutzungs-Rivalität vorliegt, sind für die Alt-Mitglieder die Grenzkosten der Nutzung durch Neu-Mitglieder Null. Jeder Finanzierungsbeitrag, den die Neu-Mitglieder leisten, vermindert die durchschnittliche Finanzierungslast für die Alt-Mitglieder. Entsprechend sind innerhalb des Bereichs der Nicht-Rivalität mehr Mitglieder besser als weniger Mitglieder. Für einen Überblick zur Theorie der Klubgüter vgl. *Sandler / Tschirhart* (1980).

nach der optimalen Arbeitsteilung verschiedener Klubs und entwickeln hierfür ein Konzept sich überlappender Jurisdiktionen.[34]

Casella / Frey (1992) gehen davon aus, daß in Europa ein Netz sich überlappender Jurisdiktionen entstehen sollte. Jede Jurisdiktion hätte im Extremfall ein einziges, im Realfall ein Bündel von Klubgütern anzubieten. Einzelne Regionen könnten dann nach eigenem Gutdünken verschiedenen Jurisdiktionen (Klubs) beitreten. Horizontale interregionale Kooperationsabkommen würden an die Stelle vertikaler hierarchischer Integrationsformen treten.

Wenn auch die Kritik von *Lorenz* (1992: 86), daß das Konzept optimaler Klubgrößen abstrakt sei, zum heutigen Zeitpunkt (noch) zutreffen mag, bietet das System sich überlappender Jurisdiktionen doch eine ganz entscheidende neue Optik.[35] Es bedeutet nichts weniger als eine Abkehr von starren, nach institutionellen Gesichtspunkten hierarchisch organisierten politischen Integrationsformen und eine situationsbedingte Hinwendung zu flexiblen, an funktionalen Aspekten und wirtschaftlicher Effizienz orientierten Zweckverbänden und Bündnissen.[36] Das Konzept der optimalen Klubgröße vermag auch deshalb aus theoretischer Sicht zu überzeugen, weil sowohl die Public Choice Theorie als auch die finanzwissenschaftliche Theorie das Ergebnis stützen, daß dezentrale funktionale Entscheidungen zentralen Institutionen vorzuziehen sind.[37] Das funktionale Zuständigkeitsgebiet einer kollektiven Organisation ist dann optimal gewählt, wenn es nicht größer als nötig und so klein wie möglich ist.[38]

2. Das Konzept des funktionalen Föderalismus

Das Konzept der optimalen Klubgröße bzw. das Konzept der überlappenden Jurisdiktionen führen unmittelbar zum Konzept des funktionalen Föderalismus.[39] Der Begriff „funktional" soll dabei als Gegensatz zum heutigen Prinzip des „institutionellen" Föderalismus stehen (vgl. Abbildung 2).[40] Der Wettbewerb der

---

34 Das Konzept sich überlappender Jurisdiktionen geht zurück auf die"overlapping networks" von *Olson* (1977 bzw. 1969).

35 Kritisch ist der Frage nach der optimalen Klubgröße anzufügen, daß auf Grund raumwirtschaftlicher Aspekte die Organisations- und Kooperationskosten der Klubaktivitäten dann besonders ansteigen, wenn die sich in einen Klub integrierenden Mitglieder räumlich unzusammenhängend sind oder weit auseinanderliegen *(Lorenz* 1992).

36 Das deutsche Wort „Bündnis" oder „Zweckverbund" bzw. „Zweckverband" scheint mir hier ein besser zutreffender Ausdruck zu sein als der Begriff der Allianz.

37 Vgl. *Casella / Frey* (1992). — Ein Punkt bleibt in der Arbeit von *Casella / Frey* nicht beantwortet, nämlich der Aspekt, daß in Anlehnung an *Olsons* (1968) Logik des kollektiven Handelns gezeigt werden kann, daß geschlossene Klubs (die nach einer bestimmten Zeit keine neuen Mitglieder mehr aufnehmen) effizienter funktionieren als offene Klubs (die neue Mitglieder aufnehmen).

38 Vgl. hierzu sinngemäß *Luckenbach* (1989).

39 So verstehen auch *Casella / Frey* (1992) das Konzept der überlappenden Jurisdiktionen als theoretische Basis des funktionalen Föderalismus.

funktional organisierten sich überlappenden Jurisdiktionen hätte den Sieg über das Prinzip des hierarchisch nach politischen Kriterien definierten Föderalismus davonzutragen.[41] Der Föderalismus dürfte nicht länger nur als Strukturprinzip national- oder supranationalstaatlicher Organisationsformen begriffen werden. Vielmehr wäre der Föderalismus auch als funktionales Gestaltungsprinzip anzusehen, das erlaubt, politische Macht nach Funktionen (und weniger nach politischen Ebenen) in horizontaler und vertikaler Richtung gestuft zu verteilen (vgl. Abbildung 3).

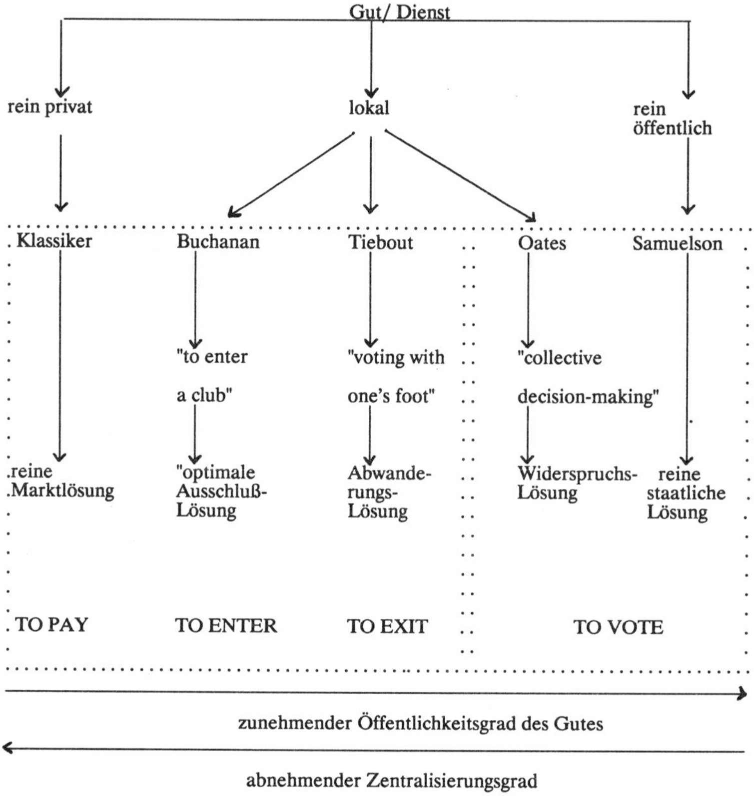

Abb. 2: Ansätze der ökonomischen Theorie des Föderalismus

---

40 Damit wird auch der Unterschied zum Konzept des Institutionenwettbewerbs von *Siebert / Koop* (1990) verständlich. *Siebert / Koop* (1990) verstehen den Wettbewerb der Institutionen vor allem als Wettbewerb nationaler Regulierungen und bleiben damit bei einer politisch-institutionellen Perspektive (und verweisen lediglich am Rande — auf S. 448 — auf das Äquivalenzprinzip von *Olson* und auf die Klubtheorie). Der in meinem Papier gewählte Ansatz ist somit — mindestens theoretisch — breiter, weil er mehr Flexibilität zuläßt. Es sei aber zugegeben, daß meine wirtschaftspolitischen Folgerungen nicht über das von *Siebert / Koop* (1990) in Anlehnung an *Giersch* (1989, 1990) vorgeschlagene Konzept des Standortwettbewerbs hinausgehen.

41 Überzeugend hierzu *Giersch* (1989, 1990, 1990a).

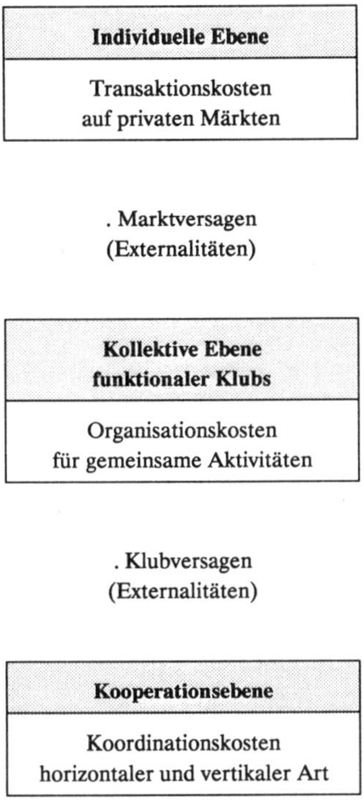

Abb. 3: Subsidiarität als funktionales Gestaltungsprinzip

Das Konzept des funktionalen Föderalismus versteht sich als konsequente Analogie zum Konzept des funktionsfähigen marktwirtschaftlichen Wettbewerbs. Einerseits bauen funktionaler Föderalismus wie Wettbewerb auf dezentraler Wahl- und Entscheidungskompetenz. Andererseits erfüllen sowohl politische wie Marktakteure funktionale Aufgaben. Eine politisch-institutionelle Organisation widerspricht der spontanen Ordnung marktwirtschaftlichen Denkens. Wieso sollte sie dann für den politischen Markt ein Dogma abgeben?

Das Konzept des funktionalen Föderalismus wäre ein erster Schritt zu einer dynamischen und flexibel ausgestaltbaren Anpassung der institutionellen Arbeitsteilung an gewandelte Anforderungen. Es basiert auf der Grundüberlegung, daß nicht mehr wie bisher politische Aspekte, sondern wirtschaftliche Aspekte die institutionelle Arbeitsteilung bestimmen. Der Begriff der Subsidiarität soll nicht nur als politisches, sondern auch als wirtschaftliches Prinzip Gültigkeit erhalten. Die Organisation wirtschaftlicher Aspekte soll sich an funktionalen Gesichtspunkten orientieren, wobei die Minimierung der Transaktionskosten[42] als Ziel-

[42] Transaktionskosten sollen hier im Sinne von *Williamson* (1990) als ökonomisches Gegenstück zu den physikalischen Reibungskosten verstanden werden. „Es handelt sich dabei vornehmlich um Informations- und Kommunikationskosten, die bei der Anbah-

funktion dient und folgende polit-ökonomische Entscheidungsmatrix zugrundeliegen könnte (Abbildung 4):

1. Zunächst soll die individuelle Ebene die Zu- und Verteilung der privaten Güter lösen. Dabei entstehen Transaktionskosten, die von den einzelnen Individuen internalisiert werden und die der optimalen Größe privater Märkte Grenzen setzen. Soweit hierbei ein Marktversagen (Externalitäten, Marktmacht, Informationsdefizite) oder interne Economies of Scale bei der Produktion gemeinsam benutzbarer Einrichtungen (bspw. Infrastruktur) vorliegen, werden kollektive Institutionen notwendig.

2. Die kollektive Ebene soll in Form funktionaler Klubs organisiert sein. Das spezifische funktionale *Zuständigkeitsgebiet* eines Kollektivs hat kongruent zu sein mit dem *Wirkungsbereich* des spezifischen Marktversagens, das mit gemeinsamen Lösungen internalisiert werden soll. Klubs verursachen Organisationskosten und ebenso entstehen Signallingkosten und Mobilitätskosten.[43] Soweit diese Kosten das Entstehen von Klubs verhindern oder falls einzelne Klubs für spezifische Funktionen Marktmacht, Informationsvorsprünge oder interne Economies of Scale (für die Produktion des Klubgutes) erlangen oder Externalitäten erzeugen, ergibt sich ein Klubversagen.

3. Die Kooperationsebene soll zunächst in horizontaler, dann in vertikaler Richtung die Aktivitäten einzelner funktionaler Klubs koordinieren und gegebenenfalls neue Zusammenarbeitsformen in lokaler, regionaler oder globaler Dimension ermöglichen und so das Klubversagen korrigieren. Hierbei entstehen Koordinationskosten. Ebenso sind auf dieser Ebene Distributions- und Stabilitätsaspekte von Bedeutung.

Dem Konzept des funktionalen Föderalismus liegt eine konsequente Beachtung des Äquivalenzprinzips zugrunde. Jedes Kollektiv (bzw. jeder Klub) muß eine eigene Kompetenz haben, Steuern (bzw. Klubbeiträge) zu erheben. Diese simple Forderung geht beispielsweise im deutschen Föderalismusverständnis völlig vergessen. Im Gegensatz zur Schweiz haben in Deutschland weder die Kommunen

---

nung, Vereinbarung, Kontrolle und Anpassung wechselseitiger Leistungsbeziehungen auftreten“ (*Picot* 1982: 270). Sie beinhalten sowohl die Organisationskosten ökonomischer Aktivitäten innerhalb einer Entscheidungseinheit als auch die Koordinationskosten individueller Transaktionen über Märkte, nicht aber die Produktionskosten (einschließlich der Kosten der Raumüberwindung). So verstanden sind Transaktionskosten (als Kosten, die in Zusammenhang mit der Übertragung von Verfügungsrechten entstehen) ein Analogon zu den Transportkosten (als Kosten der Raumüberwindung) der Produktionsfunktion (vgl. hierzu *Niehans* 1988: 676). Für einen kompetenten Überblick zur Neuen Institutionenökonomie vgl. *Schenk* (1988).

43 Vgl. hierzu *Breton / Scott* (1978: 32). Signallingkosten sind Kosten, um die Präferenzen zu artikulieren und zu erfassen, die ihrerseits bestimmen, wie das Klubgut gestaltet sein soll (Lobbying-Kosten, Kosten der Werbung und der Unterstützung von Entscheidungsträgern, Kosten der Wahl und Abstimmung, Parteikosten, Kosten der Unterstützung bestimmter sozialer Bewegungen). Mobilitätskosten sind Kosten des Klubwechsels (Klub-Ein- und -Austrittskosten).

Kooperationsebene

	Individuelle-Ebene	Kollektive Ebene	Horizontale Kooperation			Vertikale Kooperation		
Organisationsform / Kriterien	Markt	Klub	lokale Kooperation	regionale Kooperation	globale Kooperation	lokale Kooperation	regionale Kooperation	globale Kooperation
Transaktionskosten								
Economies of Scale								
Marktversagen								
Organisationskosten								
Signallingkosten								
Mobilitätskosten								
Koordinationskosten								
Stabilitätsaspekte								
Distributionsaspekte								

Abb. 4: Politökonomische Entscheidungsmatrix für funktionale Kooperation und Koordination.

noch die Länder die direkte Einkommenssteuerhoheit.[44] So verstanden, würde das Konzept eines funktionellen Föderalismus auch die Chance bieten, Erblasten der heutigen nationalstaatlichen Regelungen über Bord zu werfen und dem Äquivalenzprinzip ein stärkeres Gewicht zu verschaffen.

In der wirtschaftspolitischen Praxis wird zwar viel über funktionalen Föderalismus gesprochen. Bezeichnenderweise finden sich aber weder im Statistischen Jahrbuch Deutschlands noch gemäß Direktauskünften aus dem Statistischen Bundesamt in Deutschland direkte Kooperationen der Bundesländer.[45] Im Gegensatz zur Schweiz, wo interkantonale Konkordate in einer Vielzahl von Bereichen zur Realität gehören, bleibt die horizontale Kooperation in Deutschland vielfach Absicht.[46]

Welches Potential für funktionale Formen der Zusammenarbeit brachliegt, vermag ein Blick in die deutsche Statistik zu belegen: Der Anteil der Zweckverbände[47] (Krankenhausverband, Verkehrsverbund, Müllverbrennungskooperatio-

---

[44] *Frey* (1993) verweist auf die Mängel eines föderativen Systems, wenn die Hoheit bezüglich der direkten Einkommenssteuern allein beim Zentralstaat liegt: „Die Regierung eines deutschen Bundeslandes kann nur mit Leistungen auf der Staatsausgabenseite brillieren.... Eine wichtige Voraussetzung für das gute Funktionieren eines ... Föderativstaates ist, daß die Gliedstaaten über Steuerautonomie verfügen. Daß die Ausgaben eines Kollektivs nach dem Äquivalenzprinzip zu finanzieren sind, verlangen auch *Bernholz* (1990: 4) und *Vaubel* (1992: 61), der noch einen Schritt weitergeht und fordert, daß die EG keine eigenen Steuern erheben und keine Steuerhoheit besitzen dürfte.

[45] An dieser kritischen Einschätzung ändert meines Erachtens auch das vor allem in den sechziger Jahren in Deutschland intensiv diskutierte Konzept des *kooperativen Föderalismus* wenig (vgl. hierzu *Kunze* 1968). Der kooperative Föderalismus war mehr eine Antwort auf die starke Zunahme staatlicher Interventionen und der daraus resultierenden Zwänge, Entscheide zu koordinieren (vgl. hierzu *Tuchtfeldt* (1983: 117). Faktisch existierten laut einer Direktauskunft aus dem Statistischen Bundesamt in Wiesbaden im Jahre 1990 3.316 Zweckverbände in den alten Bundesländern. Dabei überwogen in Bayern Schulverbände, in den anderen Flächenländern dominierten Ver- und Entsorgungsbetriebe. Zwischen Bundesländern gab es keine Zweckverbände, sondern lediglich verschiedene Koordinationsgremien wie beispielsweise die Länder-Ministerkonferenzen (vgl. *Tuchtfeldt* 1983).

[46] *Blöchliger / Frey* (1992: 528) skizzieren die Vielfalt der horizontalen Zusammenarbeit, die der schweizerische Föderalismus den Gemeinden und Kantonen offenläßt. „Dies hat dazu geführt, daß Gebietskörperschaften in einer großen Zahl von Bereichen zusammenarbeiten, von der Hochschulfinanzierung (interkantonale Zusammenarbeit) bis zur Wasserversorgung (interkommunale Zusammenarbeit)". Im weiteren diskutieren sie, wieweit der schweizerische Föderalismus ein Modell für die EG abgeben könnte. Insbesondere verdeutlichen sie die sehr weitgehende Finanzautonomie der schweizerischen Gliedstaaten (Kantone und Gemeinden) und betonen [mit Blick auf die Ergebnisse von *Kirchgässner / Pommerehne* (1988) und *Pommerehne* (1990) die disziplinierende Wirkung der dezentralen Ausgaben- und Einnahmenhoheit, was zu einer im internationalen Vergleich effizienten Allokation staatlicher Mittel und einer geringen Staatsverschuldung führte.

[47] Zweckverbände sind nach deutscher Statistik „alle Verbände und sonstige juristischen Personen, die anstelle kommunaler Körperschaften kommunale Aufgaben erfüllen und mindestens eine kommunale Gebietskörperschaft (Gemeinde, Gemeindeverband) zum Mitglied haben. Im wesentlichen gehören zu diesem Bereich ... Schulverbände

nen, Abwasserreinigungsgesellschaften uam) bezogen auf die Ausgaben der deutschen Gemeinden beträgt heute wie vor 20 Jahren knappe 2 % (vgl. Tabelle 1).[48]

Der funktionale Föderalismus würde maßgeschneiderte horizontale und vertikale Kooperations- und Koordinationsformen und damit auch eine Minimierung der Transaktionskosten erlauben. Das *Williamson*sche Markt-Hierarchie-Paradigma[49] wäre nach funktionellen Aufgaben fallweise spezifisch zu erfüllen. Entsprechend müßten die horizontalen und vertikalen Kooperations- und Koordinationsformen als dynamische Systeme offen und flexibel sein für neue Mitglieder und neue Funktionen.[50]

Bezogen auf die relative Attraktivität eines Produktionsstandortes könnte ein „maßgeschneidertes Design" der Klubgüter ein entscheidender Faktor sein, um mobile Produktionsfaktoren anzuziehen (und zu neuen Klubmitgliedern werden zu lassen). Anstatt natürliche Standortvorteile würde der funktionale Föderalismus eine Spezialisierung auf gute Institutionen möglich machen.

Insbesondere würde das Konzept des funktionalen Föderalismus auch erlauben, eine Vielzahl von Aufgaben zu privatisieren: Weil die einzelnen Klubs keine anderweitigen staatlichen Hoheitsfunktionen ausübten, würde automatisch eine Privatisierung der funktionalen Aufgabe erfolgen.

. . ., die der Wasserversorgung und Abwasserbeseitigung dienenden Wasser- und Bodenverbände, wasserwirtschaftliche Großverbände sowie sonstige Großraumverbände nach Sondergesetzen, regionale Planungsverbände, Verwaltungsgemeinschaften, Gemeindeverwaltungsverbände und sonstige juristischen Personen mit kommunaler Aufgabenerfüllung.".

48 Ein Grund für diesen sehr tiefen Anteil der Zweckverbände an den kommunalen Ausgaben könnte darin liegen, daß viele Zweckverbände in Deutschland privatisiert sind (vor allem Energie-, Verkehrs-, Wasserverbunde). Die Ausgaben privater Zweckverbände (die sich direkt über Gebühren finanzieren) sind in der Statistik der öffentlichen Haushaltsausgaben nicht erfaßt.

49 *Williamson* (1975: 20-40).

50 Die administrativ-technischen internationalen Organisationen könnten als heute bereits bestehende Prototypen funktionaler Institutionen dienen. Der Weltpostverein, die Internationale Fahrplankonferenz oder die Internationale Fernmeldeorganisation erfüllen eine funktionale Aufgabe hervorragend, obwohl sie auf „freiwilliger" Basis und in lockerer Form organisiert sind. Aber scheinbar ist ihre ökonomische Effizienz derart überragend, daß sich diese funktionale Arbeitsteilung gegenüber jeder anderen Integrationsform durchzusetzen in der Lage ist. Das GATT, die Weltbank und der IMF sowie diverse Unterorganisationen der UN sind weitere Beispiele funktionaler Organisationen, wobei dem Konzept des funktionalen Föderalismus gemäß zu fordern ist, daß nicht nur Nationalstaaten, sondern eben auch einzelne Kollektive Mitglieder werden könnten. Schließlich sei auf den europäischen Energie- und Stromverbund oder auf gewisse grenzüberschreitende Aktivitäten im Rahmen der Regio Basiliensis, der Arge Alp sowie auf die verschiedensten Kooperations- und Koordinationsformen im Bereich des Sports (FIFA, UEFA) u. a. m. hingewiesen.

Tabelle 1: **Bedeutung der Zweckverbände**

Jahr	Gemeinde-ausgaben insgesamt in Mio DM	Zweck verbände insgesamt in Mio DM	Bedeutung Zweck-verbände	Bedeutung der Zweckverbände in % Kranken-häuser	Kommunale Gemeinschafts-dienste	davon: Abfall-Beseitigung	Abwässer Beseitigung	Politische Führung und zentrale Verwaltung
1974	67975	914	1,3%	3,3%	4,1%			0,1%
1975	71437	1421	2,0%	4,9%	5,8%			0,2%
1976	73537	1826	2,5%	4,9%	5,7%			0,4%
1977	76813	1664	2,2%	4,3%	5,4%			0,4%
1987	128372	3017	2,4%	5,6%	4,8%	9,3%	6,4%	2,5%
1988	132135	3292	2,5%	6,8%	5,1%	11,0%	6,2%	2,5%

Bei allen anderen Aufgabenbereichen beträgt der Anteil der Zweckverbände an den Ausgaben der Gemeinden weniger als 3%.

Quelle: Statistisches Jahrbuch versch. Jg.

Zusammenfassung

Das in dieser Arbeit vorgestellte Konzept des funktionalen Föderalismus würde den Entscheidungsträgern in der EG erlauben, mit der größtmöglichen Flexibilität auf die Erweiterungs- und Vertiefungsprobleme zu reagieren. Warum sollen für Dänemark und nach den jüngsten Diskussionen im Landtag für Schweden nicht maßgeschneiderte Integrationslösungen gangbar sein? Warum sollen osteuropäische Länder nicht einzelne Integrationsschritte mitmachen, andere aber ausschlagen können? Warum muß Vollmitgliedschaft heißen, daß alle Rechte und Pflichten vollumfänglich zu übernehmen sind.

Die Konzepte der „abgestuften Integration“[51], des „Europas der zwei (oder mehreren) Geschwindigkeiten“[52] oder des „Europa à la Carte“[53] haben vieles vorweggenommen, was das Konzept des funktionalen Föderalismus weitertreibt. Warum eigentlich sollte es kein „Rosinenpicken“ geben dürfen? Sicher gilt es den Distributions- und Stabilitätsaspekten (Solidarität) eines Europa à la Carte Rechnung zu tragen. Aber ebenso sicher finden sich genügend Ideen, um die Spielregeln des funktionalen Föderalismus so zu gestalten, daß mit direkten Transferzahlungen zwischen reichen und armen Klubs der Aspekt der Solidarität nicht verloren geht.

Genau wie für einzelne Betriebe in einer funktionierenden Marktwirtschaft ist auch für kollektive Aufgaben die Minimierung der Reibungsverluste [= Transaktionskosten im Sinne von *Williamson* (1990: 21 - 26)] die Zielvorgabe: Die Aufgabe kollektiver Organisationen wird darin gesehen, Transaktionskosten zu minimieren:[54] Optimal ist jene Organisationsform, welche die geringsten Transaktionskosten verursacht. Starre Markt-Hierarchie-Regelungen sind weniger effizient als flexible und dynamische Kooperations- und Koordinationssysteme.[55] Das Konzept des funktionalen Föderalismus würde erlauben, Abstand zu nehmen von einer institutionellen Arbeitsteilung, die hierarchisch von oben nach unten strukturiert ist. An Stelle politischer Grenzen würden funktionale Aufgaben die Integrationstiefe und -breite definieren, wodurch möglich würde, Transaktionskosten zu minimieren.

Das Konzept des funktionalen Föderalismus unterscheidet sich insoweit vom Wettbewerb der Institutionen, den *Siebert / Koop* (1991) vorschlagen, als es nicht nur einen horizontalen Wettbewerb der Institutionen gleicher Ebenen anstrebt, sondern auch einen vertikalen Wettbewerb um funktionale gemeinschaftliche

51 Vgl. dazu den Sammelband von *Grabitz* (1984).

52 Vgl. dazu *Scharrer* (1984).

53 Vgl. *Dahrendorf* (1979).

54 Diese transaktionsorientierte Sicht kollektiver Institution wurde insbesondere durch die Arbeiten von *North* (1984, 1985, 1987) geprägt. Sie steht im Gegensatz zu jenen Ansätzen, welche die Rolle kollektiver Institutionen primär in der Umverteilung sehen.

55 Vgl. *Williamson* (1990).

Aufgaben und zudem die Möglichkeit bietet, über heute bestehende politische Grenzen hinweg neue Formen der Arbeitsteilung zu finden.

Das in dieser Arbeit vorgestellte Konzept des funktionalen Föderalismus ist noch relativ abstrakt. Ebenso ist naiv zu glauben, das Konzept ließe sich in naher Zukunft leicht realisieren. Trotzdem dürfte sich eine akademische Sandkastenübung aus verschiedenen Gründen lohnen:

1. Einerseits findet sich in vielen Bereichen bereits heute eine funktionale Arbeitsteilung zwischen verschiedenen Kollektiven. So finden sich in der Schweiz Hunderte von interkommunalen Zweckverbänden.[56]
2. Neue soziale Bewegungen organisieren sich heute bereits kleinräumig nach funktionalen Kriterien.[57] Die so motivierten funktionellen Kollektive können oft gewisse „emotional needs" besser abdecken als institutionelle Organisationen, die beispielsweise zu Staatsverdrossenheit und Minoritätenproblemen führen.
3. Das Konzept des funktionalen Föderalismus trägt dem Aspekt Rechnung, daß entgegen dem Theorem des Wanderungsföderalismus dem „voting on foot" *(Tiebout* 1956) nur eine sehr begrenzte Wirkung zukommt. In der Regel sind die Kosten des Wanderns zu hoch, um auf mißliebige kollektive Institutionen mit Abwanderung zu reagieren.[58] Bei funktional organisierten Kollektiven ist ein „Klubwechsel" wesentlich einfacher möglich, da er nicht notwendigerweise mit einem (Wohn-)Ortswechsel verbunden ist. Der *Hirschman*sche Exit ist somit kostengünstiger vollziehbar.[59]

---

56 *Meylan* (1987: 36), um hier nur ein Beispiel zu nennen, zählt im Jahre 1986 allein für den Kanton Zürich 163 Zweckverbände (ZV) von 171 Gemeinden (G) und für den Kanton Waadt 74 Zweckverbände von 252 Gemeinden. Aufgeteilt nach Aufgabengebieten dominierten die Bereiche Abwasserreinigung (35 % der ZV mit 231 G), Wasserversorgung (11 % der ZV mit 85 G), Schulwesen (9 % der ZV mit 145 G), Friedhofswesen (7 % der ZV mit 44 G), Alters- und Pflegeheime (6 % der ZV mit 83 G), Regionalplanung (5 % der ZV mit 212 G), Kirchliche Aufgaben (4 % mit 61 G), Krankenhäuser (4 % der ZV mit 101 G), Sport- und Schießanlagen (4 % der ZV mit 23 G), Müllbeseitigung (3 % der ZV mit 116 G), Vormundschaft und Fürsorge (3 % der ZV mit 89 G) Zivilschutz (3 % der ZV mit 35 G) sowie Sozialhilfe (1 % der ZV mit 8 G). Im weiteren ist auf die über 300 interkantonalen Konkordate zu verweisen, die insbesondere in den Bereichen Erziehung, Kultur, Kirche (rd. 28 %), Wirtschaft (rd. 16 %), Gesundheit, Umwelt (rd. 15 %), Polizei, Militär, Zivilschutz (rd. 12 %), Bau, Wasser, Energie (rd. 11 %), Justiz, Straf- und Maßnahmenvollzug (rd. 5 %) bestehen [vgl. *Frenkel / Blaser* (1981: 9)]. *Casella / Frey* (1992: 645) verweisen darauf, daß ein Schweizer in der Regel Dutzenden von verschiedenen solchen Klubs angehört und aktiv bei der Führung und Gestaltung des Klublebens mitarbeitet.

57 Als Beispiele wären alle Formen der Nachbarschaftshilfe, der Quartiersanierung, der alternativen Lebensgestaltung, aber auch die Bewegungen gegen Kernkraft, für den Umweltschutz u. a. m. zu nennen.

58 Vgl. hierzu *Blöchliger / Frey* (1992: 531 - 532, mit einem Verweis auf die empirische Literatur).

59 *Hirschman* (1970).

4. Das Konzept des funktionalen Föderalismus trägt die Tendenz zu einer Liberalisierung (also zu einer deregulierten und privatisierten Bereitstellung kollektiver Güter) in sich. Klubs haben neben ihrer funktionalen Aufgabe ja keine weiteren staatlichen Hoheitsaufgaben. Wenn einzelne Bürger(gruppen) mit einem bestimmten Kollektivgut nicht zufrieden sind, haben sie relativ leicht die Möglichkeit, den Anbieter zu wechseln oder eine Unternehmung ihrer Wahl mit der Produktion zu beauftragen. Eine zentralisierte Lösung würde sich nur dann durchsetzen, wenn sie besser und / oder billiger erbracht werden könnte.

5. Das Konzept des funktionalen Föderalismus ermöglicht ein evolutives Entdekkungsverfahren.[60] Der Wettbewerb verschiedener Klubs um Mitglieder führt zu maßgeschneiderten Lösungen „von unten". Die „richtige" Lösung — wer kennt die schon? — würde nicht ex ante für ein bestimmtes Kollektiv verbindlich erklärt, „sondern ergibt sich ex post nach einem Selektionsprozeß, welcher, analog zu einem Try-and-error-Verfahren, verschiedene Ansätze einander gegenübergestellt hat".[61] Gute Lösungen werden sich damit automatisch gegenüber schlechten Lösungen durchsetzen und in der langen Frist werden — analog den Unternehmern im wettbewerblichen Umfeld — nur jene Klubs überleben, die einer besseren Klubstrategie folgen als ihre Konkurrenten.

Richtig ist, daß meinem Vorschlag ein gewisses Maß an polit-ökonomischer Naivität innewohnt. Es ist nicht zu erwarten, daß sich das Konzept des funktionalen Föderalismus im heutigen polit-ökonomischen Spannungsfeld durchsetzt, denn hierbei würden zu viele zuviel verlieren.[62] Insbesondere würde dadurch auch in vielen Fällen das System der indirekten Entscheidfindung (über ernannte oder gewählte Volksvertreter) durch ein System der direkten Entscheidfindung abgelöst. Gerade deshalb soll die Möglichkeit offenbleiben, daß die Klubmitglieder sich indirekt durch eine Klubleitung vertreten lassen, die dann ihrerseits die Möglichkeit hat, Klubkompetenzen an ein Exekutivorgan zu delegieren.

Nicht generell gelten lasse ich den Einwand, daß die Form des funktionalen Föderalismus nicht praktikabel sei. Warum soll mit heutigen Mitteln der elektronischen Datenverarbeitung nicht möglich sein, jedem Individuum (zumindest in den technologisch hochentwickelten Ländern der EG) eine „Kreditkarte" zuzuteilen, auf der für jede denkbare kollektive Aufgabe (also von der Müllabfuhr bis zur Sicherheit) je eine Stimme gespeichert ist? Das Individuum erteilt dann den Klubs seiner Wahl die Einzugsermächtigung der jeweiligen Stimme (und damit das Einverständnis, diese Leistung auch dem Äquivalenzprinzip gemäß zu entschädigen). Ist aus Effizienzargumenten eine horizontale oder vertikale Zusam-

---

60 *Hayek* (1968).

61 *Blöchliger / Frey* (1992: 540).

62 Die von *Schenk* (1983) betonte Politische Opportunität, wonach Entscheidträger, die über die Institutionenwahl zu befinden haben, jene Regelungen vorziehen, die ihnen mehr Kompetenzen zuordnen, ist verletzt.

menarbeit verschiedener Klubs angezeigt, hat ein einzelner Klub ein Mitentscheidungsgewicht, das der Anzahl Stimmen (Klubmitgliedern) entspricht.[63] Wenn ein analoges System heute schon für konfessionelle Organisationen (Kirchen), im Finanzsektor (Banken und Clearingstellen), im Mediensektor (Pay-TV) und im politischen Bereich (Wahlen und Abstimmungen in einer Tele-Demokratie) bestens funktioniert, weshalb sollte es dann technisch nicht auch für wirtschaftliche Entscheidungsprozesse brauchbar sein?

Literatur

Arnold, Volker (1992): Theorie der Kollektivgüter. München.

Baldwin, Richard E. (1989): The growth effects of 1992. In: Economic Policy 9, 247-282.

— (1992): The Economic Logic of EFTA Countries Joining the EEA and the EC. European Free Trade Association, Economic Affairs Department, Occasional Paper Nr. 41.

Bernholz, Peter (1990): Grundzüge einer Europäischen Verfassung: Ein Bundesstaat mit begrenzter Zentralgewalt. Argumente zur Europapolitik, Frankfurter Institut, Nr. 3, 2-6.

— (1992): Constitutional Aspects of the European Integration. In: Borner, Silvio / Grubel, Herbert (Hrsg.): The European Community after 1992. Perspective from the Outside. Basingstoke, 45-60.

Blöchliger, Hansjörg / *Frey,* René L. (1992): Der schweizerische Föderalismus: Ein Modell für den institutionellen Aufbau der Europäischen Union. In: Außenwirtschaft 47, 515-548.

Borner, Silvio / *Brunetti,* Aymo / *Straubhaar,* Thomas (1990): Schweiz AG. Vom Sonderfall zum Sanierungsfall? 3. Aufl., Zürich.

Böventer, Edwin von (1981): Artikel „Raumwirtschaft I". In: Handwörterbuch der Wirtschaftswissenschaften Bd. 6, Stuttgart/ New York, 407-429.

Breuss, Fritz (1992): Ökonomische Integrationsforschung in Vergangenheit und Zukunft. In: Wirtschaftspolitische Blätter 39, 608-625.

Buchanan, James M. (1965): An Economic Theory of Clubs. In: Economica 32, 1-14.

Caballero, Ricardo / *Lyons,* Richard K. (1990): Internal versus External Economies in European Industry. In: European Economic Review 34, 805-826.

Carlberg, Michael (1985): Local Public Goods and the Behaviour of the Firm. In: Sistemi Urbani 2, 177-189.

Casella, Alessandra / *Feinstein,* Jonathan S. (1990): Public Goods in Trade: On the Formation of Markets and Political Jurisdictions. NBER Working Paper Nr. 3554 (Dezember).

---

[63] Dieses indirekte Quotenverfahren wird beispielsweise bei der Weltbank und dem IMF angewendet. Vgl. hierzu die Stimmengewichte (Quoten) in IMF (1992: 14). So hat beispielsweise der Klub „USA" ein Gewicht von 26.526,8, während die Quoten des Klubs „Deutschland" 8.241,5 und des Klubs „Luxemburg" 135,5 betragen.

Casella, Alessandra / *Frey,* Bruno (1992): Federalism and Clubs. Towards an Economic Theory of Overlapping Political Jurisdictions. In: European Economic Review 36, 639-646.

Coase, Ronald (1937): The Nature of the Firm. In: Economica 4, 386-405.

— (1988): The Firm, the Market, and the Law. Chicago.

Cooper, Richard N. (1976): Worldwide versus Regional Integration. Is there an Optimum Size of the Integrated Area? In: Machlup, Fritz (Hrsg.): Economic Integration, Worldwide, Regional, Sectoral. London, 40-53.

Dahrendorf, Ralf (1979): A Third Europe? Third Jean Monnet Lecture. Florenz 26.11.1979.

Delors, Jacques (1993): Entwicklungsperspektiven der Europäischen Gemeinschaft. In: Aus Politik und Zeitgeschichte (Beilage zur Wochenzeitung Das Parlament) B1, 3-15.

EG-Kommission (1990): Ein Markt, eine Währung. Potentielle Nutzen und Kosten der Errichtung einer Wirtschafts- und Währungsunion — eine Bewertung. In: Europäische Wirtschaft 44 (Oktober).

Eichengreen, Barry (1990a): Is Europe an optimum currency area? CEPR Discussion Paper 478. London.

— (1990b): Costs and Benefits of European Monetary Unification. CEPR Discussion Paper 453. London.

— (1992): Is Europe an Optimum Currency Area? In: Borner, Silvio / Grubel, Herbert (Hrsg.): The European Community after 1992. Perspective from the Outside. Basingstoke, 138-161.

Europa-Gruppe (1990): Demokratie, Wettbewerb und Subsidiarität: Unverzichtbare Grundlagen einer Europäischen Politischen Union. Argumente zur Europapolitik Nr. 3.

Frenkel, Max / *Blaser,* T. (1981): Konkordatsregister. Kleine Institutsreihe Nr. 4, Forschungsinstitut für Föderalismus und Regionalstrukturen. Riehen.

Frey, René L. (1977): Zwischen Föderalismus und Zentralismus. Ein volkswirtschaftliches Konzept des schweizerischen Bundesstaates, Bern.

— (1993): Verteilung der Finanzierungslasten. In: Pommerehne, Werner W. (Hrsg.): Finanzverfassung im Spannungsfeld zwischen Zentralstaat und Gliedstaaten (im Druck).

Fritz-Aßmus, Dieter (1990): Zur Ökonomischen Theorie der Allianzen. Bern / Stuttgart.

Giersch, Herbert (1989): Anmerkungen zum weltwirtschaftlichen Denkansatz. In: Weltwirtschaftliches Archiv 125, 1-16.

— (1990): Raum und Zeit im weltwirtschaftlichen Denkansatz (Thünen-Vorlesung). In: Zeitschrift für Wirtschafts- und Sozialwissenschaften 110, 1-19.

— (1990a): Europa 1992 — Ordnungspolitische Chancen und Risiken. In: Außenwirtschaft 45, 7-20.

Grabitz, Eberhard [Hrsg.] (1984): Abgestufte Integration, Straßburg.

Grossman, Gene / *Helpman,* Elhanan (1991): Innovation and Growth in the Global Economy. Cambridge, Mass.

Grubel, Herbert (1992): Die neue Wachstumstheorie auf dünnem Eis. Fragwürdige Ratschläge und vernachlässigte Alternativen. In: Neue Zürcher Zeitung 278 vom 29. / 30. 11. 1992.

Hayek, Friedrich A. von (1968): Der Wettbewerb als Entdeckungsverfahren. Kieler Vorträge, N. F., Bd. 56, Tübingen.

Heuss, Ernst (1955): Wirtschaftssysteme und internationaler Handel, Zürich, St. Gallen.

Hirschman, Albert O. (1970): Exit, Voice and Loyality, Cambridge.

IMF (1992): Beilage zum IMF Survey (deutsch).

Ishiyama, Yoshihide (1975): The Theory of Optimum Curency Areas: A Survey. In: IMF Staff Papers 22, 344-383.

Jacquemin, Alexis / *Sapir,* André (1991): Europe Post — 1992: Internal and External Liberalization. In: American Economic Review 81, (P&P) 166-170.

Jones, Ronald W. (1980): Comparative and Absolute Advantage. In: Schweizerische Zeitschrift für Volkswirtschaft und Statistik 116, 235-259.

Kenen, Peter B. (1969): The Theory of Optimum Currency Areas: An Eclectic View. In: Mundell, Robert A. / Swoboda, A. K. (Hrsg.): Monetary Problems of the International Economy. Chicago / London, 41-60.

Kindleberger, Charles P. (1986): International Public Goods without International Government. In: American Economic Review, 76, 1-13.

Kirchgässner, Gebhard / *Pommerehne,* Werner (1988): Government Spending in Federal Systems: A Comparison Between Switzerland and Germany. In: Lybeck, J. A. / Henrekson, Magnus (Hrsg.): Explaining the Growth of Government, Amsterdam.

Kirsch, Guy [Hrsg.] (1977): Föderalismus. Wirtschaftswissenschaftliches Seminar, Band 5. Stuttgart / New York.

Klepsch, Egon A. (1993): Die Zukunft der Europäischen Gemeinschaft sichern. In: Aus Politik und Zeitgeschichte (Beilage zur Wochenzeitung Das Parlament) B1, 11-15.

Kohr, Leopold (1949): Customs Unions. A Tool for Peace. Foundation for Foreign Affairs, Washington.

König, Heinz (1990): Comment on „Internal versus External Economies in European Industry" by R. J. Caballero and R. K. Lyons. In: European Economic Review 34, 828-830.

Krugman, Paul R. (1991): Geography and Trade. Leuven.

Kunze, Renate (1968): Kooperativer Föderalismus in der Bundesrepublik. Zur Staatspraxis der Koordinierung von Bund und Ländern. Stuttgart.

Lichtenberg, Frank (1992): R and D Investment and International Productiviy Differences. NBER Working Paper Nr. 4161.

Lipsey, Richard G. (1960): The Theory of Customs Unions: A General Survey. In: Economic Journal 70, 496-513.

Lorenz, Detlef (1992): Economic Geography and the Political Economy of Regionalization: The Example of Western Europe. In: American Economic Review 82, (P&P) 84-87.

Lucas, Robert E. (1988): On the Mechanics of Economic Development. In: Journal of Monetary Economics 22, 3-42.

Luckenbach, Helga (1989): Effizienzprobleme wirtschaftlicher Organisationen in: Jahrbuch für Sozialwissenschaft 40, 1-27.

— (1991): Zur optimalen Verteilung wirtschaftspolitischer Aktivitäten auf volks- und weltwirtschaftliche Organisationen (Ein Beitrag zur Theorie optimaler Integrationsgebiete). In: Wirtschaftswissenschaftliches Studium (WiSt) 20, 419-422.

Magnifico, Giovanni (1977): Eine Währung für Europa. Ein Weg zur Europäischen Währungsvereinheitlichung. Baden-Baden (Originalausgabe: European Monetary Unification, London 1973).

Marshall, Alfred (1920): Principles of Economics. London.

McKinnon, Robert I. (1963): Optimum Currency Area. In: American Economic Review 53, 717-725.

Meade, James E. (1955): The Theory of Customs Unions. Amsterdam.

Menkhoff, Lukas / *Sell,* Friedrich L. (1991): Optimaler Währungsraum — Wie weit sollte der Geltungsbereich einer europäischen Währung reichen? In: Wirtschaftswissenschaftliches Studium (WiSt) 20, 577-581.

—— (1992): Überlegungen zu einem optimalen DM-Währungsraum. In: Zeitschrift für Wirtschafts- und Sozialwissenschaften 112, 379-400.

Meylan, Jean (1987): Die Schweizer Gemeinden, Lausanne.

Molle, Willem (1990): The Economics of European Integration. Theory, Practice, Policy. Dartmouth.

Mundell, Robert A. (1961): A Theory of Optimum Currency Areas. In: American Economic Review 51, 657-665.

Musgrave, Richard A. / *Musgrave,* Peggy / *Kullmer,* Lore (1990): Die öffentlichen Finanzen in Theorie und Praxis, Band 1. 5. Aufl., Tübingen.

Niehans, Jürg (1988): Transaction Costs. In: Eatwell, John u. a. (Hrsg.): The New Palgrave, Vol. 4, London, 676-679.

North, Douglass C. (1984): Government and the Cost of Exchange in History. In: Journal of Economic History 44, 255-264.

— (1985): The Growth of Government in the United States: An Economic Historian's Perspective. In: Journal of Public Economics 28, 383-399.

— (1987): Institutions, Transactions Costs and Economic Growth, In: Economic Inquiry 25, 419-428.

Oates, Wallace E. (1972): Fiscal Federalism. New York.

Oberender, Peter (1988): Außenhandel zwischen Marktwirtschaften: Einige grundsätzliche theoretische Bemerkungen. In: Dürr, Ernst / Sieber, Hugo (Hrsg.): Weltwirtschaft im Wandel. Bern, 33-46.

Ogrodnick, Robert A. (1990): Optimum Currency Areas and the International Monetary System. In: Journal of International Affairs 44, 241-261.

Olson, Mancur (1968): Die Logik des kollektiven Handelns. Tübingen. (Originalausgabe: The Logic of Collective Action. Public Goods and the Theory of Groups. Cambridge (Mass.): Harvard University Press 1965).

— (1977): Das Prinzip „fiskalischer Gleichheit": Die Aufteilung der Verantwortung zwischen verschiedenen Regierungsebenen. In: Kirsch, Guy (Hrsg.): Föderalismus. Stuttgart / New York, 66-76 [Original: The Principle of „Fiscal Equivalence". The

Division of Responsibilities among Different Levels of Government. In: American Economic Review 59 (1969), 479 - 487.].

Olson, Mancur / *Zeckhauser,* R. (1966): An Economic Theory of Alliances. In: Review of Economics and Statistics 48, 266 - 279.

Padoa-Schioppa, Tommaso (1988): Effizienz, Stabilität und Verteilungsgerechtigkeit. Eine Entwicklungsstrategie für das Wirtschaftssystem der Europäischen Gemeinschaft. Wiesbaden [Originalausgabe: Efficiency, Stability, and Equity: A Strategy for the Evolution of the Economic System of the European Community"].

Pelkmans, Jacques (1984): Market Integration in the European Community. The Hague.

Pelkmans, Jacques / *Winters,* L. Alan (1988): Europe's Domestic Market, Chatham House Paper, Nr. 43, Royal Institute for International Affairs, London.

Picot, Arnold (1982): Transaktionskostenansatz in der Organisationstheorie: Stand der Diskussion und Aussagewert. In: Die Betriebswirtschaft 42, 267 - 284.

Pommerehne, Werner W. (1987): Präferenzen für öffentliche Güter, Ansätze zu ihrer Erfassung, Tübingen.

— (1990): Evolution of Public Finance as a Function of Federal Structures. A Comparison Between Switzerland and Germany. IIPF 46. Kongreß, Brüssel.

Porter, Michael E. (1990): The Competitive Advantage of Nations. London / New York.

Predöhl, Andreas (1934): Staatsraum und Wirtschaftsraum. In: Weltwirtschaftliches Archiv 39, 1 - 12.

— (1971): Außenwirtschaft. 2. Aufl. [1. Aufl. 1947], Göttingen.

Revelas, Kyriakos (1980): Optimale Währungsräume und Währungsunionen. Eine theoretische, empirische und wirtschaftspolitische Analyse, Berlin.

Rivera-Batiz, Luis-A. / *Romer,* Paul M. (1991): Economic Integration and Endogenous Growth. In: The Quarterly Journal of Economics 106, 531 - 555.

Romer, Paul M. (1986): Increasing Return and Long-Run Growth. In: Journal of Political Economy 94, 1002 - 1037.

— (1987): Growth Based on Increasing Returns Due to Specialization. In: American Economic Review 77, 56 - 62.

— (1990): Endogenous Technological Change, in: Journal of Political Economy 98, 71 - 102.

Salis, Jean R. von (1978): Grenzüberschreitungen (Ein Lebensbericht), Zweiter Teil 1939 - 1978). Zürich.

Sandler, Todd / *Tschirhart,* John T. (1980): The Economic Theory of Clubs: An Evaluative Survey. In: Journal of Economic Literature 18, 1481 - 1521.

Sautter, Herrmann (1974): Regionalisierungstendenzen im Welthandel zwischen 1938 und 1970. In: Giersch, Herbert / Haas, H.-D. (Hrsg.): Probleme der wirtschaftlichen Arbeitsteilung. Schriften des Vereins für Socialpolitik Bd. 79, Berlin, 573 - 623.

Savage, I. Richard / *Deutsch,* Karl W. (1960): A Statistical Model of the Gross Analysis of Transaction Flows. In: Econometrica 28, 551 - 572.

Scharrer, Hans-Eckart (1984): Abgestufte Integration (Eine Einführung). In: Grabitz, Eberhard (Hrsg.): Abgestufte Integration, Straßburg, 1 - 30.

Schenk, Karl E. (1983): Institutional Choice und Ordnungstheorie. In: Jahrbuch für Neue Politische Ökonomie, Bd. 2, Tübingen, 70-85.

— (1988): New Institutional Dimensions of Economics. Comparative Elaboration and Application, Berlin u. a.

Schiemann, Jürgen (1986): Der Bedarf an offizieller Währungsreserve als Kriterium für die Bestimmung einer optimalen Währungsunion. Ein theoretischer Ansatz und empirischer Befund für die Länder der Europäischen Gemeinschaft. In: Jahrbücher für Nationalökonomie und Statistik 201, 589-604.

— (1989): Ein optimaler Währungsraum für die Länder Westeuropas — Vierzig Jahre verpaßte Chancen? In: Fischer, Wolfram (Hrsg.): Währungsreform und Soziale Marktwirtschaft, Erfahrungen und Perspektiven nach 40 Jahren. (Jahrestagung des Vereins für Socialpolitik). Berlin, 423-433.

Siebert, Horst / *Koop,* Michael J. (1990): Institutional Competition. A Concept for Europe? In: Außenwirtschaft 45, 439-462.

Smith, Alasdair / *Venables,* Anthony J. (1988): Completing the Internal Market in the European Community. In: European Economic Review 32, 1501-1525.

— — (1991): Economic Integration and Market Access. In: European Economic Review 35, 388-395.

Statistisches Bundesamt: Statistisches Jahrbuch für die Bundesrepublik Deutschland. Wiesbaden, lfd. Jgg.

Stiglitz, Joseph E. et al. (1989): The Economic Role of the State. Oxford.

Tichy, Gunther (1992): Theoretical and Empirical Considerations on the Dimension of an Optimum Integration Area in Europe. In: Aussenwirtschaft 47, 107-137.

— (1992a): The European Neutrals. In: Borner, Silvio / Grubel, Herbert (Hrsg.): The European Community after 1992. Perspective from the Outside. Basingstoke, 165-191.

— (1992b): Das optimale Integrationsgebiet: Theoretische und empirische Überlegungen. Research Memorandum Nr. 9101 der Nationalökonomischen Institute der Karl-Franzens-Universität Graz. Graz.

Tiebout, Charles M. (1956): A Pure Theory of Local Expenditures. In: Journal of Political Economy 64, 416-424.

Tsoukalis, Loukas (1991): The New European Economy. The Politics and Economics of Integration. Oxford.

Tuchtfeldt, Egon (1983): Bausteine zur Theorie der Wirtschaftspolitik. Bern / Stuttgart.

Vaubel, Roland (1978): Real Exchange Rate Changes in European Community. In: Journal of International Economics 2, 319-339.

— (1991): A Public-Choice View of the Delors Report. In: Vaubel, Roland / Willett, Thomas D. (Hrsg.): The Political Economy of International Organizations. A Public-Choice Approach. Boulder, Col., u. a., 306-310.

— (1992): Die politische Ökonomie der wirtschaftspolitischen Zentralisierung in der Europäischen Gemeinschaft. In: Jahrbuch für Neue Politische Ökonomie 11, 30-65.

Vaubel, Roland / *Willett,* Thomas D. [Hrsg.] (1992): The Political Economy of International Organizations. A Public-Choice Approach. Boulder, Col.

Viner, Jacob (1950): The Customs Union Issue. New York.

Vosgerau, Hans-Jürgen (1987): Zur ökonomischen Analyse internationaler Institutionen. In: Henn, Rudolf (Hrsg.): Technologie, Wachstum und Beschäftigung. Berlin u. a., 127 - 137.

Walzer, Michael (1992): Sphären der Gerechtigkeit, Frankfurt / M. (Originalausgabe: Spheres of Justice, New York 1983).

Weder, Ralf / *Grubel,* Herbert (1992): The New Growth Theory in the Age of Coasean Economics. Discussion Paper No. 92 - 14. Simon Fraser University Burnaby.

Wildenmann, Rudolf (1992): Probleme der sozio-politischen Steuerungskapazität Europas. In: Kantzenbach, Erhard (Hrsg.): Die wirtschaftliche Neuordnung Europas. Erfahrungen und Perspektiven. Schriften des Vereins für Socialpolitik Bd. 218, Berlin, 81 - 92.

Wilhelm, Vera (1989): Wege zur Europäischen Währungsunion, Köln.

Williamson, Oliver E. (1975): Markets and Hierarchies: Analysis and Antitrust Implications. A Study in the Economics of Internal Organization. New York / London.

— (1990): Die ökonomischen Institutionen des Kapitalismus. Unternehmen, Märkte, Kooperationen (Originalausgabe: The Economic Institutions of Capitalism. New York, 1985).

Winters, L. Alan (1991): International Trade and „1992": An Overview. In: European Economic Review 35, 367 - 377.

— (1992): The Welfare and Policy Implications of the International Trade Consequences of „1992". In: American Economic Review 82, (P&P) 14 - 108.

Zohlnhöfer, Werner (1992): Korreferat zu R. Vaubel: Die politische Ökonomie der wirtschaftspolitischen Zentralisierung in der Europäischen Gemeinschaft. In: Jahrbuch für Neue Politische Ökonomie 11, 66 - 72.

Integration der mittel- und osteuropäischen Staaten mit der EG: Ausgangsbedingungen, Anpassungsprobleme und Chancen

Von *Paul J. J. Welfens*, Münster

I. EG-Binnenmarkt vs. Systemtransformation in Osteuropa

Mit der Schaffung eines seit 1.1.93 auch von nichttarifären Handelshemmnissen freien EG-Marktes und dem seit 1.7.90 erfolgten weitgehenden Abbau der Kapitalverkehrsbeschränkungen hat die EG integrationspolitisch positive Akzente gesetzt. Die wirtschaftliche Belebung der 80er Jahre in der EG zeigt sich jedoch mit Beginn der 90er Jahre nur noch in abgeschwächter Form. Der Übergang zum Binnenmarkt ist noch nicht vollzogen, da sieht sich die EG wirtschaftspolitisch und wirtschaftlich schon wieder vor eine Reihe von Herausforderungen gestellt. Neben den Beitrittsverhandlungen mit einigen EFTA-Staaten und den EG-USA-Auseinandersetzungen in der Uruguay-GATT-Runde ist der konfliktreiche Ratifizierungsprozeß zu den Maastrichter Verträgen ein Hauptproblem auf der politischen Tagesordnung. Die vielleicht größte Herausforderung aber besteht in den politisch-ökonomischen Transformationsprozessen im ehemaligen RGW-Raum, wo der Systemwandel erstmals seit 1913 wieder die Möglichkeit zur Errichtung einer marktwirtschaftlichen Gesamtordnung in Europa insgesamt ergibt. Mit dem Zusammenbruch des sowjetischen Systems entfällt zunächst für die EG-Länder eine politisch-militärische Bedrohung, die paradoxerweise lange Jahre auch eine Katalysatorfunktion bei der EG-Integration gespielt hat. Nach dem Wegfall dieses EG-Kohäsionsfaktors stellt sich nun für die EG in einer Zeit verschärfter Standortkonkurrenz im EG-Binnenmarkt, währungsordnungspolitischen Unwägbarkeiten im Kontext mit dem Maastrichter Vertrag und sinkender Zustimmung der EG-Bevölkerung zur EG-Integration die größte Herausforderung seit Entstehen der Gemeinschaft: Wie kann nach Jahrzehnten wachsender ökonomischer und ordnungspolitischer Ost-West-Gegensätze in Europa — bei fortschreitender Integration in Westeuropa — eine Integration Mittel- und Osteuropas mit der EG bzw. Westeuropa erreicht werden? Eine solche Integration wäre nicht nur eine Überwindung der Ost-West-Teilung in Europa, sondern auch ein Schritt zur Integration des Ex-RGW-Raumes in die Weltwirtschaft und das Ordnungsgefüge der Weltmarktwirtschaft.

Die (alten und neuen) Länder des Ex-RGW-Raumes sehen sich selbst vor eine Fülle komplizierter ökonomischer, institutioneller und politischer Anpassungsprozesse gestellt. Mit dem Zerfall des Rates für gegenseitige Wirtschaftshilfe ist nicht nur die institutionelle Basis für den sozialistischen Regionalhandel zerbrochen, auch die ehemalige Führungsmacht UdSSR selbst befindet sich in einem Prozeß politischen und ökonomischen Zerfalls. Zeitweise zweistellige Wachstumsraten der Exporte Polens, Ungarns und der Ex-CSFR haben die Exportverluste im Ex-RGW-Raum kompensieren können und damit zugleich eine Reorientierung der regionalen Handelsstruktur eingeleitet, die früher zu etwa zwei Dritteln von Intra-RGW-Transaktionen geprägt war. Zugleich haben die Ex-RGW-Länder umfassende außenwirtschaftliche Liberalisierungsmaßnahmen eingeleitet, was angesichts fehlender industrieller Modernisierung und schrumpfender Inlandsnachfrage als mutig erscheint.[1]

Mit schwierigen ökonomischen Problemen, ineffizienten Unternehmensstrukturen (Dominanz von monopolistischen Großbetrieben) und Mangel an unternehmerischen Kräften wie Humankapital belastet, suchen die politisch wenig gefestigten Länder Mittel- und Osteuropas nach Wegen zu Stabilität und Prosperität. In dieser Situation bemühen sich einige der kleineren Ex-RGW-Länder und einige Republiken der Ex-UdSSR aus politisch-ökonomischen Gründen um eine Anbindung an die EG. Eine Integration mit Westeuropa erscheint als interessante Politikoption.

In 1990-92 hat die EG zunächst den Transformationsprozeß in Osteuropa politisch und mit technischen und finanziellen Hilfen unterstützt. Durch die mit Ungarn, Polen und der Ex-CSFR ausgehandelten Europa-Verträge wurde ein Teilbereich der Ost-West-Wirtschaftsbeziehungen auf eine neue Grundlage gestellt. Während die Osterweiterung der EG mit der deutschen Wiedervereinigung und mithin der Einfügung der Ex-DDR in die EG bereits 1990 de facto begonnen hat, ist mit den EG-Assoziierungsabkommen mit den genannten drei Reformländern und den Anfang 1993 abgeschlossenen Assoziierungsverhandlungen mit Bulgarien und Rumänien ein Annäherungsschritt an eine für die späten 90er Jahre oder danach denkbare EG-Osterweiterung unternommen worden. Eine EG-Osterweiterung kann in impliziter Form durch Einbeziehung von Ländern des Ex-RGW-Raums in den Europäischen Wirtschaftsraum (EWR) erfolgen, der im wesentlichen einen um die EFTA-Länder — ohne Schweiz — erweiterten EG-Binnenmarkt darstellt. Eine Mitgliedschaft im EWR oder eine Mitgliedschaft in der EFTA könnte eine Übergangsphase auf dem Weg zur EG-Mitgliedschaft für einige Ex-RGW-Länder, aber auch eine Daueroption für die Reintegration in eine europäische Marktwirtschaft sein. Wie auch immer diese Reintegration konkret aussehen mag, es ergeben sich zahlreiche Anpassungsprobleme in wirt-

---

[1] Vgl. *Inotai*, A. (1992), External Economic Policies and Challenges During the Transformation Process, paper presented at the conference The Future of Eastern and Central Europe in the World Economy, Institute for World Economics, Hungarian Academy of Sciences, Nov. 17-18, 1992. Siehe zur Problematik auch *Kantzenbach*, E., Hrsg. (1991), Die wirtschaftliche Neuordnung Europas — Erfahrungen und Perspektiven, Berlin: Duncker.

schaftlicher und wirtschaftspolitischer Hinsicht. Ohne eine erfolgreiche Reintegration des Ex-RGW-Raumes in die Weltmarktwirtschaft sind Wohlstand und Stabilität vermutlich auch in Westeuropa langfristig gefährdet.

Eine ökonomisch erfolgreiche und politische Stabilität in Gesamteuropa unterstützende EG-Osterweiterung (impliziter oder expliziter Art) könnte ein entscheidender Beitrag sein, um einen Rückfall des europäischen Kontinents in Probleme ähnlich denen der Zwischenkriegszeit zu verhindern; in der Tat sind einige Ausgangsprobleme in Osteuropa denen Europas nach dem Ersten Weltkrieg sehr ähnlich: In 1919 entstanden durch die Schaffung der CSFR, Ungarns und Jugoslawiens sowie die Neuentstehung Polens 12000 km neue Landesgrenzen in Europa, was Handel und Wirtschaftswachstum behinderte.[2] Neue und daher wenig konsensfähige Demokratien in Europa sowie das ökonomische regionale Blockdenken in Teilen der Industrie, ungelöste Reparationsprobleme aus dem Versailler Vertrag und das Fehlen funktionsfähiger internationaler Institutionen (mit Ausnahme der Bank für Internationalen Zahlungsausgleich) trugen zur Instabilität in der Zwischenkriegszeit in Europa bei.[3] Hinzu kam in den 20er Jahren die Problematik eines weltweiten Protektionismus, zu dem in Deutschland und Osteuropa noch die Probleme von Kriegsfolgeinflationen, hohen Auslandsschulden, instabilem Exportwachstum und Währungsüberbewertungen kamen.[4]

In der nachfolgenden Analyse wird das Augenmerk primär auf die Frage einer EG-Assoziierung von Ländern aus Osteuropa und die Fragen einer EG-Mitgliedschaft — also die Probleme einer expliziten EG-Erweiterung — gerichtet.[5] Schwächere Formen einer Integration mit der EG relativieren die vorgetragenen Argumente, ohne daß die Grundüberlegungen damit irrelevant würden. Eine EG-Mitgliedschaft von Republiken bzw. Ländern Ex-Jugoslawiens wird hier nicht erörtert, da diese Thematik wegen des anhaltenden Bürgerkriegs im früheren Jugoslawien in den 90er Jahren nicht auf der EG-Agenda steht.[6] Nur am Rande

---

[2] Siehe hierzu *Kenwood,* A. G. / *Lougheed,* A. L. (1971), The Growth of the International Economy 1820-1960, London: Allen & Unwin, 186; zur Zwischenkriegsperiode siehe auch *Aldcroft,* D. (1978), Die Zwanziger Jahre, München: DTV; *Kindleberger,* C. P. (1973), Die Weltwirtschaftskrise, München: DTV; *Welfens,* P. J. J. (1990), Internationalisierung von Wirtschaft und Wirtschaftspolitik, Heidelberg: Springer, Kap. 2.

[3] Siehe hierzu *Welfens,* P. J. J. (1990), Internationalisierung von Wirtschaft und Wirtschaftspolitik, Heidelberg: Springer.

[4] Zur Währungsüberbewertung — wie in Großbritannien in den 20er Jahren durch eine Hochzinspolitik bedingt —, kam noch (mit Ausnahme der CSFR) das Fehlen einer Antiinflationspolitik — siehe *Kaser,* MG. / *Radice,* E. A. (1985), The Economic History of Eastern Europe 1919-1975, Oxford: Clarendon Press, 425 ff. In 1928 betrug die Relation von Auslandsschuld zu Exporten in Bulgarien, Ungarn, Polen, Rumänien und Jugoslawien 12.3, 17.9, 11.3, 14.6 bzw. 18.1 %, was einen erheblichen Anstieg gegenüber den Vorjahren darstellte; nur die CSFR war infolge von Warenexportüberschüssen in der Position eines Nettogläubigerlandes; siehe ebenda, 425 f.

[5] Zu Problemen einer Osterweiterung der EFTA siehe etwa *Baldwin,* R. (1992), An Eastern Enlargement of EFTA: Why the East Europeans Should Join and the EFTANS Should Want Them, CEPR Occasional Paper No. 10, London.

kann schließlich auch die Problematik des UdSSR-Zerfalls behandelt werden, auch wenn hiermit ein insgesamt wichtiges Problem angesprochen ist. Denn eine partielle Überwindung des ökonomischen Ost-West-Gefälles bei jedweder Art von EG-Osterweiterung bzw. Integration Osteuropas mit der EG wird die Frage nach der politisch-ökonomischen Stabilität in Gesamteuropa aufwerfen: Ähnlich wie ein rascher Wiederaufbau in Ostdeutschland zwar den innerdeutschen Westwanderungsdruck vermindert, aber gleichzeitig mit dem an der neuen Ost-West-Wohlstandsgrenze erhöhten Einkommensgefälle den Wanderungsdruck aus dem nächstgelegenen Nachbarland (Polen) erhöht, so droht bei jeder Art partieller Osterweiterung der EG der ökonomische Aufstieg in den neuen Mitgliedsländern destabilisierende Wanderungsbewegungen aus Nichtmitgliedsländern des Ex-RGW-Raums in Gang zu setzen; eine derartige Problematik stellte sich bei der Süderweiterung der EG praktisch nicht.[7] Ein eigentlich gewünschter ökonomischer Aufschwung in neuen Mitgliedsländern könnte so gesehen in sich den Keim der Zerstörung tragen: nämlich dann, wenn zunehmender Einwanderungsdruck über neuerweckten Nationalismus zu massiven politischen Konflikten und Unsicherheiten in der EG oder im Verhältnis der EG zu osteuropäischen Nichtmitgliedsländern führt. Von daher ist die Frage nach einer osteuropäischen EG-Flankierungsstrategie zur Stabilisierung von Nichtmitgliedsländern — vermutlich insbesondere Rußland, Ukraine, Moldawien und Belorußland — als Bestandteil der Gesamtproblematik relevant, muß aber aus Raumbeschränkungsgründen praktisch außen vorbleiben.

Eine EG-Osterweiterung wirft eine Fülle von Fragen auf, die einerseits unmittelbar das Wirtschaftsgeschehen betreffen. Darüber hinaus aber gibt es politisch-ökonomische Probleme, die etwa die Frage betreffen, ob EG-Entscheidungsprozesse zunehmend schwerfälliger, zentralistischer und ineffizienter werden — die ehemals sozialistischen Länder des Ex-RGW-Raumes sind von jahrzehntelangem Zentralismus und Interventionismus geprägt;[8] und ob sich bei einer Erweiterung

---

[6] Nicht auszuschließen ist allerdings, daß — trotz oder wegen der wenig erfolgreichen und konsistenten EG-Jugoslawienpolitik — eine solche Erweiterung seitens der EG bzw. einiger EG-Länder tatsächlich unterstützt würde. Ein solcher Schritt gegen die politische Klugheit würde die EG direkt in des Balkans Pandora-Büchse hineingreifen lassen und könnte in den mehr als 100 Regionen der EG12-Gemeinschaft separatistische und nationalistische Tendenzen von erheblicher politischer Sprengkraft begünstigen.

[7] Allerdings hat das wachsende Wohlstandgefälle im Mittelmeerraum zu einer schon erheblichen illegalen Immigration in Spanien, Portugal und Griechenland (sowie Italien und Frankreich) geführt. Im Mittelmeerraum zeigt sich ja im Verhältnis der EG-Mittelmeeranrainerländer und der sozialistischen Staaten Nordafrikas dieselbe Problematik von Wohlstandslücke-cum-Transformationsproblematik wie auf dem europäischen Kontinent im Verhältnis der EG-Länder zu den Ländern im Ex-RGW-Raum.

[8] Bei der Süd- und Norderweiterung der EG ist immerhin mit Spanien und Finnland Mitgliederzuwachs durch Länder vorhanden, deren Staatsquote sich in den 70er und 80er Jahren im Gegensatz zu den meisten westeuropäischen Ländern nicht erhöht hatte; siehe hierzu *Vaubel,* R. (1992), The Political Economy of Centralization and the European Community, Universität Mannheim, mimeo. Zur Problematik einer übergroßen EG siehe

die ordnungspolitische Balance in der EG stärker hin zu liberalen Prinzipien oder zu interventionistischen Konzeptionen der Wirtschaftspolitik neigt.

Auf die denkbaren Probleme und Chancen einer Integration mittel- und osteuropäischer Staaten mit der EG geht die folgende Analyse in drei Abschnitten ein. Zunächst werden die Ausgangsbedingungen unter Berücksichtigung der EG-Erfahrungen mit der Süderweiterung skizziert (Abschnitt II). Dann werden die Anpassungsprobleme in drei Bereichen aufgezeigt, und zwar Ordnungspolitik, Strukturpolitik und Prozeßpolitik (Abschnitt III). Abschließend wird untersucht (Abschnitt IV), welche wirtschaftspolitische Konsequenz in Mittel- und Osteuropa einerseits und in der EG andererseits im Interesse einer erhöhten West-Ost-Wirtschaftsintegration in Europa zu ziehen und welche gesamteuropäische Rahmenordnung denkbar wäre. Insgesamt spielt die Frage nach den Möglichkeiten eines erfolgreichen ökonomischen Aufholprozesses im Ex-RGW-Raum eine entscheidende Rolle als Nebenbedingung für die politische Ökonomie einer gesamteuropäischen Integration. Aus der Fülle der komplexen Gesamtproblematik werden dabei bewußt schwerpunktmäßig jene Hauptprobleme herausgegriffen, die von grundlegender Bedeutung für denkbare Varianten einer Integration mittel- und osteuropäischer Staaten mit der EG sind.

II. Ausgangsbedingungen einer EG-Integration mittel- und osteuropäischer Länder

Eine Integration mittel- und osteuropäischer Staaten mit der EG kann sich in unterschiedlicher Intensität vollziehen: als partielle Gütermarktintegration im Rahmen von die Gütermärkte betreffenden Assoziierungsabkommen, als Integration von Güter- und Faktormärkten im Rahmen des EWR und schließlich als EG-Osterweiterung mit voller Übernahme des EG-Vertragswerkes, was eine Beteiligung an der politischen Willensbildung in der EG, dem Maastrichter Vertrag sowie an der gemeinsamen Agrar-, Regional- und Außenwirtschaftspolitik einschließt (Übers. 1).

Für einen Teil der Länder des Ex-RGW-Raumes mag keine der genannten direkten Integrationsoptionen interessant oder gangbar sein, zumal der Binnenmarkt verschärfte Anforderungen für Wettbewerbspolitik, Liberalisierung der öffentlichen Auftragsvergabe und staatliche Beihilfegewährung bedeutet; mithin eine Abkehr von etablierten staatlichen Vergünstigungen oder im Transformationsprozeß neu eingeführten Subventionen notwendig wäre.[9] Daher käme für

---

Tichy, G. (1992), Theoretical and Empirical Considerations on the Dimension of an Optimum Integration Area in Europe, Aussenwirtschaft, Vol. 47, 107-137.

[9] Zum EG-Binnenmarkt siehe *Cecchini,* P. (1988), Europa '92. Der Vorteil des Binnenmarktes, Baden-Baden: Nomos; *Kantzenbach,* E. / *Mayer,* O. G., Hrsg. (1990),

Übersicht 1

Alternative Integrationsformen der EG mit Mittel- und Osteuropa

Direkte Integration		
Gütermarktintegration	*+ Faktormarkt-integration*	*+ Monetäre Integration und pol. Integration*
Assoziierungsabkommmen	Europäischer Wirtschaftsraum	EG-Mitgliedschaft = EG-Osterweiterung
Indirekte Integration		
Bilaterale Abkommen der EG mit Mittel- u. Osteuropa	EFTA-Mitgliedschaft oder Gründung einer CEFTA* (Regionalintegration im Ex-RGW)	GATT-Mitgliedschaft IMF-Mitgliedschaft

* CEFTA = Central and Eastern European Free Trade Area.

einige Länder nur eine indirekte Integration mit der EG in Betracht: Dies könnte bilaterale Handelsabkommen der EG mit Ländern aus Mittel- und Osteuropa bedeuten; ggf. käme auch eine eigenständige Regionalintegration „Central and Eastern European Free Trade Area“ (CEFTA) für einige Länder des Ex-RGW in Betracht, wobei eine indirekte Integration über einen EG-CEFTA-Vertrag zustande kommen könnte.[10] Eine CEFTA ist dabei auch als eine nach Osten erweiterte EFTA vorstellbar. Schließlich bleibt die Möglichkeit einer multilateralen Integration mit der EG bzw. der Weltwirtschaft insgesamt, nämlich die Strategie, im Rahmen eines reformierten GATT-Systems (plus IMF-Mitgliedschaft) eine Eingliederung in die Weltwirtschaft anzustreben.

Falls die EFTA-Gruppe politisch überleben sollte, so wäre auch an eine indirekte Ankopplung an die EG über eine EFTA-Mitgliedschaft zu denken. Aufgrund des 1972 zwischen der EFTA und der EG geschlossenen Freihandelsabkommens über Industriewaren könnte eine EFTA-Mitgliedschaft durchaus ein Beitrag zur Integration der mittel- und osteuropäischen Industriestaaten mit der EG-Industrie sein. Die Verhandlungen der EFTA mit der CSFR sowie Ungarn und Polen führten zu Verträgen (1. Juli 1992 mit der CSFR; 1993 mit Ungarn und Polen), die einen Freihandel der EFTA mit den genannten Reformländern in den Bereichen Industriewaren, Agrarprodukte und Fischereierzeugnisse beinhalten; aktuel-

Probleme der Vollendung des Binnenmarktes in Europa nach 1992, Berlin: Duncker. Zur Rolle von Direktinvestitionen siehe *Klein,* M. / *Welfens,* P. J. J., Hrsg. (1991), Multinationals in the New Europe and Global Trade, Heidelberg / New York: Springer.

10 Aus politischen Gründen dürfte aber die Neigung der meisten Ex-RGW-Länder zu einer modifizierten Neuauflage einer osteuropäischen Wirtschaftsintegration sehr gering sein. Eher schon ist ein erneuertes „kommerzielles Habsburger Mitteleuropa“ vorstellbar. Österreichs Osthandel hat sich 1988-92 verdoppelt.

le Themenbereiche der GATT-Uruguay-Runde aufnehmend, wurden auch Vereinbarungen zu den Bereichen Wettbewerbspolitik, Subventionen, staatliche Monopole, öffentliches Beschaffungswesen und intellektuelle Eigentumsrechte getroffen, wobei bei zehnjähriger Übergangsfrist eine asymmetrische Handelsliberalisierung vorgesehen ist: Die EFTA-Länder müssen Zollreduktion und Quotenaufhebung zeitlich früher durchführen als die Reformländer, die im übrigen auch von technischer Hilfestellung und Kooperation im Umweltschutz profitieren werden.[11] Damit ergibt sich für zwölf EG-Länder plus sieben EFTA-Länder plus sechs Ex-RGW-Länder ein freier Industriewarenhandel in den 90er Jahren, wenn man Bulgarien und Rumänien einbezieht. Allerdings mindert sich für die Reformländer der Wert der EFTA-Freihandelsabkommen in dem Maße, wie EFTA-Länder in die EG eintreten.

1. Hohes Protektionsniveau im Ausgangszustand

Eine Integration mittel- und osteuropäischer Staaten bedeutet nicht nur einschneidenden institutionellen und gesetzgeberischen Anpassungsbedarf in osteuropäischen Beitrittsländern, sondern auch erhebliche Anpassungsprobleme auf seiten der EG. Vielmehr wird auch in der EG eine Fülle von Anpassungsproblemen entstehen, die vermutlich um so größer wären, je weiter man den Kreis der Neumitglieder in Mittel- und Osteuropa ziehen wollte. Während für die osteuropäischen Länder bei Assoziierungsabkommen mit der EG die Handelsliberalisierung wie die Liberalisierung des Kapitalverkehrs — insbesondere der Direktinvestitionen — politisch und ökonomisch sensible Bereiche berührt, ist für die EG zunächst die Handelsliberalisierung gegenüber Ex-RGW-Ländern problematisch.

Der Anteilswert der RWG-Länder an den Extra-EG-Importen und -Exporten machte in den 80er Jahren zwar nur etwa 7 % aus (mit rückläufiger Tendenz nach 1984), doch quantitative Importrestriktionen, Antidumping-Maßnahmen und Selbstbeschränkungsabkommen begrenzten die Exporte der sozialistischen Staaten.[12] Deren Außenhandel war aus systembedingten Gründen kaum mit den für Marktwirtschaften relevanten ordnungspolitischen Prinzipien des GATT vereinbar. Die stark nach politischen Interessen der UdSSR ausgerichtete „sozialistische Arbeitsteilung und Spezialisierung" und die Inkonvertibilität der Währungen bedeutete, daß Handel mit westlichen Ländern nur sehr begrenzt möglich war. Nur Ungarn und Polen verzeichneten mit Anteilswerten von etwa 40 % Ende der 80er Jahre einen hohen Anteilswert im Handel mit industrialisierten Marktwirtschaften. Die kleineren RGW-Länder verzeichneten mit Exportquoten von 20-30 % deutlich geringere Quoten als westliche Länder vergleichbarer Größe.

---

11 Vgl. EFTA (1992), EFTA Annual Report 1991, Genf.

12 Siehe hierzu *Brown,* S. / *Haas-Wilson,* D. (1990), Centrally Planned Economy Vulnerability to Antidumping Protection, Comparative Economic Studies, Vol. 32, 1-27.

Zudem mangelte es infolge der staatlichen Wirtschaftsplanung an der in OECD-Ländern typischen Interdependenz der Märkte, welche neben direkten Preisimpulsen vom Weltmarkt über Substitutions- bzw. Komplementärbeziehungen der Güter für internationale Einflüsse auf die Allokation sorgen.[13] Direktinvestitionen fehlten — von quantitativ nicht bedeutsamen joint ventures abgesehen — in den RGW-Ländern völlig.

Erst mit dem 1988 geschlossenen Handels- und Kooperationsabkommen der EG mit Ungarn, gefolgt von ähnlichen EG-Abkommen mit Polen und der UdSSR in 1989 sowie der CSFR, der DDR, Rumänien und Bulgarien in 1990, ergaben sich Neuansätze im Ost-West-Handel: auf seiten Mittel- und Osteuropas in Form einer vorsichtigen Öffnung für Direktinvestitionen und einer Lockerung des Außenhandelsmonopols, das allerdings in Ungarn bereits in den 80er Jahren zunehmend beseitigt worden war; auf EG-Seite durch das Zugeständnis der GATT-Meistbegünstigungsklausel, den Abbau mengenmäßiger Importbeschränkungen und die Einbeziehung Osteuropas in das General System of Preferences (Zollfreiheit innerhalb eines Quotensystem, das die EG zuerst 1971 / 72 gegenüber Entwicklungsländern anwendete). Noch 1986 setzte die EG gegenüber Ungarn — und anderen RGW-Ländern — hohe tarifäre und nichttarifäre Handelshemmnisse ein, welche die Gemeinschaft stärker gegen ungarische Importe abschirmte als gegen Importe aus Entwicklungs- und Schwellenländern; auch im Vergleich zur gewichteten Protektionsrate gegenüber der EG-Außenwelt wurde Ungarn deutlich benachteiligt, wozu aus ungarischer Sicht die hohe Protektionsrate bei den im ungarischen Export wichtigen landwirtschaftlichen Produkten (Anteil am Export etwa 35 %) als strukturell besonders ungünstig zu werten ist.[14]

Die 1990 / 91 in allen Ländern des RGW-Raums vorgenommenen neuen ordnungspolitischen Weichenstellungen auf eine Systemtransformation zur Marktwirtschaft hin ließen die in langen Jahren ausgehandelten neuen EG-Abkommen rasch als obsolet erscheinen.

Negative Handelsablenkungseffekte ergaben sich für landwirtschaftliche Exporte Ungarns und anderer RGW-Länder aus der EG-Süderweiterung um Spanien und Portugal, wobei infolge der Beitritts-Übergangsfristen bis Ende 1995 die Negativeffekte von freiem EG-Marktzutritt und Einbeziehung in die Gemeinschaftsagrarpolitik (Exportsubventionen, Preisgarantien, EG-Strukturfondsmittel) erst in den 90er Jahren für Osteuropa voll spürbar werden.

---

13 Vgl. *Welfens,* P. J. J. (1992 a), Market-oriented Systemic Transformations in Eastern Europe. Problems, Theoretical Issues, and Policy Options, Heidelberg: Springer; siehe zur Transformation im Ex-RGW auch *Cassel,* D., Hrsg. (1990), Wirtschaftssysteme im Umbruch, München: Vahlen; *Hartwig,* K.-H. / *Thieme,* H. J., Hrsg. (1991), Transformationsprozesse in sozialistischen Wirtschaftssystemen, Heidelberg: Springer; *Wagener,* H. J., Hrsg. (1992), On the Theory and Policy of Systemic Change, Heidelberg: Physica.

14 Vgl. *Tovias,* A. (1991), EC-Eastern Europa: A Case Study of Hungary, Journal of Common Market Studies, Vol. 39, 291 - 315. Ungarn war schon 1975 GATT-Mitglied geworden; allerdings gewährte die EG keinen vollen Status als GATT-Vertragspartei, soweit GATT-Artikel 13 (Quotenabschaffung) nicht angewandt wurde.

Tabelle 1

Protektion der EG vis-à-vis Ungarn im Vergleich zu Entwicklungsländern, 1986

(Angaben in %)

	Ungarn gewichteter Zollsatz	Ungarn [NTB-Häufigkeit*]	Entwicklungsländer (gew. Zollsatz)	Welt (gewichteter Zollsatz)
Alle Güter	6.1	26.1	1.9	2.9
Agrarprodukte	7.6	42.0	3.2	4.3
Industriewaren	5.6	22.9	1.7	2.8

* Anteil der Zollpositionen, die von mindestens einer nichttarifären Handelsbarriere (NTB) betroffen waren.

Quelle: Tovias, A. (1991), EC-Eastern Europe: A Case Study of Hungary, Journal of Common Market Studies, Vol. 29, 291-315, hier: 293-294.

Ungarns Revealed Comparative Advantage (RCA) zeigte für viele Produkte ähnlich strukturierte internationale Wettbewerbsvorteile — im Sinne branchenmäßig überdurchschnittlicher Nettoexportpositionen — wie einige EG-Länder mit relativ niedrigem Lohnniveau.[15] Der RCA Ungarns und anderer Länder aus der Gruppe der kleineren Ex-RGW-Länder zeigt eine starke Überlappung mit Portugal und Spanien in den aus EG-Sicht sensitiven Bereichen Landwirtschaft, Textil und Bekleidung, und ähnliches dürfte für andere Niedriglohnländer des Ex-RGW-Raumes im Verhältnis zur iberischen Halbinsel, Griechenland und z. T. Italien gelten; die strukturellen Anpassungsprobleme der Etablierung des EG-Binnenmarktes sind im übrigen mit Blick auf osteuropäische Niedriglohnländer ähnlich wie jene, die sich gegenüber Südostasien zeigen.[16] Von daher würden aus den letztgenannten EG-Ländern vermutlich die stärksten Widerstände gegen eine verstärkte Integration mit Mittel- und Osteuropa, insbesondere aber gegen eine Osterweiterung der EG zu erwarten sein; es sei denn, man könnte Industrien aus EG-Hochlohnländer verstärkt anziehen. Angesichts des zu Ende der 80er Jahre hohen Protektionsniveaus im Ost-West-Handel ist bei fortschreitender Mo-

15 Der revealed comparative advantage für Gut i ist definiert als: $RCA_i: = 100\,[(X_i - X_i^*)/(X_i + X_i^*)]/[\Sigma(X_j - X_j^*)/\Sigma(X_j + X_j^*)]$, wobei X = Exporte, X^* = Importe; j = alle Branchen außer Branche i. Durch geeignete Transformation kann dieser Index auf das Intervall zwischen 100, −100 transformiert werden. Alternativ ist eine logarithmische Formulierung des RCA möglich.

16 Vgl. *Han,* S.-T. (1992), European Integration: The Impact on Asian Newly Industrialising Economies, Paris (OECD). Siehe zur Überlappung zwischen dem Exportsortiment Osteuropas und dem in ärmeren EG-Ländern + Italien: *Padoan,* P. C. / *Pericoli,* M. (1992), Single Market, EMU and WIDENING. Responses to Three Institutional Shocks in the European Community, paper presented at 2nd EACES conference: Problems of Transforming Economies, Groningen, September 24-26, 1992; *Graziani,* G. (1992), Export Specialization for Central-Eastern Europe and EC Trade Opening, paper presented at 2nd EACES conference: Problems of Transforming Economies, Groningen, September 24-26, 1992.

dernisierung Mittel- und Osteuropas mit zunächst rasch steigenden Exporten zu rechnen. Infolge hoher Auslandsverschuldung ist das Potential für steigende Importe der Ex-RGW-Länder aus OECD-Ländern und NICs zumindest mittelfristig begrenzt und an steigende Exporte gebunden. Für die kleineren Ex-RGW-Länder bedeutet der Übergang zu (höheren) Weltmarktpreisen bei Energie in den 90er Jahren, daß man sich praktisch mit ähnlichen Problemen konfrontiert sehen wird, wie die EG in den 70er Jahren angesichts der OPEC-Preisschocks.

Chancen

Technologisch weniger anspruchsvolle und daher leicht imitierbare Produkte — insbesondere mit hohem Lohnanteil an den Herstellungskosten in EG-Ländern — dürften bei einer EG-Osterweiterung (und schon im Vorfeld dazu) massiv in die osteuropäischen EG-Aspiranten verlagert werden. Mit Blick auf die EG-Exportposition außerhalb Europas könnte sich aus dem für EG-Produzenten leichten Zugriff auf preiswerte Vorprodukte arbeitsintensiver Industrien auch ein Wettbewerbsvorteil ergeben, wie ihn bislang Japan mit den benachbarten asiatischen Niedriglohnländern und besonders die USA mit den Niedriglohnländern Lateinamerikas haben. Allerdings kann dieser potentielle Vorteil nur bei erhöhtem Tempo des sektoralen und regionalen Strukturwandels genutzt werden. Hierfür die Weichen rechtzeitig und richtig zu stellen, wäre Aufgabe der Wirtschaftspolitik und der Tarifpolitik. Ganze Industriebereiche in der EG sehen sich schon mit dem durch die Europa-Verträge erfolgenden Übergang zum Freihandel bei Industriewaren vor neuartige und massive Anpassungsprobleme gestellt, da die osteuropäischen Exporte z. T. zweistellige jährliche Wachstumsraten verzeichnen. Allerdings erfolgt diese Exportexpansion von einer niedrigen Basis aus. Noch nie waren EG-Produzenten massiv von Billiglohnimporten aus Nachbarländern betroffen. Die in den 70er Jahren aufkommende Importwelle aus den Niedriglohnländern Südostasiens machte den EG-Ländern bekanntlich beträchtlich zu schaffen, obwohl die asiatischen Exportwellen vermutlich nur von Zwergengestalt im Vergleich zu langfristig vorstellbaren Exportfluten aus Osteuropa gewesen sind.

Demnach würde eine Liberalisierung der „sensiblen Bereiche" in den Europa-Verträgen, also Landwirtschaft, Bekleidung und Textil sowie Stahl und Chemie, zu möglicherweise großen Konflikten zwischen der EG und osteuropäischen Ländern führen. 1989 machten die genannten sensiblen Bereiche in der CSFR, Ungarn, Polen, Bulgarien und Rumänien 45, 58, 44, 50 bzw. 33 % der Exporte in die EG aus.[17] Paradoxe Probleme entstehen aus den in den Reformländern entsprechend den Europa-Verträgen festgesetzten Freimengen für Importe aus EG-Ländern; so führen z. B. Polens Zölle auf importierte Vorprodukte bei der PKW-Produktion von Fiat in Polen dazu, daß polnische Fiat-Modelle kaum gegen die EG-Importkonkurrenz bestehen können.

---

[17] Vgl. *Rollo,* E. / *Smith,* B. (1993), Eastern European Trade with the EC, Economic Policy, im Druck.

Ein Streit über die Aufteilung einer auf Osteuropa bezogenen EG-Importquote könnte indirekt auch die regionale osteuropäische Zusammenarbeit weiter schwächen und als Folge isolierter Transformationsanstrengungen zu politischen und ökonomischen Konflikten führen. Aus EG-Sicht das entscheidende Problem aber könnte der unter dem Eindruck hohen strukturellen Wandlungsdrucks weiter ausufernde strukturpolitische Interventionismus mit Defensivorientierung sein; statt längerfristig ohnehin unvermeidliche Anpassungen zu beschleunigen, könnten auf Strukturerhaltung ausgerichtete Beihilfen und Wettbewerbsbeschränkungen den Wandel verlangsamen und zugleich die Exportchancen Osteuropas abbremsen. Damit aber hätten osteuropäische Länder infolge der Zahlungsbilanzrestriktion verminderte Möglichkeiten zum Import moderner Kapitalgüter aus Westeuropa und mithin reduzierte Chancen, hohes Wirtschaftswachstum einerseits und Liquiditätsvorsorge für die Bedienung von Auslandsschulden andererseits zu betreiben; der Weg Osteuropas hin zu erneutem Interventionismus und möglicherweise auf lateinamerikanische Krisenszenarien der 80er Jahre wäre damit vorgezeichnet. Ordnungspolitische Fehlorientierungen in der EG würden damit indirekt ordnungspolitische Fehlschaltungen in der besonders kritischen Transformationsphase der osteuropäischen Reformländer hervorrufen.

2. Lehren aus der Süderweiterung der EG

Von sechs Gründungsmitgliedern in 1957 ist die EG bis 1986 auf zwölf Mitgliedsländer angewachsen. Mit Ausnahme Griechenlands und Spaniens waren die Neumitglieder zuvor immerhin Mitglieder einer Freihandelszone, der EFTA, gewesen und wiesen dabei als westeuropäische Marktwirtschaften auch ordnungspolitische Verwandtschaften, breite existierende Handels- und Direktinvestitionsströme und Erfahrungen in „Club-Politikentscheidungen" auf. Mit in den 90er Jahren denkbaren Ansätzen zu einer EG-Mitgliedschaft osteuropäischer Staaten entsteht für die EG eine grundlegend neue Situation. Anders als im Fall der in 1993 anstehenden Verhandlungen zur EG-Norderweiterung — skandinavische Staaten betreffend — und zur Aufnahme Österreichs, würde eine EG-Mitgliedschaft von Ex-RGW-Ländern die Aufnahme nicht traditionell marktwirtschaftlicher Industriestaaten betreffen.[18]

Die Ex-RGW-Staaten sind, gemessen am Pro-Kopf-Einkommen, relativ arme Länder, die neben dem ordnungspolitischen Neuorientierungsprozeß demnach insbesondere einen ökonomischen Aufholprozeß gegenüber Westeuropa vollzie-

[18] Eine Ausnahme stellt die Tschechische Republik dar, die schon vor dem Zweiten Weltkrieg eine Tradition als industrialisierte Marktwirtschaft aufweist. Zur Darstellung der historischen Wirtschaftsbeziehungen zwischen Westeuropa und Mittel- und Osteuropa siehe *Weber,* E. (1971), Stadien der Außenhandelsverflechtung Ostmittel- und Südosteuropas, Stuttgart: Fischer; *Kaser,* M. C. / *Radice,* E. A., eds. (1985), The Economic History of Eastern Europe 1919 - 1975, Oxford: Clarendon Press.

hen müßten, so daß die Anpassungsproblematik in Mittel- und Osteuropa schwieriger als in Spanien, Portugal und Griechenland bei der Süderweiterung sein wird.[19]

Die aus EG-Sicht positiven wie negativen Erfahrungen mit der Süderweiterung der EG in den 80er Jahren weisen hier auf eine Reihe von wirtschaftlich und wirtschaftspolitisch interessanten Aspekten hin, die gerade auch für die Osterweiterung relevant sind. Die Süderweiterung der EG beinhaltete die Aufnahme Griechenlands (1.1.1981) sowie von Spanien und Portugal (beide: 1.1.1986) in den 80er Jahren. Während Griechenlands Wirtschaft ein ökonomischer Aufholprozeß kaum in wichtigen Wirtschaftsbereichen gelang, und zwar trotz EG-Transfers von über 22 Mrd. DM, ist im Fall Spaniens und Portugals ein beträchtlicher Aufholprozeß gelungen, der an die für alle drei Länder erfolgreiche Periode 1960-73 — also die Zeit vor den Ölpreisschocks — anknüpfte.[20] Mit dem einkommensmäßigen Aufholprozeß einher ging ein rapider Strukturwandel in Spanien und Portugal, wo der Anteil der in der Landwirtschaft Beschäftigten von in 1980 19.2 % bzw. 27.3 % (38.7 % bzw. 43.9 % in 1960) auf 14.4 bzw. 20.7 % in 1988 zurückging. In Griechenland ging der entsprechende Anteilswert ebenfalls zurück, verharrte aber auf absolut gesehen hohem Niveau von 27 %; im Dienstleistungsbereich stieg der Anteil der Beschäftigten in allen drei Ländern, blieb aber mit Ausnahme Spaniens etwa 10 Prozentpunkte unter dem OECD-Europa-Wert von 57 %. Die Investitionsquoten Portugals und Spaniens markieren zu Beginn der 90er Jahre mit 28 % bzw. 25 % deutlich höhere Werte als die um 20 % liegenden Quoten in den anderen EG-Ländern.

Mit dem Inkrafttreten der Europäischen Akte in 1987 und der zum 1.1.1993 erfolgten Schaffung des EG-Binnenmarktes hat sich der Strukturwandlungsdruck nochmals erhöht. Der angesichts eines Wertes von etwa 20 % an den Investitionsausgaben hohe Anteilswert staatlicher Unternehmen in 1985 weist auf die Bedeutung dieser Unternehmen in der iberischen Wirtschaft hin; doch mit für die Staatsunternehmen von Spanien, Portugal und Griechenland geltenden BSP-Anteilswerten von etwa 15 % war man Mitte der 80er Jahre von der Situation in Polen, Ungarn und der CSFR weit entfernt, wo noch in 1992 der Anteil privater Unternehmen an der Wertschöpfung erst zwischen 45 und 20 % betrug.

Spanien und Portugal haben im Zuge des EG-Beitritts nicht nur Privatisierungsmaßnahmen eingeleitet, sondern vor allem die tarifären und nichttarifären Handelshemmnisse rasch abgebaut, um komparative Vorteile und mithin Einkom-

---

[19] Die Industrialisierung Osteuropas erfolgte — mit Ausnahme des Falls der CSFR — unter den besonderen Vorzeichen der sozialistischen Zentralverwaltungswirtschaft, und die Hinwendung zur Marktwirtschaft datiert erst vom Ende der 80er Jahre, als erstmals eine freie ordnungspolitische Entscheidung nach 1945 möglich war. Auch Spaniens, Portugals und Griechenlands Industrialisierung fällt erst ins 20. Jahrhundert.

[20] Siehe zum Entwicklungsprozeß der drei Länder *Larre,* B. / *Torres,* R. (1991), Is Convergence a Spontaneous Process? The Experience of Spain, Portugal and Greece, OECD Economic Studies, No. 16, 169-196.

mensgewinne bei verschärftem Strukturwandel realisieren zu können. Hinzu kamen mikroökonomisch wie makroökonomisch vorteilhafte Liberalisierungsmaßnahmen; etwa eine schrittweise Arbeitsmarktflexibilisierung (z. B. Erleichterung kurzfristiger Beschäftigungskontrakte), Finanzmarktderegulierung und Kapitalverkehrsliberalisierung und eine auf Deregulierung, Modernisierung und Marktpreisbildung (statt verdeckter Preissubventionen) gerichtete Reformpolitik bei den öffentlichen Unternehmen. 1990 vollzog Spanien, zwei Jahre später Portugal den Schritt in den Wechselkursmechanismus des EWS, nachdem die Inflationsraten deutlich unter die 10%-Marke gesunken waren. Relativ zur Ausgangssituation in den frühen 80er Jahren haben Spanien und Portugal wirtschaftlich im Sinne überdurchschnittlicher Pro-Kopf-Einkommenssteigerung und wachsenden Vertrauens ausländischer Direktinvestoren Fortschritte durch den EG-Beitritt realisiert, und auch wirtschaftspolitisch ist angesichts der Liberalisierungsschritte — Mängeln in Einzelbereichen zum Trotz — ein Erfolg zu verzeichnen.[21] Griechenland gelangen ähnliche Reformen in den 80er Jahren nicht. Von daher überraschen massive Haushaltsdefizitprobleme, eine hohe Inflationsrate, eine gesunkene Investitionsquote, Direktinvestitionsdefizite, nur geringe Terms-of-trade-Verbesserungen und wenig veränderte Außenhandelsstrukturen in Griechenland kaum. Handelsablenkung dürfte im Fall Griechenlands dominiert haben.

Integrationstheoretisch sind mit dem Beitritt zu einer Zollunion Handelsablenkungseffekte einerseits und Handelsschaffungseffekte andererseits verbunden. Die in bezug auf den Handel mit den Zollunionsländern erwarteten Handelsschaffungseffekte sind infolge hohen Einkommenswachstums eingetreten:

— In Spanien stieg die Importquote von 21 % im Durchschnitt der ersten Hälfte der 80er Jahre auf 34 % in 1990, in Portugal verzeichnete man einen Anstieg von 44 auf 68 %; dabei stieg der EG-Anteil am Import Spaniens von 36.8 auf 59.5, der von Portugal von 45.8 auf 69.3 %. Zwar stieg auch Griechenlands EG-Importanteil von 41 auf 62.4 %, doch stiegen Import- und Exportquoten nur sehr mäßig.

— In Spanien stieg die Exportquote um 2.5 Punkte auf 22.4 %, in Portugal von 32 auf 50 %. Spanien zog in den 80er Jahren über 100 Mrd. DM an wachstumsfördernden Direktinvestitionen an.

Die Entwicklung in Spanien und Portugal war wesentlich durch die wirtschaftspolitisch unterstützte Öffnung für Handel und Direktinvestitionen charakterisiert, aber auch durch eine auf Strukturwandel, Disinflation und Wachstumsförderung gerichtete Strategie. Direktinvestitionen wie Portfolioinvestitionen konnten unter diesen Bedingungen in beträchtlichem Umfang attrahiert werden. Daher verlangte die Finanzierung von Leistungsbilanzdefiziten weder einschneidende interne Anpassungsmaßnahmen, noch war eine rapide Erhöhung der kurzfristigen Auslands-

21 Nicht zu übersehen ist wohl, daß der EG-Beitritt auch für die Stabilisierung der jungen Demokratien auf der iberischen Halbinsel ein wichtiger Impuls war.

verschuldung notwendig. Während verbesserte Standortbedingungen und eine stabilitätskonformere Wirtschaftspolitik auf der iberischen Halbinsel einen ökonomischen Aufholprozeß gegenüber dem EG-Durchschnitt begünstigten, hat Griechenland mit einer nicht stabilitätsorientierten Politik, mangelnder Angebotspolitik und Beschränkungen beim Kapitalverkehr die Ausgangsbedingungen für einen ökonomischen Aufholprozeß kaum verbessert. Ähnlich wie Portugal erhielt auch Griechenland EG-Transfers aus den Strukturfonds in Höhe von etwa 2 % des Bruttosozialproduktes; hingegen erhielt Spanien Mittel in Höhe von 0.5 % des Sozialproduktes. Während in Spanien und Portugal mit den Mitteln des Regionalfonds — zur Infrastrukturentwicklung vorgesehen — und dem EG-Sozialfonds (Ausbildungs- und Arbeitsmarktpolitik) die Infrastrukturdefizite deutlich vermindert wurden, konnte Griechenland seine Infrastrukturmängel kaum reduzieren. Wachsende EG-Ausgaben zur Stützung der griechischen Landwirtschaft traten als Ineffizienzproblem hinzu. Da man das Delphische Orakel nicht befragen kann, läßt sich nur auf Basis der ökonomischen Theorie eine Antwort auf die hier unmittelbar naheliegende Frage entwickeln, ob eine EG-Osterweiterung in eine Art griechische Tragödie münden wird; oder ob ein Aufschwungsprozeß nach dem Muster der iberischen Halbinsel in Gang gesetzt werden kann.

3. EG-Transferbelastungen einer Osterweiterung

Im Zuge einer EG-Osterweiterung ergäben sich, abhängig vom Radius der Erweiterung — also dem Kreis an zu integrierenden Ländern des Ex-RGW-Raums — weit höhere EG-Transferzahlungen als in der Zwölfergemeinschaft. Das Argument ist dabei allerdings von vornherein insofern zu relativieren, als von der EG für alle Ex-RGW-Länder eine gewisse finanzielle Unterstützung für den Transformationsprozeß zu erbringen sein wird; einerseits zur Sicherung der Zahlungsfähigkeit hochverschuldeter Länder des Ex-RGW-Raumes, andererseits zur Anschubfinanzierung für einen dauerhaften Transformationsprozeß in Mittel- und Osteuropa, ohne den ein allmählich stark wachsender Einwanderungsdruck auf die EG zukäme.

In der Zwölfergemeinschaft sind für den Zeitraum 1994-97 140 Mrd. ECU an Finanztransfers vorgesehen, wozu noch 15 Mrd. ECU aus dem in Maastricht vereinbarten Kohäsionsfonds hinzukommen. Während Kohäsionsfondsmittel nur Ländern mit Einkommen von weniger als 90 % des EG-Durchschnitts zustehen — Spanien, Portugal, Irland und Griechenland —, kommen die Mittel der Strukturfonds Regionen mit Pro-Kopf-Einkommen von weniger als 75 % des Gemeinschaftsdurchschnitts zugute, wozu auch Ostdeutschland und Nordirland (sowie Korsika und französische Überseegebiete ohne Rücksicht auf die Höhe des Pro-Kopf-Einkommens) zählen. Die Strukturpolitik, auf die 1987 17.8 % der EG-Ausgaben entfielen, machte 1992 mit 18.6 Mrd. ECU bereits 28 % der EG-Ausgaben aus und soll laut EG-Beschluß des Edinburgh-Gipfels bis 1999 auf

30 Mrd. ECU bzw. 35.7 % der EG-Gesamtausgaben von 84.1 Mrd. ECU ansteigen und damit hinter der Agrarpolitik (38.4 Mrd. ECU) zweitgrößter Ausgabenposten sein.

In der Zwölfergemeinschaft wurden Transferzahlungen aus den EG-Strukturfonds primär an Irland, Spanien, Portugal und Griechenland geleistet. Die Pro-Kopf-Ausgaben in 1992 lagen zwischen 90 ECU in Spanien und 290 ECU im Fall Irlands. Geht man davon aus, daß das osteuropäische Reformquartett Ungarn-Polen-Ex-CSFR beim Pro-Kopf-Durchschnittseinkommen den irischen Wert nicht erreicht und zugleich ähnliche Anspruchsmerkmale wie in Irland gegeben sind, so scheint ein ähnlich hoher Pro-Kopf-Transferbetrag von 300 ECU für das Reformquartett als unterster realistischer Wert. Mithin ergibt sich ein Ost-Transferbetrag von mindestens 20 Mrd. ECU; der angenommene Pro-Kopf-Durchschnitt von 300 ECU für das Quartett läßt dabei naturgemäß eine Differenzierung zwischen der Tschechischen Republik, der Slowakischen Republik, Ungarn und Polen offen. Damit wäre mehr als eine Verdoppelung der EG-Strukturfonds notwendig. Im Fall einer auch Rumänien, Bulgarien und die baltischen Staaten („BS") umfassenden EG-Erweiterung ergäbe sich bei unverändertem Ost-Pro-Kopf-Transfer ein Ost-Transferbetrag von etwa 35 Mrd. ECU, was fast eine Verdreifachung der EG-Strukturfondsmittel gegenüber 1991 erforderlich machte.

Die rund 65 Mio. Einwohner Polens, Ungarns und der Ex-CSFR würden vermutlich die EG finanziell stärker belasten als die Transferzahlungen, die bislang auf die 63 Mio. Einwohner von Spanien, Irland, Portugal und Griechenland entfallen (Tab. 2). Zu beachten ist hierbei, daß bei der EG-Süderweiterung die durchschnittlichen Pro-Kopf-Einkommen durch wachsende Frauenerwerbstätigkeit in einigen Ländern — parallel zum Anstieg der Arbeitsproduktivität — gestiegen sind, während ein zu erwartender Rückgang der im Sozialismus sehr hohen Erwerbsquoten in Osteuropa den Aufholprozeß gegenüber den reichen EG-Ländern abschwächt und dabei zugleich die Notwendigkeit höherer nationaler und ggf. internationaler Einkommenstransfers mit sich bringt. Allerdings wird die EG auch im Fall einer Nichtmitgliedschaft kleinerer Länder beträchtliche Transfers nach Osteuropa leisten müssen, wenn eine Destabilisierung der Region, wachsender Einwanderungsdruck aus Mittel- und Osteuropa sowie neue Probleme bei der Bedienung der Auslandsschuld der Ex-RGW-Länder vermieden werden sollen. Auf (prospektive) EG-Mitgliedsländer aus Mittel- und Osteuropa dürfte die EG jedoch einen weitaus stärkeren Einfluß hinsichtlich der wirtschaftlichen Entwicklung und der Gestaltung der wirtschaftspolitischen Konzeption haben als im Fall von Nicht-Mitgliedsländern. Da im Fall eines Scheiterns ökonomischer Transformationsbemühungen in Mittel- und Osteuropa der Destabilisierungseffekt auf Westeuropa größer sein dürfte als bei einer gescheiterten politischen Transformation auf der iberischen Halbinsel in den 80er Jahren, scheinen unter Kosten-Nutzen-Aspekten auch hohe Transferzahlungen an Ex-RGW-Staaten eine vergleichsweise rentable Politikoption für die EG darzustellen. Dies gilt allerdings nur unter der Voraussetzung — und diese zu sichern, dürfte schwierig sein —, daß es gelingt, eine effiziente Verwendung der Transfers im Ex-RGW-Raum sicherzustellen. Stabile und profitable Rahmenbedingungen für in- und ausländische Investoren und wirksamer Wettbewerb bei fortschreitender Privatisierung wären Voraussetzungen, die für gezielte Finanztransfers am ehesten ein positives Wirkungsfeld sichern könnten.

Osteuropäische Beitrittsaspiranten würden vermutlich langfristig auch Anspruch auf Mittel aus einem erweiterten EG-Kohäsionsfonds geltend machen, der 2.5 Mrd. ECU p. a. in der Zwölfergemeinschaft ausmacht. Schließlich könnte sich die Europäische Investitionsbank unter dem Druck steigender Darlehensforderungen aus alten und neuen EG-Ländern zu einer Soft-loan-Kreditagentur wandeln. Damit würde die politische Erfolgskontrolle auf EG-Ebene weiter geschwächt, da diskretionäre politische Entscheidungen an Gewicht gewönnen.

Tabelle 2

Pro-Kopf-Einkommen (y), Bevölkerung (BEV) und Transfers

	y 1991 (EG=100)	BEV (1991)	Brutto-Transfer pro Kopf*
Spanien	80.5	39.4	89.6
Irland	69.0	3.5	289.4
Portugal	57.1	9.8	195.7
Griechenl.	52.2	10.1	182.2
EG-4	71.7	62.8	132.1
Polen	36.4	38.2	
Ungarn	40.5	10.6	
Ex-CSFR	45.7	15.6	
Σ Reformquartett		64.5	300.0 (Durchschnittswert)
Rumänien	23.7	23.0	
Bulgarien	32.9	9.0	
Balt. Rep.		8.0	
Σ OST-9		104.5	

Anmerkung: Das durchschnittliche EG-Bruttoinlandsprodukt in 1990 betrug 13700 ECU, wobei Portugal, Griechenland und Irland mit 4750, 5330 und 9400 ECU die drei untersten, Dänemark, Deutschland (West) und Frankreich / Luxemburg mit 19400, 18600 bzw. 16500 ECU die drei Spitzenplätze markierten.

* erwartete Transferzahlungen in ECU aus den EG-Strukturfonds in 1992.

Quelle: EG-Kommission, eigene Berechnung.

Relativ zum Bruttoinlandsprodukt der Empfängerländer würden Ost-Transferzahlungen etwa 5 - 6 % des Sozialproduktes in den Empfängerländern ausmachen, wenn man für das Reformquartett zu Ende der 90er Jahre ein Bruttoinlandsprodukt von 400 Mrd. ECU und für Quartett + Rumänien + Bulgarien + BS etwa 550 Mrd. ECU veranschlagt. Angemerkt sei, daß die Marshall-Plan-Hilfe (incl. GARIOA-Mittel) der USA nach 1945 etwas mehr als 1 % des US-Bruttosozialproduktes ausmachte und die Empfängerländer Transfers zwischen 2.4 % (Vereinigtes Königreich) und 14 % (Österreich) des Bruttoinlandsproduktes erhielten.[22]

Aus EG-Sicht würden die Transfermittel immer noch unter 1 % des EG12-Bruttosozialproduktes (5300 Mrd. ECU in 1992) liegen. Ein entsprechender Osttransfer scheint aus EG-Sicht kein gravierendes Finanzierungsproblem zu sein, auch wenn die EG-Ausgaben sich damit relativ zum EG-Sozialprodukt gegenüber dem Wert von 1.2 % in 1992 verdoppeln würden; immerhin wäre eine „Friedensdividende" als budgetäre Einsparmöglichkeit auf der Ebene der Nationalstaaten in der EG teilweise dagegen aufzurechnen, und steigende Sparquoten bei anhaltendem Wirtschaftswachstum in Osteuropa könnten Zinsauftriebstendenzen in Europa verhindern. Westeuropa würde schließlich von einer ökonomischen und ökologischen Modernisierung des Ex-RGW-Raums profitieren, dessen Schadstoff-Exporte negative externe Effekte in der EG schaffen.

Ein EG-Osttransfer erscheint weniger unter finanzpolitischen Aspekten ein Problem, sondern vielmehr entstehen durch eine massive Strukturfonds-Erhöhung ordnungspolitische Probleme. Hohe EG-Osttransfers könnten in westeuropäischen EG-Ländern den Ruf nach Brüsseler wie nach nationalen Transfers bzw. Subventionen verstärken und damit marktverzerrende ordnungspolitische Fehlentwicklungen begünstigen. In Mittel- und Osteuropa könnte sich eine Subventions- und Transferempfängermentalität verfestigen, die dem transformationspolitisch notwendigen Anpassungsprozeß hin zu marktwirtschaftlicher Allokation entgegenwirkt. Es besteht die Gefahr, daß sich Initiativen und Aktivitäten vieler Gruppen in der EG verstärkt auf Verteilungs- bzw. Umverteilungsprogramme richten und durch Olsonsche Umverteilungskonflikte Wachstumschancen blokkieren.[23]

Aus wirtschaftspolitischer Sicht käme es daher darauf an, Ost-Transferzahlungen mit einer deutlich wachstumspolitischen Ausrichtung auszugestalten und hierbei eine regelmäßige unabhängige Expertenevaluierung einzubeziehen. Ein Vergleich mit dem recht erfolgreichen Marshall-Plan in Westeuropa ist hier insofern angebracht, als dessen Erfolg im wesentlichen in der Förderung von

---

[22] In Preisen von 1989 belief sich die US-Hilfe 1948-52 auf 57 $ p. a. für jeden Westeuropäer, was 22.3 Mrd. $ bei der jetzigen Bevölkerungszahl ausmachen würde. Auf Osteuropa bezogen ergäbe sich ein Jahrestransferbetrag von 6.5 Mrd. $, inklusive der Ex-UdSSR ein Betrag von 23 Mrd. $. Vgl. *Brabant,* J. von (1990), Remaking Eastern Europe — on the Political Economy of Transition, London: Kluwer, 108.

[23] Siehe zu diesem Stagnationsfaktor, der bei etablierten Interessengruppen zu erwarten ist: *Olson,* M. (1982), The Rise and Decline of Nations, New Haven: Yale University Press.

Modernisierungsinvestitionen, der Überwindung von regionalen Infrastrukturengpässen und der Handelsausweitung — also in angebotsseitigen Impulsen — lag.

Ein fiskalisch gewichtigeres Problem als die Höhe von Strukturfonds liegt in der Problematik eines landwirtschaftlichen Strukturwandels — ein Problem, das sich in den EFTA-Ländern auch stellt. Die landwirtschaftlichen Anpassungsprobleme verschärfen sich im Fall einer Osterweiterung beträchtlich, denn mit Ausnahme der CSFR und der DDR betrugen die Anteile der Erwerbsbevölkerung an der Landwirtschaft im Ex-RGW 20 % und mehr; ähnlich hohe Werte werden in der EG nur in Portugal und Griechenland realisiert (EG-Durchschnitt: 7 %), die aber bevölkerungsmäßig als kleine Länder anzusehen sind (siehe Tab. 3). Ländliche Wählerschichten dürften in Osteuropa eine noch einflußreichere Rolle für die Wahlentscheidung spielen als in Westeuropa, so daß diese Problematik auf nationaler wie supranationaler Ebene in der EG als gewichtig erscheint.

Tab. 3 weist aus, daß nicht nur der Anteil der Erwerbstätigen in der Landwirtschaft und der landwirtschaftliche Wertschöpfungsanteil in Osteuropa über den Vergleichswerten von EG-Ländern liegt. Vielmehr sind — von Ungarn abgesehen — die Anteile des Verarbeitenden Gewerbes am Bruttoinlandsprodukt mit Werten zwischen 30 und 50 % in den Ex-RGW-Ländern in den 80er Jahren etwa doppelt so hoch gewesen wie in den meisten EG-Ländern; diese Werte überstiegen auch deutlich die Anteilswerte der drei aufgeführten Schwellenländer Mexiko, Taiwan und Republik Korea. Dies deutet darauf hin, daß Arbeitsmarktprobleme in Mittel- und Osteuropa sich bei Modernisierung der Landwirtschaft wie der Industrie enorm verschärfen könnten. Ein hohes Wachstum insgesamt — dabei vor allem des Dienstleistungssektors — wäre daher notwendig.

Da EG und EFTA gegenüber Mittel- und Osteuropa im wesentlichen nur eine Liberalisierung des Handels mit Industriewaren und Dienstleistungen zugesagt haben, dürfte im Ex-RGW-Raum das politische Interesse an einer Modernisierung der Landwirtschaft gering bleiben. Der Umfang eigenständiger Modernisierungsanstrengungen privatisierter Landwirtschaftsbetriebe in Osteuropa ist kaum abzuschätzen. Stärker noch als bisher könnte die EG-Agrarpolitik zum Zankapfel der Politik in Europa und zum Hemmnisfaktor für globale Handelsliberalisierungsbemühungen im Rahmen des GATT werden.

Mit der Modernisierung der Landwirtschaft in Osteuropa entstehen für die betroffenen Länder zum einen erhebliche Arbeitsmarktprobleme durch die Freisetzung von Arbeitskräften — und das bei schon transformationsbedingt hoher Arbeitslosigkeit; zum anderen würden sich die Finanzierungserfordernisse in der EG-Landwirtschaft rapide erhöhen. Die in Düngemitteleinsatz und Spritzmittelverbrauch bislang gegenüber Westeuropa zurückliegende Landwirtschaft in Mittel- und Osteuropa könnte bei Modernisierungsbemühungen durch EG-Mittel sinnvollerweise im Rahmen eines Programms zur Förderung einer wenig intensivierten, ökologieverträglichen Landwirtschaft restrukturiert werden. Hier dürfte

Tabelle 3

Landwirtschaft und Industrie als Problemfaktoren

Land	Landwirtschaftssektor % Anteil an Erwerbsbev. 1989	Landwirtschaftssektor % Anteil an Wertschöpfung 1989	Anteil des Verarbeitenden Gewerbes am Bruttoinlandsprodukt 1980	1989	swing 89 / 80
EG12	7.0	3.0	—	—	
P	18.9	6.3	31.0	26.7	—
GR	26.6	15.8	17.0	15.3	—
SP	13.0	5.1	27.4	25.8	—
B	2.8	2.0	24.2	23.3	—
DK	6.0	4.2	17.2	15.8	—
IR	15.1	9.7	23.4	25.6	+
L	3.4	2.1	28.5	28.4	—
NL	4.7	4.3	17.9	20.2	+
F	6.4	3.5	24.2	21.3	—
I	9.3	3.7	27.8	23.2	—
UK	2.2	1.0	32.2	20.4	—
D	3.7	1.5	32.6	31.1	—
DDR	11	6.0	51.3	48.2	—
Osteuropa					
H	18	20.4	26.4	24.5	—
PL	27	13.0	44.3	39.1	—
CSFR	12	10.1	55.4	47.9	—
RM	28	15.2	n. a.	n. a.	n. a.
BUL	17	11.5	48.5	58.1	+
UdSSR	19*	15*	45.7	37.5	—
NICs					
MEX			22.1	24.6	—
TAIW.			36.0	35.6	—
KOR.			29.7	31.3	+

* Eigene Schätzung.

Quelle: EG-Kommission, UNIDO, eigene Berechnungen.

nur eine EG-Osterweiterung (bei paralleler EG-Agrarmarktreform) Möglichkeiten zur Beeinflussung entsprechender Weichenstellungen in osteuropäischen Ländern geben. Nicht-EG-Mitgliedsländer aus dem Ex-RGW-Raum dürften sich tendenziell zugunsten einer nach westeuropäischen Mustern ausgerichteten Intensiv-Landwirtschaft entscheiden, was über steigende Angebotsmengen auf dem Weltagrarmarkt die landwirtschaftlichen Garantieausgaben in der EG rasch in die Höhe treiben dürfte. Eine sich schon jetzt abzeichnende ungünstige Entwicklung liegt im Bestreben etwa der polnischen Regierung, die bisherige (ökonomisch ineffiziente) EG-Agrarmarktordnung durch eine nationale Parallelpolitik vorwegzunehmen. Noch ehe eine private Landwirtschaft in Osteuropa unter Bedingungen freier Konkurrenz sich voll entfaltet hat, wird sie in Antizipation interventionistischer EG-Agrarmarktpolitik in ein System nationaler Subventionen, Garantiepreise und Schutzzölle eingebunden.

Die in 1993 etwa 35 Mrd. ECU betragenden landwirtschaftlichen Garantie-Ausgaben könnten sich bei einer EG-Osterweiterung ohne weiteres mehr als verdoppeln, wenn man davon ausgeht, daß landwirtschaftliche Produktivitätsfortschritte zudem auch in der Ex-UdSSR für sinkende Weltmarktpreise und mithin höhere EG-Exportsubventionserfordernisse zu Ende der 90er Jahre sorgen werden. Damit würden sich naturgemäß auch die handelspolitischen Konfliktpotentiale im GATT verschärfen. Würden die Ukraine und Rußland ähnlich ertragreiche Sorten anbauen und eine ähnliche technische Effizienz erreichen wie die EG-Bauern, so wären rapide sinkende Weltmarktpreise auf lange Sicht zu erwarten. Eine Neuorientierung der EG-Agrarpolitik zugunsten einer ökologieverträglichen Landwirtschaftspolitik — mit bewußter Disintensivierungsabsicht — könnte einen Ausweg aus bisherigen Problemen und sich verschärft abzeichnenden neuen Agrarmarktkonflikten sein.

III. Anpassungserfordernisse

1. Ordnungspolitische Anpassungsprobleme

Da die Gemeinsame Agrarpolitik in der EG bei einer Osterweiterung der Gemeinschaft noch fragwürdiger und kostspieliger für die EG-Steuerbürger wird als schon bisher und weil zudem die Konflikte im Weltagrarhandel bzw. im GATT weiter steigen würden, ist eine langfristige ordnungspolitische EG-Reform gerade in der Agrarmarktordnung erforderlich. Zwar wird man kurzfristig kaum über die gerade erreichten Kurskorrekturen zum Abbau der Überschüsse hinauskommen, aber schon mittelfristig wären deutlich veränderte Weichenstellungen — mit Signalwirkung nach Osteuropa — politisch zu verabschieden.

Ordnungspolitische Anpassungsprobleme, die sich auf die Bereiche Wettbewerbspolitik und Rolle von Staatsunternehmen (Privatisierung und Deregulierung) beziehen, gibt es zwar auch in Westeuropa, aber offenkundig sind die Reformerfordernisse in Mittel- und Osteuropa wesentlich größer.[24]

---

[24] Siehe zu Einzelaspekten *Welfens*, P. J. J. (1993a), EG-Osterweiterung: Ökonomische Anpassungserfordernisse, Konvergenzprobleme und ordnungspolitischer Reformbedarf in Europa, Beitrag zum 26. Internationalen Forschungsseminar Radein „Die Europäische Integration als ordnungspolitische Aufgabe", Radein, Italien, 14.2.93-25.2.93.

In Mittel- und Osteuropa kommt einer langfristig angelegten Privatisierungspolitik entscheidende ordnungspolitische Bedeutung für eine dauerhafte Integration mit Westeuropa zu. Der internen Wettbewerbspolitik, der Außenwirtschaftspolitik — hierbei auch der Exportförderungspolitik — sowie der Finanzmarktliberalisierung (als Basis für funktionsfähige Kapitalmärkte) kommt entscheidende Bedeutung für eine effiziente Allokation zu. Ohne ordnungspolitische Weichenstellungen zugunsten effizienter Allokation und hohen Wirtschaftswachstums wäre eine wachsende ökonomische Divergenz in Mitteleuropa und wohl auch innerhalb des Ex-RGW-Raumes zu erwarten. Besonders wachstumsrelevante und ökologisch wichtige Sektoren wie Energiewirtschaft, Telekom und Bahn- sowie Flugverkehr wären — abweichend vom traditionellen Modell in EG-Ländern — besonders frühzeitig zu privatisieren; Ungarn hat Anfang 1993 als bislang erstes Reformland Projekte in dieser Richtung angekündigt. Eine transitorische selektive Zollprotektion für Sektoren mit hohem gesamtwirtschaftlichen Wachstumseffekt könnte u. U. im Fall großer Länder (Polen, Ukraine, Rußland) für einen technologischen Aufholprozeß erwägenswert sein, sofern zugleich eine außenorientierte Wirtschaftspolitik getrieben wird; kleine Länder, die am Weltmarkt Preisnehmer sind, könnten — der Optimalzolltheorie folgend — hingegen nicht einmal auf vorübergehende Vorteile einer selektiven Zollprotektion hoffen.[25] Eine wachsende ordnungspolitische Divergenz in Mittel- und Osteuropa könnte indirekt durch die Orientierungswirkung der EG-Assoziierungsverträge mit Ländern des Ex-RGW-Raumes verhindert werden.

Beträchliche ordnungspolitische Anpassungserfordernisse gibt es naturgemäß auch in der EG. Hier sind vor allem die gegen osteuropäische Exportinteressen gerichteten Beschränkungen von Wettbewerb und Handel in sensitiven Bereichen angesprochen. Sowohl auf nationaler Ebene wie auf der supranationalen Ebene wird die Systemtransformation in Mittel- und Osteuropa und der dort z. T. relevante Wunsch nach Integration mit der EG zu erhöhtem Reformdruck führen. Dem Liberalisierungsdruck aus Mittel- und Osteuropa werden die EG-Länder aber solange wohl nur in begrenztem Umfang entsprechen, wie nicht massive Direktinvestitionen von Unternehmen aus EG-Ländern im Ex-RGW-Raum dafür sorgen, daß über die Konzernmütter politischer Liberalisierungsdruck in Westeuropa aufgebaut wird. Von daher kommt der Direktinvestitionspolitik in Mittel- und Osteuropa eine besondere Rolle nicht nur für die interne Liberalisierung, sondern auch für die EG-Liberalisierung zu. Langfristig wären in der EG auch neue marktkonforme Weichenstellungen in der EG-Agrarmarktpolitik erforderlich.

Schließlich ist zu fragen, inwieweit die mit dem Maastrichter Vertrag veränderte EG-Währungsordnung nicht neue Beitrittshürden für Mittel- und Osteuropa errichtet. Die Maastrichter Konvergenzkriterien sind auf absehbare Zeit in kaum

---

25 Vgl. *Welfens* (1993a), op. cit.

einem Land Mittel- und Osteuropas zu realisieren: Eine Neuverschuldungsquote von unter 3 vH des Bruttosozialproduktes wird — mit Ausnahme der Tschechischen Republik — kein Land in den 90er Jahren erreichen können; die (ohnehin fragwürdige) 60-%-Marke für die Relation von Staatsschuld zu Bruttoinlandsprodukt dürften in mehreren Ländern rasch überschritten werden, wenn erst der Privatisierungsprozeß ganz vollzogen und damit im Zuge der notwendigen Entschuldung der Unternehmen durch den Staat der Schuldenbestand rapide anwachsen wird. Schon einstellige Inflationsraten dürften mit Ausnahme der Fälle Ungarn und Tschechische Republik eine Ausnahme darstellen; damit scheint eine Erfüllung der Konvergenzerfordernisse bei der Inflationsrate und dem Nominalzinssatz für prospektive Beitrittsländer praktisch unmöglich, wozu noch der Umstand kommt, daß alle Währungen in Mittel- und Osteuropa keine feste Parität gegenüber ECU oder DM erreicht haben (und mittelfristig wohl auch nicht erreichen können und sollten). Die mit den Maastrichter Verträgen veränderte EG-Währungsordnung dürfte den Integrationsprozeß Mittel- und Osteuropas mit der Gemeinschaft auf lange Sicht erschweren.

2. Strukturwandlungsdruck: Handelsablenkungs- und Direktinvestitionsschaffungseffekte

Eine Osterweiterung der EG in impliziter Form wie in expliziter Form wirft außerordentlichen Strukturanpassungsbedarf auf. Wo dieser auf hohe Wandlungskosten bzw. auf nicht hinreichend hohe Strukturwandlungsfähigkeit trifft, drohen eine ökonomisch nicht sinnvolle Fortführung überkommener sektoraler und regionaler Produktionsstrukturen und ordnungspolitische Konsistenzprobleme im Gefolge wachsender Erhaltungssubventionen. Die durch den Binnenmarkt begünstigte Expansion von Großunternehmen in der EG dürfte EG-weit die Flexibilität eher vermindern. In 1993 zeichnet sich ein neues EG-Strukturkrisenkartell in der Eisen- und Stahlindustrie ab, die sich bei rückläufiger Weltkonjunktur und rasch steigenden Exportmengen osteuropäischer Billiganbieter mit einem Preisverfall von 40 % gegenüber 1991 konfrontiert sieht. US-Antidumpingmaßnahmen gegen EG-Stahlexporteure finden eine problematische Parallele in EG-Antidumpingmaßnahmen gegenüber osteuropäischen Exporteuren. Dabei war in 1991 der Anteil Osteuropas bzw. der GUS an den EG-Importen aus Drittländern bislang mit 3.3 bzw. 3.6 % gering.

Auf Basis des Gravitationsmodels des Außenhandels schätzten *Hamilton* und *Winters* für 1985, daß die EG-Exporte von Osteuropa plus UdSSR potentiell 132.6 Mrd. $ statt tatsächlich 27.2 Mrd. $ betragen müßten;[26] bei Zugrundelegung

---

[26] Das Gravitationsmodell geht auf *Linnemann,* H. (1966), An Economic Study of International Trade Flows, North-Holland, Amsterdam. Zur theoretischen Fundierung siehe *Bergstrand,* J. H (1985), The Gravity Equation in International Trade: Some Microeconomic Foundations and Empirical Evidence, Review of Economics and Stati-

weltwirtschaftlicher Normalparameter ergibt sich demnach ein hohes Exportsteigerungspotential unter Berücksichtigung der positiven Einflußfaktoren im Modell: BIP im Exportland (Proxy für Exportangebot und Produktdiversifizierung), 1 / Bevölkerung im Exportland (Proxy für Ländergröße, wobei große Länder weniger auf Auslandsmärkte angewiesen sind), BIP im Absatzland (Proxy für Nachfrage), 1 / Bevölkerung im Absatzland (Proxy für Ländergröße, wobei große Länder eher „Selbstversorger" sind), geographische Nähe (Transaktionskostenvorteile), gemeinsame Landesgrenze (Kontakterhöhungsfaktor) und Handelspräferenzen (Transaktionskostenvorteile).

Auf Basis der *Hamilton-Winters*-Ergebnisse läßt sich errechnen, daß die EG-Importe aus Drittländern in 1991 statt 574.4 Mrd. \$ 780.1 Mrd. \$ hätten betragen können; und zwar mit einem Anteilswert von 26.4 % für Osteuropa plus GUS, was über dem Anteilswert von 24.1 % für die EG-Importe aus den EFTA-Ländern gelegen hätte. Zwar sind derartige Abschätzungsversuche aus methodischen Gründen nicht unproblematisch, doch geben sie immerhin einen Einblick in mögliche Steigerungen des Außenhandels in Europa und weltweit. Kritisch einwenden könnte man insbesondere, daß die politische Disintegration im Ex-RGW-Raum tendenziell handelsreduzierend wirkt und der Nettoexportsteigerungseffekt somit geringer ist als im *Hamilton / Winters-Modell.*

Tabelle 4

Regionalstruktur des EG-Außenhandels mit Drittländern, 1991

(Monatsdurchschnitte)

	Exporte		Importe	
	Mill. \$	%	Mill. \$	%
Alle Drittländer	43 574	100.0	51 382	100.0
EFTA	11 215	25.7	11 518	22.1
Osteuropa	1 826	4.2	1 694	3.3
GUS	1 460	3.4	1 822	3.6
USA	7 370	16.9	9 291	18.1
Japan	2 291	5.3	5 495	10.7
Entwicklungsländer				
Mittlerer Osten	3 398	7.8	2 623	5.1
Ferner Osten	5 255	12.1	7 349	14.3
Afrika	3 451	7.9	4 204	8.2
Lateinamerika	1 869	4.3	2 675	5.2
Sonstige	5 439	12.5	4 711	9.2

Quelle: OECD, Foreign Trade Statistics, Series A, Nov. 1992.

stics; zur Schätzung von Hamilton und Winters siehe *Hamilton,* C. B. / *Winters,* L. A. (1992), Opening up International Trade with Eastern Europe, Economic Policy, No. 14, 77-116

Wichtiger noch scheint es, das Augenmerk auf den Zusammenhang zwischen Pro-Kopf-Exportvolumen und Pro-Kopf-Sozialprodukt zu lenken (wobei zwischen beiden Variablen eine Interdependenz besteht): Ein rasches Wirtschaftswachstum in Osteuropa wäre ein wichtiger Exportkatalysator, weil die Einkommenselastizität der Exporte in industrialisierten Marktwirtschaften über 1 liegt; andererseits können steigende Exporte zur Wahrnehmung von Massenproduktionsvorteilen selbst in kleinen Ländern führen und über den „Erziehungseffekt" des Wettbewerbs im Weltmarkt positive Wettbewerbs- und Wachstumseffekte vermitteln. Wenn die kleinen RGW-Länder den Einkommensrückstand zu den EFTA-Staaten wettgemacht hätten, würde vermutlich auch ihr Pro-Kopf-Export 7-8mal so hoch wie gegenwärtig sein. Längerfristig ist in jedem Fall mit erheblichem Anpassungsdruck in der EG als Konsequenz steigender Exporte aus dem Ex-RGW-Raum zu rechnen.

Standortwettbewerb

Infolge des EG-Binnenmarktes verschärft sich der Wettbewerbsdruck in der EG, und neue raumwirtschaftliche Produktionsstrukturen und Spezialisierungsmuster entstehen. Da eine an Ländergrenzen bzw. länderbezogenen Einkommenselastizitäten ausgerichtete Preisdifferenzierung nicht länger möglich sein wird und infolge der Eliminierung der nichttarifären Handelshemmnisse der gesamte EG-Markt prinzipiell von jedem Standort der Gemeinschaft aus bedient werden kann, entsteht eine verschärfte Standortkonkurrenz. Diese zwingt Unternehmen aus Hochlohnländern zu beschleunigten Standortverlagerungen bei gleichzeitig neuen Ansätzen, statische und dynamische Massenproduktionsvorteile und die Möglichkeiten praktisch lagerloser Produktionsnetzwerke zu nutzen; letzteres führt etwa bei einer internationalen Produktionsverlagerung eines Automobilproduzenten dazu, daß automatisch auch Arbeitsplätze und Steuereinnahmen aus sich parallel verlagernden Zulieferunternehmen mitwandern.

Handelsablenkungs- und Direktinvestitionsschaffungseffekte

In der Integrationstheorie unterscheidet man für den Fall der Schaffung einer Zollunion zwischen wohlfahrtsökonomisch positiven handelsschaffenden Effekten einerseits und wohlfahrtsökonomisch negativen handelsablenkenden Effekten andererseits; der Übergang zu regionalem Freihandel bzw. der Beitritt eines Landes zu einer Zollunion ist — abhängig vom Saldo der beiden Effekte — keineswegs notwendigerweise positiv. In einem einfachen Modell (Abb. 1), das von einem Land A mit zwei alternativen Lieferländern B und C ausgeht, läßt sich die Grundüberlegung einfach in einer graphischen Darstellung verdeutlichen; die Unternehmen aus B und C sind jeweils Preisnehmer, wobei annahmegemäß die B-Unternehmen zu Grenzkosten K'^{B}_{0}, die C-Unternehmen aber zu höheren Grenzkosten K'^{C} produzieren. Wenn beide Exportländer bei dem betrachteten

Produkt sich einem einheitlichen Zollsatz z seitens A gegenübersehen, so wird A seine Importnachfrage DD^A durch Importe aus Land B, und zwar in Höhe von q_2 zum Preis $P^B(1+z) = P_2$ befriedigen. Wenn nun aber Land C mit Land A eine Zollunion bildet, so werden Importe aus Land C (bzw. A) nicht länger mit dem Zollsatz z belegt, so daß B-Unternehmen mit ihren Exporten in A nicht länger konkurrenzfähig sind. Land A wird nun statt aus B aus C importieren, und zwar eine größere Menge (q_1), wobei die Importmengensteigerung ($q_1 - q_2$) den handelsschaffenden Effekt bezeichnet: Gemessen an der Konsumentenrente entsteht ein Wohlfahrtsgewinn in Höhe des Dreiecks $F'FI'$. Die ursprünglichen Zolleinnahmen in Höhe von zq_2 (Rechteck $HH'F'K$) entfallen nun aber, so daß ein Wohlfahrtsverlust aus der Handelsablenkung (Ersetzung von B-Unternehmen als Lieferanten durch C-Unternehmen) in Höhe des Rechtecks $HII'H'$ entsteht. Der Netto-Wohlfahrtseffekt ist offen.

Die weltwirtschaftlichen Nettowohlfahrtseffekte regionaler Zollunionen bzw. Unionserweiterungen können durchaus negativ sein. Tendenziell besteht dieses Risiko immer dann, wenn die weltweit am günstigsten produzierenden Unternehmen durch die Unionsbildung bzw. Unionserweiterung als Importeure der Zollunionsländer ausscheiden. So ist nicht auszuschließen, daß z. B. eine EG-Osterweiterung um Polen, Ungarn und die Ex-CSFR eigentlich günstiger produzierende Anbieter — bei noch zu schaffenden neuen marktwirtschaftlichen Rahmenbedingungen (einschließlich Wettbewerb) — aus Ländern wie Rußland, der Ukraine oder Rumänien vom EG-Markt verdrängt. Weltwirtschaftlich optimal wäre globaler Freihandel, der zur Importmenge q_0 führt. Diese traditionelle Darstellung soll hier allerdings um einige neue Überlegungen ergänzt werden, welche eine Unionserweiterung unter bestimmten Bedingungen auch für Land B optimal erscheinen läßt. Nimmt man an, daß die Grenzkosten K'^C ab einer bestimmten Produktionsmenge ansteigen (z. B. wegen Erreichens eines kritischen Outputniveaus, ab dem die natürliche Absorptionskraft der Region für Emissionen überschritten ist, so daß Emissionsvermeidungskosten auftreten), so würden Anbieter aus Land B dann wieder als Lieferanten in Land A zum Zuge kommen, wenn durch Unionserweiterung ausgelöste positive Einkommenseffekte in A bzw. $A + C$ zu einer starken Rechtsverschiebung der betrachteten Importnachfragekurve (DD_1^A) führen: Dabei wären die Produzenten aus Land B nicht schlechter gestellt als vor der Unionsbildung bzw. -erweiterung, wenn die Strecke KJ — repräsentiert nun die Importmenge aus Land B — mindestens der Menge q_2 entspricht. Falls überhaupt in der Realität relevant, so können sich positive integrationsbedingte Einkommenseffekte natürlich sowohl in Land A (oder Ländergruppe a_1, a_2, ... a_n) wie in Land C (oder Ländergruppe c_1, c_2, ... c_n') entwickeln, so daß Land B im günstigsten Fall die ursprüngliche oder eine größere Menge exportiert, aber nicht mehr allein nach Land A, sondern in bestimmter Aufteilung zu den A-Märkten und den C-Märkten. Wenn man als A-Ländergruppe die EG und als Ländergruppe c_1 ... c_n' EG-Aspiranten aus dem Ex-RGW-Raum setzt und Ländergruppe B die Nichtbeitrittsländer des Ex-RGW-Raumes repräsentiert, dann hätte man ein denkbares globales Positivsummenspiel. Hier würden alle europäischen Länder ökonomisch durch die EG-Osterweiterung im günstigsten Fall gewinnen. Geht man von der Annahme gegebener Importpreise bzw. eines unendlich elastischen Importangebotes aus Drittländern ab, so wäre eine EG-Osterweiterung um zumindest zwei Ex-RGW-Länder — bei Abschaffung der nichttarifären Handelshemmnisse, was zu wachsendem Intra-EG-Exportangebot führt — mit handelsschaffenden Effekten für die Extra-EG-Länder verbunden. Denn bei sinkenden Weltmarktpreisen steigt die Importnachfrage der erweiterten EG.

Ob es beim Beitritt bisheriger EG-Nachbarländer an der Ostgrenze der Gemeinschaft tatsächlich zu integrations- und nachbarschaftsbedingten Einkommenseffekten positiver Art in hinreichender Größe kommt, is a priori ungewiß. Empirische Untersuchungen bezüglich der durch Integration bedingten Wachstumseffekte in der EG weisen auf eine Größenordnung von 0.5 % p. a. hin.[27] Weder eine regionale Wirtschaftsintegration im Ex-RGW-Wirtschaftsraum selbst, noch eine partielle Osterweiterung lassen von daher einen integrationsbedingten Wachstumsschub erwarten, auch wenn die positiven Integrationseffekte in Osteuropa größer wären als im Fall der EG.

Wirtschaftspolitisch wesentlich wäre es aber offenkundig, Hemmnisse für positive Einkommens- und Wachstumseffekte einer EG-Integration zu eliminieren. Folgt man einigen neueren theoretischen Überlegungen, so könnten regional begrenzte externe Humankapitalbildungseffekte und positive regionale Technologie-Spillovereffekte Grundlage für positive Einkommenseffekte der Integration sein.[28] Positive Einkommenseffekte einer wirtschaftspolitisch sorgsam konzipierten EG-Osterweiterung könnten letztlich für zusätzliche Importnachfrage gegenüber Ländern aus dem Ex-RGW-Raum sorgen, die nicht EG-Mitglied werden können oder wollen. Naturgemäß sind steigende Exporterlöse dieser Länder wiederum die Grundlage dafür, daß sie längerfristig steigende Importe aus Westeuropa finanzieren und die Auslandsverschuldung bei westlichen Banken bedienen können. Hierin und in den einkommens- und transformationsfördernden Aspekten wachsenden EG-Osteuropa-Handels liegt die doppelte Bedeutung positiver Wachstumseffekte in der EG. An dieser Stelle sei zumindest auf diesbezüglich negative Wirkungen einer fortschreitenden EG-Währungsintegration hingewiesen, die EG-Staaten — mit Blick auf die Maastrichter Beschlüsse — zu einer stabilitätspolitisch überzogenen bzw. deflationären Hochzinspolitik veranlassen könnte.

---

27 Vgl. *Coe,* D. T. / *Kruger,* T. (1990), Wage Determination, the Natural Rate of Unemployment, and Potential Output, in: *Lipschitz,* L. / *McDonald,* D., German Unification. Economic Issues, Occasional Paper, No. 75, Washington DC, 115-129.

28 Siehe zu Humankapitaleffekten *Lucas* (1990), Why Doesn't Capital Flow from Rich to Poor Countries?, in: American Economic Review, P&P, Vol. 80, 60-92; zu Know-how spillovers siehe *Grossman,* G. M. / *Helpman,* E. (1991), Innovation and Growth, Cambridge, MA: MIT Press.

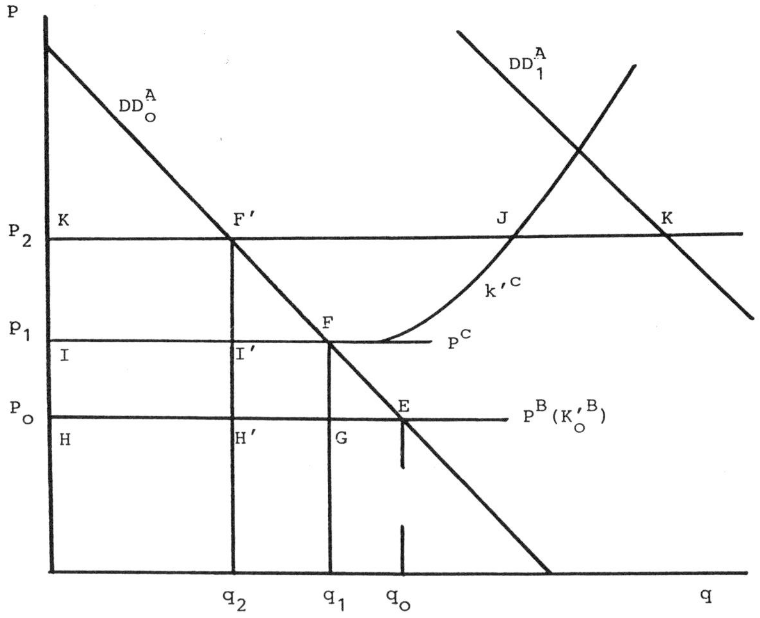

Abb. 1: Handelsschaffung, Handelsablenkung und Einkommenseffekt

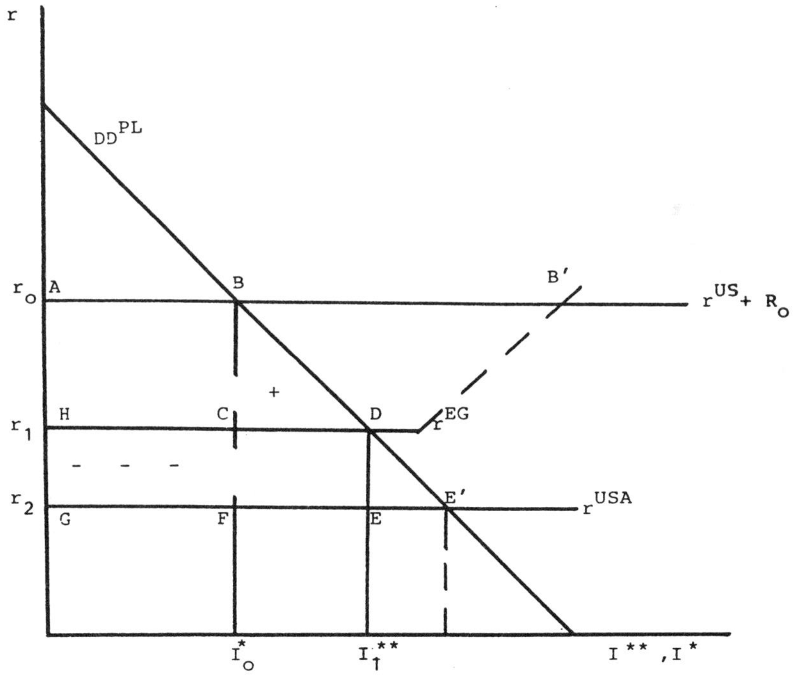

Abb. 2: Direktinvestitionsschaffung und -ablenkung

Direktinvestitionsschaffungseffekte?

Ähnlich wie bei der Analyse der Handelsschaffungs- und Handelsablenkungseffekte könnte man eine Analyse für Direktinvestitionseffekte entwickeln, was nachfolgend in Grundzügen vorgestellt sei (Abb. 2). Annahmegemäß sei das betrachtete Land *PL* ein Nettokreditnachfrager, wobei Kreditnachfrage stets aus Investitionsprojekten herrühren soll. Es gebe zwei denkbare Kapitalexportländer, nämlich die USA (Realzins r^{USA}) und die EG (r^{EG}). Das Land *PL* — dies sei Portugal nach 1985 oder Polen nach 2000 — sieht sich bei flexiblen Wechselkursen folgender mittelfristiger Realzinsparität gegenüber:[29]

$$r_j = r_i + R_{j,i}(V_{i,j}, Z_{i,j});$$

mit R = Risikoprämie, r = Realzins (* = Ausland)

Der Realzinssatz in Inland r_j ist gleich der Summe aus exogenem Auslandszinssatz (OECD-Raum) plus einer Risikoprämie, die von der realen Wechselkursvarianz V und der „ordnungspolitischen Distanz" Z_j,i zum Vergleichsland $i = 1, 2$ (hier USA und EG) abhängt. Nimmt man zur Vereinfachung an, daß die Risikoprämie aus Sicht der Investoren bzw. Kreditgeber in den USA bzw. der EG gleich hoch sei (R_0), so kommen allein Investoren aus den USA in Land *PL* zum Zuge. Die Direktinvestitionen betragen I_0^*. Tritt nun Land *PL* der EG bei, so vermindert sich nach den typischen Übergangszeiten die ordnungspolitische Distanz; beim Eintritt in den Wechselkursmechanismus des EWS nähert sich auch die reale Wechselkursvariabilität dem Wert Null. R sinkt, und zwar möge R aus Sicht von EG-Investoren nunmehr Null betragen. Zwar gilt jetzt auch, daß US-Investoren gegenüber *PL* nunmehr eine verminderte Risikoprämie ansetzen (möglicherweise identisch mit derjenigen für die bis dahin existierende EG), aber solange r+R für die US-Investoren oberhalb r^{EG} liegt, ist die Schlußfolgerung eindeutig: Der EG-Beitritt führt dazu, daß statt ursprünglich I_0^*-Investitionen aus den USA nunmehr höhere Direktinvestitionen, und zwar I^{**}_1 aus EG-Ländern, stattfinden werden. Steigende Direktinvestitionen bedeuten erhöhten strukturellen Wandlungsdruck sowie positive Wachstumseffekte, wobei die Einkommenselastizität der Nachfrage beide Aspekte miteinander verbindet. Der Zufluß an Direktinvestitionen wäre bei schwachen Integrationsformen mit der EG, die eine ordnungspolitisch große Distanz zur EG bedeuten, für Ex-RGW-Länder geringer als bei einer expliziten EG-Integration. Der nach dem EG-Beitritt 1986 — bei

---

29 Aus der Nominalzinsparität $i = i^* + a$ (a = Abwertungsrate; * = für Auslandsvariable) folgt bei annahmegemäß mittelfristiger Geltung der Kaufkraftparität $a = \pi - \pi^*$ und Zinsbildung nach *Fisher* ($i = r + \pi$ bzw. $i^* = r^* + \pi^*$): $r = r^*$; dies gilt zunächst für eine einheitliche Welt ohne Risiko bzw. Unsicherheit.

energischen Liberalisierungsmaßnahmen in Spanien und Portugal — einsetzende starke Zufluß an Auslandskapital auf die iberische Halbinsel unterstützt diese Überlegungen.

Zum Wohlfahrtsgewinn in Höhe des Dreiecks *BCD* kommt ein Wohlfahrtsplus entsprechend der Fläche des Rechtecks *ABCH*. Ähnlich wie im Fall der Zollunionsanalyse kann nun auch hier unter Einbeziehung positiver Einkommenseffekte einer Unionserweiterung ein Ergebnis hergeleitet werden, daß einem weltweiten Positivsummenspiel entspricht. Wachstum bedeutet eine Rechtsverschiebung der DD^{PL}-Kurve, die — sofern aus US-Sicht unverändert R_0 gilt — rechts von B' verlaufen muß, damit US-Investoren nach EG-Erweiterung wieder in *PL* zum Zuge kommen.

Strukturwandeldruck

Der im Zuge von „Nachholeffekten" entstehende Strukturwandel bei außenwirtschaftlicher Öffnung und interner Liberalisierung wird in Osteuropa verstärkt werden durch den „Normalwandlungsdruck", der sich im Zuge der Wirtschaftsentwicklung in allen Industriestaaten ergibt. Zu den Nachholeffekten, mit denen man den westeuropäischen Strukturwandel der ersten vier Jahrzehnte nach dem Zweiten Weltkrieg imitieren würde, gehört nicht allein ein Anteilsrückgang der landwirtschaftlichen Wertschöpfung am Nationaleinkommen, sondern vor allem eine verkleinerte und infolge von Handel und Direktinvestitionen anders strukturierte Industrie. Stukturvergleiche für die Ex-DDR und Westdeutschland haben gezeigt, daß etwa die DDR in ihrer Wirtschaftsstruktur in 1990 in etwa jener der Bundesrepublik Deutschland Mitte der 60er Jahre entsprach, wobei zudem die Fertigungstiefe vieler Branchen verglichen mit Westeuropa zu hoch war.[30] Ähnliche strukturelle Schieflagen finden sich im Vergleich von EG und Mittel- und Osteuropa insgesamt. Der bislang stark vernachlässigte Dienstleistungssektor wäre in Osteuropa beschleunigt auszubauen, wobei hierin primär die Auslagerung früher unternehmensintern erbrachter Leistungen auf spezialisierte Dienstleistungsanbieter zu sehen wäre. Aus der Perspektive der Transaktionskostenökonomik reichen offenkundig in Westeuropa die hohen Produktivitätsfortschritte eigenständiger Dienstleistungsanbieter aus, die bei Auslagerung entstehenden Marktransaktionskosten so deutlich überzukompensieren, daß ein längerfristiges Wachstum des Dienstleistungssektors in den OECD-Staaten zustande kommt; dabei wird dieser Sektor durch industrielle Dienstleistungen dominiert, so daß eine international wettbewerbsfähige Industrie letztlich doppelt wichtig für positive Arbeitsmarkteffekte ist.

---

30 Vgl. *Hoffmann,* L. (1992), Integrating the East German States into the German Economy: Opportunities, Burdens, and Options, in: *Welfens,* P. J. J., Hrsg., Economic Aspects of German Unification, Heidelberg: Springer, 53-65.

Ein erheblicher struktureller Wandlungsdruck entsteht in Mittel- und Osteuropa schließlich durch die steigenden Umweltschutzerfordernisse. Altlasten und akute Umweltschäden wirken als Standortnachteil beim Bemühen um in- und ausländische Investoren. Naturgemäß würde eine EG-Mitgliedschaft erhebliche ökologische Sanierungsaufwendungen erfordern — ähnlich wie bereits aus dem Fall der ökologischen Sanierung in der Ex-DDR bekannt. Eine Dekade lang müßten in Ungarn, der Ex-CSFR und Polen etwa 10-20 % des EG-Sozialproduktes für ökologische Sanierungs- und Modernisierungsmaßnahmen aufgewendet werden.[31] Dies ist deutlich oberhalb der Größenordnung, die etwa in den OECD-Ländern in den 70er Jahren im Kontext der OPEC-Ölpreisschocks der heimischen konsumtiven und investiven Verwendung entzogen wurden. Das Fallbeispiel deutsche Wiedervereinigung scheint mit den von Westdeutschland aufgebrachten Transfers zugunsten der Ex-DDR von 5-6 % des Bruttoinlandsproduktes eine obere kritische Größenordnung für transitorischen Absorptionsverzicht in hochentwickelten Marktwirtschaften aufzuzeigen.

Von daher dürfte die Schmerzschwelle in Osteuropa bei der ökologischen Sanierung noch deutlich darunter liegen, so daß selbst erst Ende der 90er Jahre beginnende Beitrittsverhandlungen mit Ländern aus Mittel- und Osteuropa Übergangsfristen von 15-20 Jahren ins Auge fassen müßten.

Tab. 5 weist beim Vergleich von kleineren EG-Ländern mit Ländern ähnlicher Größe in Mittel- und Osteuropa aus, daß die Ex-RGW-Staaten in der Industrie überspezialisiert waren, was vermutlich auf die systembedingte starke Betonung von statischen Massenproduktionsvorteilen zurückzuführen ist; diese Überspezialisierungsthese wird auch durch einen Vergleich mit Schwellenländern deutlich. Eine positive Ausnahme stellten allein Ungarn (und Polen) dar, die vermutlich aufgrund ihrer schon in den 80er Jahren eingeleiteten Außenwirtschaftsliberalisierung Industriestrukturen entwickelt haben, die mit einer internationalen Arbeitsteilung auf Basis marktwirtschaftlicher komparativer Vorteile kompatibel sein könnten. Allerdings muß bei den Zahlen zum industriellen Spezialisierungsgrad in Tab. 5 insgesamt offen bleiben, ob bei vergleichbar hohem Spezialisierungsgrad von Ex-RGW-Ländern auch eine ökonomisch effiziente Spezialisierungsstruktur vorliegt. Im übrigen weist die unterschiedliche Entwicklung beim Spezialisierungsgrad der Länder Portugal, Griechenland und Spanien in den 80er Jahren darauf hin, daß der EG-Beitritt bei Neumitgliedern nicht in eine einheitliche Richtung gewirkt hat. Bei diesen Neumitgliedern sowie in Irland (Luxemburg sei als sehr kleines Land hier vernachlässigt) ist allerdings eine relativ hohe

---

[31] Siehe hierzu *Welfens,* M. J. (1993), Umweltprobleme und Umweltpolitik in Mittel- und Osteuropa. Ökonomie, Ökologie und Systemtransformation, Heidelberg: Physica; *Welfens,* M. J. / *Welfens,* P. J. J. (1993), Environmental Cleaning-up in Systemic Transformation: Costs, Investment Effects and Policy Options, paper presented at the International Workshop on Environmental Management in a Transition to Market Economy: A Challenge to Government and Business, Université de Genève, Jan. 6-8, 1993.

Strukturwandelsintensität festzustellen, die deutlich über der Intensität in etablierten EG-Ländern einerseits und andererseits — mit Ausnahme von Ungarn und Polen — über der Intensität des Strukturwandels in den sozialistischen RGW-Ländern lag. Die UdSSR, Rumänien und Bulgarien weisen gegenüber den Schwellenländern Taiwan, Korea und Mexiko niedrige Strukturwandelsintensitäten auf. Erst mit der Privatisierung der Industrie, der Neugründung von Unternehmen und der Herausbildung einer flexiblen Schicht von Klein- und Mittelunternehmern ist in Mittel- und Osteuropa jene hohe Intensität des industriellen Strukturwandels zu erwarten, die angesichts der Systemtransformation und einer künftig sich unter Bedingungen marktwirtschaftlichen Wettbewerbs vollziehenden Allokation erforderlich ist.

Tabelle 5

Spezialisierungsgrad und Strukturwandelsintensität

Land	Industrieanteil an Y (%)		Spezialisierungsgrad*			Strukturwandels-intensität**		
	[1985]	(1989)	1980	[1985]	1990	1980	[1985]	1990
P	[30.4]	26.7	11.2	[10.4]	6.5	5.3	[7.0]	5.2
GR	[16.3]	15.3	10.9	[11.8]	12.1	3.6	[4.4]	4.1
SP	[26.4]	25.8	8.4	[8.5]	9.8	5.5	[3.4]	4.9
IR		25.6	14.9		21.0	4.5		4.1
L		28.4	37.4		24.3	3.1		5.8
B		23.3	12.5		13.8	2.6		2.2
DK		15.8	14.4		14.6	3.0		2.2
NL		20.2	15.4		15.2	2.8		2.3
F		21.3	10.4		11.4	3.7		2.6
I		23.2	10.1		10.8	2.8		2.1
UK		20.4	11.1		12.1	3.8		2.0
D		31.1	12.1		15.4	2.7		1.9
DDR		48.2	13.2		14.4	2.0		1.6
H		24.5	9.0		8.9	5.3		6.8
PL		39.1	11.7		10.6	6.0		9.3
CSFR		47.9	15.9		15.7	3.0		3.1
RM		—	20.5		20.8	2.0		1.5
BUL		58.1	11.4		13.4	2.9		3.1
USSR		37.5	18.1		19.6	1.8		1.0
MEX		24.6	8.9		10.3	3.6		2.7
TAIW.		35.6	11.0		11.2	5.1		3.7
KOR.		31.3	9.1		10.3	7.6		3.5

* Indikator im Intervall 0,100.

** gleitender Fünfjahresdurchschnitt (in Grad), UNIDO-Methodik.

Quelle: EG-Kommission, UNIDO, eigene Berechnungen.

3. Prozeßpolitische Aspekte: Ökonomische Interdependenzprobleme

Die Volkswirtschaften Mittel- und Osteuropas sind einerseits von der Wirtschaftsentwicklung in der EG bzw. in Westeuropa abhängig, andererseits wirken wirtschaftspolitische Maßnahmen indirekt auf die Transformationsländer des Ex-RGW ein. Im Rahmen eines angebotsseitig erweiterten *IS-LM-ZZ*-Modells lassen sich einige Interdependenz-Probleme unmittelbar verdeutlichen. Zunächst wird ein rein güterwirtschaftliches ISK-Modell betrachtet, dann erst wird der Geldmarkt und damit die Wirkung von Zinssatz-Änderungen einbezogen. Im Vergleich zur herkömmlichen *IS*-Kurve des keynesianischen Modells verläuft die nachfolgend dargestellte *ISK*-Kurve im r, Y-Diagramm flacher; der Kapitaleinkommenseffekt einer r-Erhöhung wird beachtet.

Güterwirtschaftliches Modell: EG-OE
*(OE = Osteuropa; als „Ausland" betrachtet, *-Kennzeichnung)*

Die Gütermarktgleichgewichtsbedingung bei Annahme einer Cobb-Douglas-Produktionsfunktion $Y = K^{\beta} L^{(1-\beta)}$ bzw. $Y^* = K^{*\beta^*} L^{*(1-\beta^*)}$ ist durch (1) bzw. (2) gegeben:[32]

(1) $$\underline{r}^{**}\underline{K} + (1-\beta)Y = cY + \underline{I} + \underline{G} + [(\underline{X} + j^*Y^*) - (\underline{X}^* + jY)];$$

ISK-Kurve (Exogene unterstrichen)

(2) $$\underline{r}^{**}\underline{K}^* + (1-\beta^*)Y^* = c^*Y^* + \underline{I}^* + \underline{G}^* + [(\underline{X}^* + jY) - (\underline{X} + j^*Y^*)];$$

*ISK**-Kurve für Ausland

Die linke Seite von (1) bzw. (2) repräsentiert das Güterangebot, das bei Gewinnmaximierung (Grenzprodukt $Y_K = r$) und Entlohnung nach dem Grenzprodukt im Fall eine *CD*-Produktionsfunktion als $rK + (1-\beta)Y$ geschrieben werden kann. Zur Vereinfachung wird hier zunächst von einem exogenen Weltrealzinssatz r^{**} ausgegangen, so daß Gewinnmaximierung impliziert, daß von der Angebotsseite her das Sozialprodukt sich als Summe aus Kapitaleinkommen $r^{**}K$ plus Arbeitseinkommen $(1-\beta)Y$ ergibt; der Außenbeitrag der EG als eckiger Klammerausdruck auf der Güternachfrageseite von (1) umfaßt einerseits eine exogene Exportkomponente $\underline{X}$ des Inlandes und eine exogene Importkomponente $\underline{X}^*$ (= exogene Exporte des Auslandes bzw. Osteuropas); andererseits wird wie üblich davon ausgegangen, daß die Exporte proportional zum Auslandseinkommen (j^*Y^*) und

---

32 Siehe hierzu *Welfens* (1992a), Kap. 4.

die Importe proportional zum inländischen Sozialprodukt (jY) sind. Differenzieren von $Y(1 - \beta - c + j) = (\underline{I} + \underline{G} + \underline{X} - \underline{X}^* + j^*Y^*)$ bzw. $Y^*(1 - \beta^* - c^* + j^*) = (\underline{I}^* + \underline{G}^* + \underline{X}^* - \underline{X} + jY)$ ergibt die Interdependenz-Elastizität ($E_{Y,Y*}$; $E_{Y*,Y}$), die angibt, um wieviel Prozent sich das inländische (ausländische) Sozialprodukt erhöht, wenn das ausländische (inländische) Sozialprodukt sich um ein Prozent ändert:

(1.1) $$(dY/dY^*)(Y^*/Y) = [j^*/(s + j - \beta)](Y^*/Y)$$

(1.2) $$E_{Y*,Y} = [j/(s^* + j^* - \beta^*)](Y/Y^*)$$

Das Verhältnis Y^*/Y gibt die Größe des osteuropäischen Sozialproduktes relativ zum EG-Sozialprodukt an, wobei 1/10 als realistische Größenordnung gelten könnte; diese Relation ist auch für die Höhe von internationalen Multiplikatoren der Geld- und Fiskalpolitik wichtig (auf deren Effizienz wirkt das Wechselkurssystem ein). Je größer die marginale Importneigung (j^*) Osteuropas — also je stärker die Ex-RGW-Wirtschaften den handelspolitischen Liberalisierungs- und Integrationsprozeß mit der EG vorantreiben —, desto stärker wird ein ökonomischer Aufholprozeß Osteuropas, gemessen an Y^*/Y bzw. dY^*, sich auf die EG-Wirtschaftsentwicklung niederschlagen. Ein Aufholprozeß wird sich um so weniger positiv bemerkbar machen, je höher die EG-Sparquote und je höher die EG-Importquote und je kleiner die Gewinnquote β in der EG sind. Setzt man $j^* = 0.25$, $s = 0.15$, $j = 0.2$, $\beta = 0.3$, $Y^*/Y = 0.1$ bzw. 0.2, so ergibt sich eine Elastizität $E_{Y,Y*}$ von 0.4 bzw. 0.8. Wenn das osteuropäische Sozialprodukt um ein Prozent steigt, so steigt das EG-Sozialprodukt um 0.4 % für den Fall $Y^*/Y = 0.1$ bzw. um 0.8 % für den Fall $Y^*/Y = 0.2$. Die Elastizität $E_{Y*,Y}$ des osteuropäischen Sozialproduktes in bezug auf das EG-Sozialprodukt ist hingegen ungleich größer, weil der eckige Klammerausdruck auf der rechten Seite von (1.2) mit Y/Y^* zu multiplizieren ist. Nimmt man $s^* = 0.15$ und $\beta^* = 0.2$ an, so ist $E_{Y*,Y} = 2$ für $Y/Y^* = 10$ bzw. $E_{Y*,Y} = 1$ für $Y/Y^* = 5$. Nicht auszuschließen sind Parameterkonstellationen, bei denen ein Sozialproduktanstieg des einen Wirtschaftsraumes eine Sozialprodukts-minderung im anderen Wirtschaftsraum auslöst. Dieser Fall tritt ein, falls die Gewinnquote ß relativ groß ist, doch wird die nachfolgende Einbeziehung des Geldmarktes die weitgehende Irrelevanz einer negativen Interdependenz erweisen.

Sicher ist davon auszugehen, daß im Verhältnis EG-Osteuropa zunächst eine stark asymmetrische Interdependenz vorherrscht, bei der ein Anstieg des EG-Sozialproduktes für Osteuropa ökonomisch viel bedeutsamer ist als eine osteuropäische Outputerhöhung für die EG. Erst nach einem ökonomischen Angleichungsprozeß wird sich eine eher symmetrische Interdependenz der beiden Wirtschaftsräume ergeben.

Modellerweiterung

Der zunächst als exogen betrachtete Realzinssatz r im güterwirtschaftlichen Modell kann durch Einbeziehung des Geldmarktes endogenisiert werden; bei festen Kursen und vollständiger Kapitalmobilität wäre der Zins direkt auf dem Weltgeldmarkt zu bestimmen. Verwendet man eine konventionelle Bedingung für Geldmarktgleichgewicht $(M/P) = L(i,Y)$, so ergibt sich durch Differenzieren hieraus $di = (-L_Y/L_i)dY + dM/L_i$; dabei kann auf Basis der Bildung des Nominalzinssatzes i nach FISHER, nämlich $i = r + \pi$ bzw. $di = dr + d\pi$ eine explizite Unterscheidung von Nominal- und Realzinssatz r vorgenommen werden (π = Inflationsrate). Allerdings wird nachfolgend zur Vereinfachung von π bzw. π^* gleich Null ausgegangen, zugleich werden aber die terms of trade $q = eP^*/P$ nunmehr explizit für das Gütermarktgleichgewicht und die Exportfunktionen $(j(q), j^*(q^*))$ bzw. die Zahlungsbilanzgleichgewichtsbedingung berücksichtigt. Differenziert man bei Verwendung von $I(r)$ die Gleichungen (1) bzw. (2) und ersetzt dabei dr durch den aus der differenzierten Geldmarktgleichgewichtsbedingung gewonnenen Ausdruck, so erhält man zwei Reaktionslinien, welche die Beeinflussung von Y durch Y^* (YY^*-Linie) bzw. von Y^* durch Y (Y^*Y) erfassen: der Schnittpunkt der beiden Linien markiert dann ein internationales Realeinkommensgleichgewicht Y^E, Y^{*E}.[33]

(2) $$(dY/dY^*)(Y^*/Y) = (s + qj(q) - \beta + L_Y[(I_r - K)/L_i])^{-1}\ (Y^*/Y)q^*j^*(q^*);$$

(YY^*-Linie)

(3) $$(dY^*/dY)(Y/Y^*) = (s^* + q^*j^*(q^*) - \beta^* + L_Y^*[(I_{*r}^* - K^*)/L_i^*])^{-1}\ (Y/Y^*)qj(q)$$

(Y^*Y-Linie)

Gegenüber dem reinen güterwirtschaftlichen Modell sind nun weitere Aussagen möglich: Je höher die Einkommenselastizität der Geldnachfrage, je größer die Investitions-Zinselastizität dem Betrage nach, je größer der Kapitalbestand und je geringer dem Betrage nach die Zinselastizität der Geldnachfrage, desto kleiner die internationale Einkommensinterdependenz. An Gleichung (3) für Osteuropa kann man unmittelbar einige Transformationsaspekte festmachen:

---

33 Politisch könnte in der ersten Transformationsphase die Asymmetrie allerdings durchaus umgekehrt zur ökonomischen verlaufen. Von aus politischen Instabilitäten in Osteuropa herrührenden negativen Spill-over-Effekten — z. B. in Form eines hohen Zuwanderungsdruckes — könnte die EG durchaus stärker negativ betroffen werden als umgekehrt Osteuropa von einer zeitweiligen Instabilität im EG-Integrationsprozeß. In wachstumstheoretischer Sicht kommt im übrigen einer hohen Sparquote aber eine positive Rolle für Wachstum g_Y zu: $g_Y = \beta Y_K(I/Y) + (1-\beta)g_L$, wobei I/Y im Gleichgewicht gleich S/Y in einer geschlossenen Wirtschaft sein muß (L = Arbeit; $g_L = dL/dt/L$).

— Je rascher die Transformation, desto stärker die Entwertung des Kapitalbestandes (K^* sinkt);

— je stärker die finanzwirtschaftliche Privatisierung und die Herausbildung von Finanzmärkten mit einem breiten Wertpapierspektrum voranschreiten, desto größer betragsmäßig die Zinselastizität der Geldnachfrage;

— je umfassender Privatisierung und Wettbewerbspolitik voranschreiten, desto größer dem Betrage nach I^*_{r*} — zumindest dann, wenn man annimmt, daß private Eigentümer über Investitionen stärker unter Rentabilitätsgesichtspunkten entscheiden als staatliche Unternehmen; während die beiden erstgenannten Aspekte bedeuten, daß EG-Einkommenserhöhungen stärker positiv auf Osteuropa einwirken, würde der letztgenannte Punkt in entgegengesetzter Richtung wirken. Wachstumspolitisch wäre ein Anstieg von I^*_{r*} aber positiv, soweit damit eine sorgfältigere Auswahl von Investitionsprojekten mit hohem Y_K gewährleistet wäre.

4. Ökonomische Konvergenz in Europa?

Jenseits aller politischen Risiken einer Osterweiterung der EG stellt sich die Frage, ob eine EG-Erweiterung längerfristig eine größere Intra-EG-Konvergenz der Einkommen erwarten läßt; oder ob im Gegenteil die regionalen Einkommensdisparitäten zunehmen werden. Nach EUROSTAT-Untersuchungen hat sich in den 80er Jahren eine positive Einkommenskonvergenz in der Zwölfergemeinschaft ergeben, denn 40 % aller Regionen konnten eine Annäherung an den EG-Durchschnitt verzeichnen (weiterer Rückfall primär in Regionen Griechenlands). Eine Konvergenz ergibt sich nicht nur „von unten" her, sondern auch durch den Abstieg von Regionen mit früher überdurchschnittlichen Einkommen (Emilia Romagna, Toskana, Picardy, Rhône-Alpes, Berlin, Nordrhein-Westfalen).

Auf Basis theoretischer Überlegungen ist zu prüfen, ob die Integration osteuropäischer Wirtschaften in den EG-Binnenmarkt zu Konvergenz oder Divergenz führt. Wenn eine EG-Osterweiterung in Polen und Ungarn etwa keinen raschen und anhaltenden ökonomischen Aufholprozeß stimulieren würde, so würde innerhalb der EG längerfristig ein erhöhter Ost-West-Wanderungsdruck entstehen. Dieser Druck würde sich vermutlich primär auf die Bundesrepublik Deutschland richten, und es könnten — bei prinzipiell voller Arbeitskräftemobilität in der EG — hieraus politische Konflikte entstehen. Dieses Problem muß angesichts des wiedererstehenden ökonomischen Nationalismus mit Bedacht gesehen werden. Es stellt sich die Frage, ob durch Freihandel und Systemtransformation alleine schon beträchtliche Ost-West-Konvergenzprozesse in Gang gesetzt werden können, so daß zum Beitrittszeitpunkt die verminderten Einkommensdisparitäten zu einem nur geringen Wanderungsdruck führen würden.

In der 12er-Gemeinschaft haben sich beträchtliche Realeinkommensunterschiede im Zeitablauf erhalten, auch wenn es im Norden des Kontinentes seit

1975 eine beträchtliche Angleichung der Reallöhne und Pro-Kopf-Einkommen gegeben hat — eine Angleichung, die sich durch den Abbau nichttarifärer Handelshemmnisse im Zuge des Binnenmarktprojektes im Nord-Süd-Verhältnis und im Verhältnis EG-Kontinentalländer zu Großbritannien ebenfalls verstärkt entwickeln könnte.[34] Aus ökonomischer Sicht spricht eine Reihe von Überlegungen gegen eine rasche Konvergenz; und für eine automatische Konvergenz — ohne (risikobehaftete) politische Interventionen — gibt es erst recht wenig Argumente. Im übrigen ist natürlich eine differenzierte Entwicklung vorstellbar, bei der einige Länder des Ex-RGW-Raums durch Konvergenz-, andere aber durch Divergenztendenzen geprägt wären.

Pro-Konvergenz-Argumente

Der erfolgreiche Aufholprozeß südostasiatischer Schwellenländer zeigt typische Erfolgsbausteine für hohes Wirtschaftswachstum: Hohe private und öffentliche Sparquoten bei positiver Realverzinsung als Basis für effiziente hohe Investitionen, eine außenorientierte, auf Exportförderung gezielte Wirtschaftspolitik — mit fast unbeschränktem Zugang zum riesigen US-Markt —, eine stabile politische Struktur (allerdings wenig demokratischen Zuschnitts) und hohe Humankapitalinvestitionen.[35]

Aus neoklassischer Sicht kommt selbst bei unvollkommener internationaler Faktormobilität unter bestimmten Umständen ein Ausgleich der Faktorpreise und damit der Einkommen zustande. Entsprechend dem *Heckscher-Ohlin*-Modell werden sich die Länder entsprechend ihren unterschiedlichen Faktorausstattungen auf arbeits- bzw. kapitalintensive Güter spezialisieren, und dann führt der Tausch kapitalintensiver Güter gegen arbeitsintensive Güter längerfristig zu einheitlichen Reallöhnen und realen Kapitalrenditen. Dieses Ergebnis stellt sich unter der Annahme gleicher Produktionsfunktionen in In- und Ausland ein, wobei die Länder entsprechend den ursprünglich divergenten Lohn-Zins-Relationen mit unterschiedlichen Kapitalintensitäten produzieren. Die Annahme gleicher Produktionsfunktionen ist für ihrem Wesen nach ja innovative Marktwirtschaften — mit immer neuen Prozeßinnovationen — kontrafaktisch. Denn kein gewinn-

---

[34] Siehe zum Konvergenzprozeß in der EG im Kontext mit dem Binnenmarktprogramm *Neven,* D. (1990), Gains and Losses from 1992, in: Economic Policy, No. 10, 14-62; zur Unterschiedlichkeit der Einkommenspositionen vgl. *Barro,* J. / *Sala-i-Martin* (1992), Convergence across States and Regions, in: Brookings Papers on Economic Activity, 1991, 107-182; *Ben-David,* W. J. (1991), Equalizing Exchange: A Study of the Effects of Trade Liberalization, NBER Working Paper No. 3706, Cambridge, MA.

[35] Vgl. *Krueger,* A. (1992), Capital Flows and Trade in a Dynamic Perspective, in: *Siebert,* H., ed., Capital Flows in the World Economy, Tübingen: Mohr, 163-183; *Krueger,* A. O. (1990), Asian Trade and Growth Lessons, American Economic Review, P&P, Vol. 80, 108-112; *Collins,* S. M. (1990), Lessons from Korean Economic Growth, American Economic Review, P&P, Vol. 80, 104-107; *World Bank* (1988), World Development Report, New York; *World Bank* (1991), World Development Report, New York.

maximierender Innovator im Inland würde kostenlos neue Prozeßtechnologien ans Ausland abgeben. Typischerweise werden Technologien auf sehr unvollkommenen Märkten gehandelt, und in der Tat ist internationaler Technologietransfer dominant ein Intra-Firmen-Transfer; oder ein Cross-licensing-Phänomen, das innovative Firmen miteinander verbindet.[36]

Gleiche Technologieverfügbarkeit ergibt sich im wesentlichen nur bei Zwei-Bahn-Direktinvestitionen in bedeutendem Ausmaß — damit aber in einer Anti-Heckscher-Ohlin-Welt — und ähnlich guten Adaptationsbedingungen für neue Technologien im In- und Ausland; hier spielen dann ähnlich gute Humankapitalausstattungen, Direktinvestitionen und lange F&E-Erfahrungen eine wesentliche Rolle. Nun könnten Einkommensdivergenzen demnach durch Direktinvestitionen beseitigt werden, wobei Realkapitalabflüsse aus kapitalreichen Ländern dort den Zuwachs der Reallöhne bremsen, im Zuflußland aber das Grenzprodukt der Arbeit und mithin die Reallöhne bzw. deren Zuwachs beschleunigen.

Eine einheitliche Realkapitalrendite mag zwar tendenziell in der OECD zustande kommen, aber im Nord-Süd-Verhältnis und im europäischen West-Ost-Verhältnis bestehen hohe politische Risikoprämien; sie verhindern, daß ein Ausgleich der Kapitalgrenzprodukte zustande kommt. Insoweit politische Instabilitäten in Osteuropa oder in Entwicklungsländern durch ökonomische Stagnation bedingt sind, droht hier ein Teufelskreis als Problem. Selbst wenn ein Ausgleich der Kapitalgrenzprodukte zustande käme, so können positive lokale Humankapitaleffekte einen internationalen Ausgleich der Reallöhne verhindern: Eine hochqualifizierte und -produktive Person *A* ist in der Interaktion mit anderen Hochqualifizierten produktiver, als *A* es in einer Umwelt mit schlecht ausgebildeten Kollegen im Ausland sein könnte; die wechselseitigen positiven Lern- bzw. Produktivitäts-Spillover-Effekte in einem Land mit allgemein gutem Ausbildungssystem sorgen hier für anhaltende Unterschiede bei den Reallohnsätzen.[37]

Divergenz-Argumente

Bei wachsender Rolle von statischen economies of scale und sinkenden Transportkosten in Europa könnten verschärfte internationale Einkommensdivergenzen in Europa auftreten. In den Ländern, in denen sich Industrien mit economies of scale ansiedeln und die über Agglomerationsvorteile dann doppelte Gewinner in der internationalen Standortkonkurrenz sind, werden die Einkommen ansteigen; in anderen Regionen hingegen stagnieren die Einkommen bzw. die Einkommenszuwächse. Ein neueres raumwirtschafliches Allokationsmodell von *Krugman*

---

36 Vgl. UN (1992), World Investment Report 1992, New York; *Welfens,* P. J. J. (1990), Internationalisierung von Wirtschaft und Wirtschaftspolitik, Heidelberg: Springer.

37 Hierauf hat vor allem *Lucas* aufmerksam gemacht; siehe *Lucas* (1990), Why Doesn't Capital Flow from Rich to Poor Countries?, in: American Economic Review, P&P, Vol. 80, 92-60.

bildet einen derartigen Divergenzprozeß ab.[38] Zu ähnlichen Divergenzeffekten könnten auch positive Technologiespill-overs international und national besonders rasch expandierender Sektoren führen.[39] Die relative Relevanz derartiger Effekte können nur empirische Untersuchungen aufdecken.

Ein anhaltendes Wohlstandsgefälle („Mezzogiorno-Problem") ist in Europa auch zu erwarten, falls innerhalb Osteuropas und zwischen West- und Osteuropa die Faktormobilität beschränkt bleibt. Ein Ausgleich bei den Pro-Kopf-Einkommen findet durch Handel — entgegen der neoklassischen Außenhandelstheorie — nicht bzw. nicht ohne weiteres statt. Dies mag an der hohen Bedeutung oligopolistischer Märkte mit technologieintensiven Gütern einerseits, andererseits an der Rolle firmeninternen Waren- und Technologiehandels liegen, womit die neoklassischen Modellannahmen eines vollkommenen internationalen Wettbewerbs verletzt wären.

Räumliche Struktur internationaler Eigentumsrechte

Bislang in der Literatur übersehen wird die Frage nach einer international asymmetrischen Verteilung von Eigentumsrechten, wie sie etwa (hypothetisch) extrem auftreten könnte, wenn Wirtschaftsubjekten aus Land I der gesamte Kapitalbestand in Land II^* — via Direktinvestitionen — gehören würde; aus theoretischer Sicht wären symmetrische Direktinvestitionen auf einer Zweibahn-Straße nur zu erwarten, wenn es in beiden Ländern Unternehmen mit firmenspezifischen Vorteilen gibt, die gegen heimische Konkurrenz Investitionsoptionen im jeweils anderen Land ermöglichen. Zunächst ist im Verhältnis Westeuropa zu Osteuropa sicher von einer stark asymmetrischen Verteilung firmenspezifischer Wettbewerbsvorteile auszugehen, so daß im Grenzfall Direktinvestitionen nur in West-Ost-Richtung fließen.[40] Wenn in beiden Ländern $L = L^*$ Personen leben und das Inlandsprodukt in beiden Ländern bei identischen Produktionsfunktionen $Y(K,L)$ bzw. $Y^*(K^*,L^*)$ und gleichem Kapitalbestand unter der Bedingung $r = Y_K$ bzw. $r^* = Y_K^*$ und Reallohnsatz $w = w^*$ entstehen würde, so gäbe es dennoch erhebliche

38 Siehe hierzu *Krugman,* P. (1991), Increasing Returns and Economic Geography, Journal of Political Economy, Vol. 99, 483-499; ein Anwendungsfall ist — m. E. mit Einschränkungen — auch die deutsche Wiedervereinigung: Vgl. *Brakman,* S. / *Garretsen,* H. (1992), Path-Dependency and the German Unification. An Inquiry into the Relevance of Initial Conditions, paper presented at 2nd EACES conference: Problems of Transforming Economies, Groningen, September 24-26, 1992. *Welfens,* P. J. J., Hrsg. (1992), Economic Aspects of German Unification, Heidelberg: Springer.

39 Der Sektor der handelsfähigen Güter könnte insgesamt eine solche Industrie darstellen, die nach *Romer* zu endogenem Wirtschaftswachstum beiträgt; zu *Romers* Analyse siehe *Romer,* P. M. (1990), Are Nonconvexities Important for Understanding Growth?, American Economic Review, P&P, Vol. 80, 97-103.

40 Das Beispiel multinationaler Unternehmen aus den Schwellenländern zeigte aber in den 80er Jahren, daß sich in längerfristiger Betrachtung zunächst einseitig gerichtete Direktinvestitionsströme — hier von Nord nach Süd in der Weltwirtschaft — zu Zweibahn-Strömen verändern können.

Unterschiede im Bruttosozialprodukt pro Kopf. Bei einer Cobb-Douglas-Produktionsfunktion $Y = K^{\beta} L^{(1-\beta)}$ würde auf die Kapitaleigner im Inland $\beta Y + qf\beta^* Y^*$ entfallen, wobei f = Anteil ausländischer Investoren am Kapitalbestand, q = terms of trade eP^*/P (e = Wechselkurs, P = Preisniveau, * für Auslandsvariable). Das Bruttosozialprodukt im Inland ist bei Direktinvestitionen im Ausland also um $fq\beta^* Y^*$ größer als das Bruttoinlandsprodukt, während im Ausland umgekehrt das Bruttosozialprodukt um $f\beta^* Y^*$ kleiner als das Bruttoinlandsprodukt ist. Ist $q = 1$, so beträgt das durchschnittliche Pro-Kopf-Einkommen im Inland daher $Y(1 + f\beta)/L$, das im Ausland aber nur $Y^*(1 - f\beta)/L^*$, so daß die Relation Q der Pro-Kopf-Nationaleinkommen $(1 + f\beta)/(1 - f\beta)$ — also $Q = 2.3$ für $f = 1$ und $\beta = 0.4$ — beträgt.[41] Diese Überlegung ist im übrigen relevant nicht nur für die Frage des Aufholprozesses von Osteuropa gegenüber Westeuropa, wobei ein Anteil ausländischer Investoren von 15 - 20 % an der Bruttokapitalbildung und ein etwas geringerer Wert bezüglich des Anteils am Wert des Kapitalbestandes in Fall Ungarns angenommen werden kann.[42] Diese Überlegung führt auch zu einer recht pessimistischen (oder realistischen) Einschätzung des Aufholprozesses ostdeutscher Bürger gegenüber Westdeutschen; wenn man zur Vereinfachung annimmt, daß der gesamte DDR-Kapitalbestand Eigentum von Westdeutschen ist (primär infolge Eigentumsrückübertragung und strategischer Vorteile von Westdeutschen im M&A-Geschäft in Ostdeutschland), so wird bei einer Differenz in den Wachstumsraten der Bruttoinlandsprodukte von Ost- und Westdeutschland von 5 Prozentpunkten (z. B. 7 % in Ost-, 2 % in Westdeutschland) und einer angenommenen Ausgangsrelation der Pro-Kopf-Bruttoinlandsprodukte von 3 : 1 ein Ausgleich der Bruttoinlandsprodukte pro Kopf in West- und Ostdeutschland nach gut 20 Jahren stattfinden; aber der Ausgleich in den Pro-Kopf-Bruttosozialprodukten braucht bei $\beta = 0.33$ etwa 40 Jahre.[43] Eine Wachstumsrate von 7 % über

---

41 Siehe hierzu und einigen Erweiterungen des IS-LM-Modells *Welfens,* P. J. J. (1993b), A Supply-Augmented Macro Model: Some New Aspects in Macroeconomics, Volkswirtschaftliche Diskussionsbeiträge der Westfälischen Wilhelms-Universität Münster, Münster, Februar 1993.

42 Positive Wachstumseffekte infolge von hohen Direktinvestitionen können aber gleichwohl dafür sorgen, daß die Pro-Kopf-Einkommen der Ungarn schneller steigen als die von Bürgern anderer Ex-RGW-Länder.

43 Das Bruttoinlandsprodukt in Westdeutschland pro Kopf entwickelt sich gemäß (1) $y_t = y_0 \acute{e}^{at}$, und in Ostdeutschland gilt: (2) $y_t^* = y_0^* \acute{e}^{a^* t}$, wobei $\acute{e}$ = Eulersche Zahl, a = Wachstumsrate des Bruttoinlandsproduktes in Westdeutschland (a^* in Ostdeutschland) und y_0 bzw. y_0^* die Pro-Kopf-Inlandsprodukte im Ausgangszeitpunkt darstellen. Gleichsetzen von (1) und (2) und Logarithmieren ergibt, daß die Zahl der Aufholjahre $t = (\ln y_0/y_0^*)/(a^* - a)$. Bei gleicher Bevölkerungszahl im In- und Ausland entwickelt sich das Pro-Kopf-Bruttosozialprodukt z_t für den Fall, daß Bürgern des Inlandes auch der ausländische Kapitalbestand gehört, wie folgt: (3) $z_t = y_0 \acute{e}^{at} + b\beta y_0^* \acute{e}^{a^* t}$; dabei ist b die Relation von Bevölkerungszahl im Inland zur Bevölkerungszahl im Ausland. Im Ausland gilt (4) $z_t = y_0^*(1 - \beta) \acute{e}^{a^* t}$. Ökonomische Konvergenz verlangt (3) = (4), was zu $(y_0/y_0^*)/[1 - 2\beta] = \acute{e}(a^* - a)t$ führt. Daraus folgt, daß eine Angleichung der Pro-Kopf-Inlandsprodukte bzw. Produktivitäten erst mit einem Verzögerungsfaktor $(1/[1 - \beta(1 + b)]) = n$ Perioden später zum Ausgleich der Pro-Kopf-Sozialprodukte führt. Im Fall der deutschen Wiedervereinigung führt $b = 0.25$ und $\beta = 0.33$ dazu, daß sich das Angleichungsintervall

längere Zeit in Ostdeutschland oder in Osteuropa herbeizuführen, dürfte in jedem Fall äußerst schwierig sein.

Da in der EG Großbritannien, die Niederlande, die Bundesrepublik Deutschland, Frankreich und Italien die wichtigsten Quellenländer für Direktinvestitionen darstellen, ist von anhaltenden Einkommensunterschieden in der (jetzigen wie in der erweiterten) EG zugunsten dieser Länder auf lange Sicht auszugehen. Dies schließt aber einen allgemeinen Konvergenzprozeß keineswegs aus, und insbesondere ist eine längerfristige Angleichung von Arbeitsproduktivitäten und Reallohnsätzen — bei geeigneter Wirtschafts- und Tarifpolitik — nicht ausgeschlossen.

Einkommensanstieg und Intra-Industriehandel

Ein einkommensmäßiger Aufholprozeß in Osteuropa würde längerfristig das Konfliktpotential innerhalb einer erweiterten Gemeinschaft reduzieren, denn mit steigendem Pro-Kopf-Einkommen und vermindertem Technologierückstand erhöht sich langfristig der Anteil des Intra-Industriehandels. Internationale Positionsverschiebungen auf Märkten sind dann mit veränderten Spezialisierungsmustern innerhalb von Industrien verbunden, nicht aber mit dem Untergang bestimmter Industrien wie bei wachsendem interindustriellen Handel.[44]

Kurz- und mittelfristig wird die Einführung des EG-Binnenmarktes — erst recht in Verbindung mit einer EG-Erweiterung — einen Anstieg des Inter-Industriehandels begünstigen: Verbesserte Ausschöpfungspotentiale für economies of scale, verschärften Wettbewerb und erhöhte Kapitalmobilität tragen zu einer Intensivierung des EG-Standortwettbewerbs und ggf. zu einer verstärkten raumwirtschaftlichen Spezialisierung bei; denn der gesamte EG-Markt kann — insbesondere bei verbesserter Infrastruktur und moderner Logistik — von jedem Standort der EG aus bedient werden. Dies könnte zu einer Umkehr bisheriger Tendenzen zur Erhöhung des Intra-Industriehandels beitragen. Steigt im EG-Binnenmarkt die Bedeutung von Massenproduktionsvorteilen, so könnten im Standortwettbewerb erfolgreiche Länder auf überproportionale Zugewinne bei Investitionen, Beschäftigung und Einkommen hoffen, während die Verliererländer zurückfallen würden — die Intra-EG-Unterschiede könnten sich dann wieder verschärfen. Der Druck auf regionalpolitischen Interventionismus und neue Transfers nimmt zu.

---

um den Verzögerungsfaktor 1.7 verlängert. In der Realität dürfte der Verzögerungsfaktor kleiner sein, weil natürlich nicht alle Kapitaleinkommen aus Unternehmen in der Ex-DDR an Westdeutsche fließen und weil innerdeutsche Ost-West-Heiratsfälle und -Erbfälle sowie Wanderungsbewegungen als Ausgleichsfaktoren wirken. Schließlich sind die West-Ost-Transferzahlungen zu berücksichtigen.

44 Zur Theorie und Empirie des Intra-Industriehandels siehe *Drabek, Z. / Greenway,* D. (1984), Economic Integration and Intra-Industry Trade: The EEC and the CMEA Compared, Kyklos, Vol. 37, 444-469.

Der Anteil des Intra-Industriehandels am Intra-EG-Handel ist in den reichen EG-Ländern überproportional hoch und lag 1987 bei Industriewaren bei Anteilswerten um 0.7; Italien und Spanien folgten mit 0.61 bzw. 0.65, während Irland, Griechenland und Portugal (sowie Dänemark) im Intervall zwischen 0.26 und 0.57 lagen.[45] Entsprechend läßt eine Osterweiterung um relativ arme und technologisch zurückliegende Länder des Ex-RGW-Raums erwarten, daß in einer erweiterten EG die Bedeutung des Inter-Industriehandels — gemäß dem *Heckscher-Ohlin*-Modell mit seiner Betonung auf relativen Faktorausstattungsmerkmalen — zumindest zeitweise zunehmen würde; die Expansion einer bestimmten Industrie in Osteuropa (Westeuropa) würde dabei im Grenzfall zum Verschwinden der Industrie in Westeuropa (Osteuropa) führen, so daß hier erhebliche Ost-West-Konflikte innerhalb einer erweiterten Gemeinschaft angelegt sein könnten. In der Tat ist der bisherige Ost-West-Handel primär ein Inter-Industriehandel.[46] Dessen Expansionspotential erscheint, nachdem ein durch Außenhandelsliberalisierung bedingter Normalisierungsschub im Ost-West-Handel erst einmal abgebaut worden ist, als längerfristig begrenzt. Hohes Exportwachstum als Basis für Wirtschaftswachstum ist von daher nur bei erfolgreichen technologischen Aufholprozessen und mithin verbesserter Humankapitalbildung, hohen Zuflüssen an Direktinvestitionen (als Träger des internationalen Technologiehandels) und erhöhten Diffusionsgeschwindigkeiten beim technischen Fortschritt zu erwarten. Mithin wäre eine Überwindung der jahrzehntelangen Innovationsschwäche in Mittel- und Osteuropa notwendig, zugleich müßte sich der hohe Anteil von Energie- und Rohstoffausfuhren der Ex-RGW-Länder gegenüber der EG reduzieren.[47] Eine annähernde Verdoppelung des Handels zwischen der EG und den kleineren Ex-RGW-Ländern wie in 1988-93 wird sich kaum ohne weiteres wiederholen.

IV. Wirtschaftspolitische Konsequenzen

Aus den aufgezeigten Anpassungserfordernissen ergibt sich eine Fülle von Anpassungsproblemen, auf welche die nationale wie die supranationale Wirtschaftspolitik der EG sowie die Politik der Staaten Mittel- und Osteuropas durch adäquate Maßnahmen reagieren müßte. Hierbei käme es neben konkreten Maß-

---

45 Vgl. *Mardas,* D. (1992), Intra-Industry Trade in Manufactured Products Between the European Economic Community (EEC) and the Eastern European Countries, Brussels, mimeo, forthcoming in Journal of World Trade, 21; *Balassa,* B. (1986), Intra-Industry Specialization, European Economic Review, vol. 30, 27-42; *Grubel,* H. G. / *Lloyd,* C. (1985), Intra-industry Trade, London: McMillan. Wenn EG-Südländer sich technologisch aufwärtsbewegen, um neue Arbeitsplätze zu schaffen, kommen auch die Hochlohnländer in der EG unter Druck.

46 Vgl. *Mardas,* op. cit.

47 Zur Innovationsschwäche der RGW-Länder siehe *Balcerowicz,* L. / *Welfens,* P. J. J., Hrsg. (1988), Innovationsdynamik im Systemvergleich, Heidelberg: Physica.

nahmen auch darauf an, Informationen für realistische Erwartungen zu erheben und aufzubereiten; gerade die deutsche Wiedervereinigung hat gezeigt, daß Erwartungsirrtümer auf seiten von Politikern und Wirtschaftssubjekten die Transformationskosten in die Höhe treiben. Zudem wäre auf die Tarifvertragspartner einzuwirken, damit markt- und vollbeschäftigungskonforme Tarifverhandlungsergebnisse ermutigt werden. Besonders letzteres dürfte sehr schwierig werden, da Großbetriebe im Ex-RGW-Raum — im Gegensatz zu Westeuropa — die Wirtschaft bestimmen; aus theoretischen Modellen wie aus empirischen Untersuchungen westlicher Marktwirtschaften ist bekannt, daß Industrien und Länder mit besonders starkem Einfluß von Großbetrieben stabilitätswidrige Lohnabschlüsse begünstigen.[48]

Bei einer Sozialproduktsrelation von 10 : 1 im Verhältnis von West zu Ost gilt für Gesamteuropa bei einer wirtschaftlichen Ost-West-Wiedervereinigung ähnliches wie für den Fall der deutschen Wiedervereinigung: Die Wachstumsraten der gesamteuropäischen Produktion (bzw. gesamtdeutschen Produktion) wird vom ökonomisch größeren Westteil dominiert, und zwar auch dann, wenn die ärmere Ostregion überdurchschnittlich wachsen sollte. So klein wirtschaftlich die Ostregion im Fall Deutschland bzw. Europa auch sein mag, so überproportional destabilisierend könnte diese Region doch wirken. Man mag es für erstaunlich halten, daß ausgeprägte Wirtschaftsprobleme in Ostdeutschland die westdeutsche politisch-ökonomische Situation viel mehr destabilisieren und dabei insbesondere für Unruhe auf den Kapitalmärkten sorgen, als es eine scharfe Wirtschaftskrise im ökonomisch gegenüber der DDR größeren Bundesland Nordrhein-Westfalen oder auch die OPEC-Schocks der 70er Jahren (mit höheren Neuverschuldungsquoten in 1975 / 76 als in 1992 / 93) je vermocht hätten. Die wirtschaftlichen Wirkungen politischer Schockimpulse aus instabilen Peripherieregionen, die wahlpolitisch — aufgrund hoher Bevölkerungszahlen — ein gegenüber der relativen Wirtschaftsstärke überproportionales Gewicht haben, dürfen gerade in Demokratien nicht unterschätzt werden. Im übrigen hat auch das Beispiel der Mexikanischen Schuldenkrise in 1982 gezeigt, wie periphere Probleme aufgrund bestimmter internationaler Interdependenzfaktoren auf globaler Ebene erhebliche Negativeffekte auslösen können.

1. Herausforderungen der Wirtschaftspolitik in Mittel- und Osteuropa

Die nachfolgenden Überlegungen gelten für alle Staaten Mittel- und Osteuropas, wobei man mit abnehmendem Grad an gewünschter EG-Integration mit dem jeweiligen Land graduelle Abschwächungen vornehmen könnte. Aus der Sicht

---

48 Siehe als Überblick hierzu *Franz,* W. (1991), Arbeitsmarktökonomik, Heidelberg: Springer.

ost- und mitteleuropäischer Staaten wären konsequente ordnungspolitische Liberalisierungsstrategien als Vorbedingung für eine verbesserte Integration mit der EG notwendig. Angesichts unerfahrener politischer Akteure und der noch wenig gefestigten neuen Konkurrenzdemokratien in Mittel- und Osteuropa kommt es zunächst auf richtige Weichensstellung und durchhaltbare Strategien an, wobei langfristige Gradualismusstrategien eher durchhaltbar erscheinen als ambitiöse holistische Strategien. Allerdings gilt, daß selbst wenn man wirtschaftspolitisch das Entstehen überzogener Erwartungen vermeidet, positive Wachstumserwartungen substantiell geschaffen werden müssen; wenn nicht durch gezielte Reformen auf der Angebotsseite und die wirtschaftspolitische Beseitigung von Wachstumshemmnissen die Voraussetzungen für anhaltendes Wirtschaftswachstum geschaffen werden, so dürfte der ökonomische Liberalisierungsprozeß in Osteuropa politisch kaum überleben.

Politische Stabilität ist für Mittel- und Osteuropa lebenswichtig. Politische Unsicherheit reduziert den Kapitalisierungshorizont von Investoren und vermindert Höhe und durchschnittliche Produktivität der Investitionsprojekte insgesamt. Zudem dürften politische Risiken neben unklaren Eigentumsrechten und expliziten Beschränkungen das größte Hindernis für hohe Zuflüsse an Direktinvestitionen sein. Bis Mitte der 90er Jahre dürfte Ungarn (1.5 Mrd. $ p. a.) unverändert den Löwenanteil an westlichen Direktinvestitionszuflüssen verzeichnen. Die stark asymmetrische Verteilung der Direktinvestitionen in Entwicklungsländern unterstreicht die Bedeutung politischer Risiken bzw. Unsicherheiten, die in Europa einen Ausgleich der Kapitalgrenzprodukte verhindern könnten. Indirekt in diesen Zusammenhang gehören auch ungeklärte Probleme der Westverschuldung einiger Länder im Ex-RGW-Raum. Denn mit derartigen Problemüberhängen entstehen Vertrauensbarrieren. Sie reduzieren sowohl den Zufluß an Direktinvestitionen wie Portfolioinvestitionen. Eine marktmäßige Finanzierung von Haushaltsdefiziten könnte in Osteuropa — dem Beispiel Rußlands vor 150 Jahren folgend — durchaus Kreditgeber in den westeuropäischen Ländern einbeziehen. Wechselkursrisiken wie politische Risiken spielten in historischer Sicht eine Rolle dafür, daß westliche Portfolioinvestitionen in Mittel- und Osteuropa in der Zeit vor dem Zweiten Weltkrieg eine beträchtliche Risikoprämie enthielten (eine Ausnahme war Ungarn).[49]

Die Herstellung voller Währungskonvertibilität, eine monetäre Stabilisierung auf Basis glaubwürdiger Politikakteure und eine Errichtung funktionsfähiger Kapitalmärkte wären Schritte zur Verbesserung der Allokationseffizienz und zur Verminderung der Risikoprämie seitens westlicher und südostasiatischer Investoren im Ex-RGW-Raum. Länder aus diesem Raum, die eine EG-Mitgliedschaft anstreben, sehen sich dabei angesichts der Maastrichter Konvergenzkriterien vor

[49] Vgl. *Tilly,* R. (1992), German Banks and Foreign Investment in Eastern and Central Europe before 1939, paper prepared for Conference „The Economic Future of Central Europe“, University of Minneapolis, April 16-18, 1992, Universität Münster, mimeo.

besonders schwierige Herausforderungen gestellt. Werden, dem EG-Stufenplan zur Währungsunion praktisch folgend, die Kapitalströme in mittel- und osteuropäischen Ländern liberalisiert, so wird sich die Wirtschaftspolitik verschärft dem potentiellen Mißtrauensvotum der Finanzmarktakteure ausgesetzt sehen. Bei schwierigen internen Wirtschaftsanpassungsprozessen und noch wenig stabilen und effizienten politischen Prozessen ergeben sich bei einer Kapitalmarktliberalisierung beträchtliche Risiken, aber auch die Chance zu einer durch externe Disziplinierung verbesserten, weil weniger auf Ad-hoc-Interventionismus bedachten Wirtschaftspolitik. Auch bei der Kapitalmarktliberalisierung gilt vermutlich, daß eine durchhaltbare und ggf. langsame Liberalisierungsstrategie einer überzogenen, mit Vertrauensschaden verbundenen Sofortliberalisierung vorzuziehen ist. Wirtschaftspolitische Glaubwürdigkeit ist gerade in den Reformländern Mittel- und Osteuropas ein knappes Gut. Eine durchhaltbare Transformationsstrategie sollte letztlich den Weg zu effizienter dezentraler Marktallokation in jedem Land ebnen. Dabei könnten gemeinsame Deregulierungen (z. B. bei Telekom) und Dezentralisierungsinitiativen durchaus erwägenswert sein. Die früher im RGW ökonomisch wie politisch überzentralisierten Staaten müßten im übrigen auch eine politische Dezentralisierung von Kompetenzen und Entscheidungsverfahren prüfen. Dies würde auf nationaler Ebene dem ja gerade in der EG insgesamt betonten Prinzip der Subsidiarität entsprechen.

Mit der Aussicht auf eine Mitgliedschaft in der EG oder im EWR kann in mittel- und osteuropäischen Ländern ein ordnungspolitischer Fixstern vorgegeben werden, der — bei allen national eigenständigen Detaillösungen der Politik — die Ordnungspolitik auf einen liberalen Kurs ausrichten hilft. Damit wird zugleich verhindert, daß die Staaten Mittel- und Osteuropas sich ordnungspolitisch allzuweit voneinander entfernen. Geschähe dies, so würde ordnungspolitischer Dissens (etwa bei der langfristigen Beurteilung von Staatsbeihilfen) neben existierenden politischen Gegensätzen zur weiteren Abschwächung des osteuropäischen Regionalhandels beitragen. In einer Region mit hohen politischen und ethnischen Konfliktpotentialen müßte Osteuropa wie Westeuropa aus Gründen der Stabilität aber an gemeinsame Interessenfelder schaffenden intensiven Handelsbeziehungen gelegen sein. Es versteht sich, daß unter marktwirtschaftlichen Vorzeichen das ehemals sozialistische Netzwerk des RGW-Handels nicht fortbestehen kann; ein marktkonsistentes neues Netz von Handelsbeziehungen (und Investitionsströmen) müßte an die Stelle des alten treten. Alle Anpassungsprozesse brauchen Zeit. Eine außenorientierte Wirtschaftspolitik, welche auf Exportförderung und Direktinvestitionszuflüsse setzt, wäre für alle kleineren Ex-RGW-Länder ein wichtiger Baustein für eine wachstumsorientierte Systemtransformation; die positiven chinesischen Reformerfahrungen mit der seit 1980 eingeschlagenen Weltmarktorientierung könnten allerdings auch im Fall Polen, Ukraine und Rußland auf den Nutzen außenorientierter Wirtschaftspoltik deuten. Dabei wird man zumindest in sensiblen Produktbereichen relativ rasch dem Problem stark sinkender terms of trade gegenüberstehen, wenn die Märkte in Westeuropa nicht vollständig geöffnet werden und dauerhaft wachsen. Eine dauerhafte Marktöffnung in Westeuropa wäre wohl auch ein entscheidendes Element zur Verbesserung der Wachstumserwartungen in Mittel- und Osteuropa; mithin auch zur Eindämmung des Emigrationsdrucks, der vor allem von gut ausgebildeten, jungen und unternehmensbereiten Bürgern ausgeht, deren Zuzug in Westeuropa kaum Vorteile, in ihren Heimatländern aber große Humankapitallücken schaffen würde.

2. EG-Wirtschaftspolitik

Für die EG wirft eine Integration mittel- und osteuropäischer Staaten große politische und wirtschafliche Probleme auf. Eine ohnehin schon politisch in ihren Entscheidungen schwerfällige und für viele EG-Bürger kaum durchschaubare EG-Kommission wie das EG-Parlament sähen sich vor verschärfte Funktionsprobleme gestellt. Mehr Mitglieder und stärker heterogene Mitglieder dürften ohne eine umfassende Institutionen-Reform kaum möglich sein, und ob sich hier gangbare und effiziente Optionen anbieten, ist eine offene Frage.

Die Märkte gegenüber Mittel- und Osteuropa zu öffnen und offen zu halten, wird für die EG in den 90er Jahren wohl nur möglich sein, wenn man die EG-internen Mechanismen für Anpassung und Strukturwandel verbessert und langfristige weltwirtschaftliche Wachstumschancen nicht blockiert. In bezug auf letztere ist die zeitweise EG-Blockadepolitik in der GATT-Uruguay-Runde problematisch. Eine progressive und durchhaltbare Liberalisierungsstrategie in Westeuropa ist vonnöten; eine überzogene, auf Selbstüberforderung und -blockade hinauslaufende EG-Strategie wäre von zweifelhaftem Wert. Denn sie würde Erwartungen und Investitionen in Osteuropa wecken, die sich als illusorisch erweisen würden, und zugleich würde dadurch im internen Konflikt von Liberalisierungsgegnern bzw. Nationalisten und liberalen „Internationalisten" in Osteuropa den liberalen Kräften der Boden im Fall plötzlich hoher EG-Protektion entzogen; man denke hier als historisches Beispiel an das protektionistische Smoot-Hawley-Zollgesetz der USA von 1930, mit dem Japans Exporte wie dessen liberale Wirtschaftsvertreter schwer getroffen wurden — dadurch wurde der Gegenfraktion der nationalistischen Militärs politisch in die Hand gespielt. Zu beachten ist im übrigen auch, daß Freihandel keineswegs notwendigerweise den Wanderungsdruck aus Osteuropa vermindert: Wenn Sektoren mit hoher Kapitalintensität relativ rasch bei Freihandel expandieren bzw. in der Transformation arbeitsintensive Industrien unrentabel werden, so können Arbeitslosigkeit und Wanderungsdruck in Osteuropa ansteigen.

Ob die EG-internen Anpassungsmechanismen verbessert werden können, hängt zunächst entscheidend davon ab, ob es in einem reformierten EWS gelingt, mit Kaufkraftparität inkompatible Wechselkurse einerseits bzw. nichtkonvergente Geldpolitiken andererseits zu vermeiden. Wiederholte EMS-Spannungen dürften über spekulative Kapitalströme die Intra-EG-Handelsströme verzerren und eine volle wachstumswirksame Nutzung der Binnenmarktvorteile verhindern. Hochzinspolitik zur Verteidigung nicht marktkonformer Wechselkurse wäre desweiteren ein bei EMS-Spannungen zu befürchtendes Problem, was über die zinsinduzierte Verringerung der Investitionen zu EG-weiter Wachstumsverlangsamung beiträgt; Flankierungsmaßnahmen zu den Maastrichter Verträgen wären erwägenswert.[50] Bei stagnierendem EG-Sozialprodukt dürfte aber die Arbeitslosigkeit im Binnenmarkt rasch zunehmen. Denn gerade der Binnenmarkt läßt bei verschärftem Wettbewerb hohe Zuwächse bei der Arbeitsproduktivität erwarten. Bei hohen Arbeitslosenquoten aber lassen sich national wie supranational liberale Außenhandelskonzepte in der EG kaum politisch durchsetzen. Diese Überlegung verweist indirekt auch auf die Bedeutung von Maßnahmen zur Wiederherstellung der Vollbeschäftigung bzw. zur Verbesserung der Markträumungsfähigkeit der Arbeitsmärkte.[51]

Politische Ökonomie

Folgt man der Neuen Politischen Ökonomie, dann ist mit wachsender Bürgerferne, größerer Problemkomplexität und sinkender Bedeutung von Wählern bzw. Wählergruppen — bei vergrößerter Wahlpopulation — damit zu rechnen, daß der politische Kontrollmechanismus Wahlen weniger effizient wird. Wenn der Steuerbürger über die Wahlurne eine schwächere politische Entscheidungskontrolle bei EG-Wahlen in einer erweiterten Gemeinschaft ausübt, so sind letztlich EG-weite Effizienz- und Wohlfahrtsverluste als indirekte Konsequenz der Erweiterung zu befürchten. Eine Problemverschärfung könnte sich dabei durch eine wachsende Schwerfälligkeit im bürokratischen Entscheidungsprozeß und bei Kommissions-Entscheidungen ergeben. Politische Qualitätsrisiken lassen sich allerdings begrenzen: Die Rationalität der Politik läßt sich auf EG-Ebene durch verbesserte (kompetitive) wirtschaftspolitische Beratung, eine verstärkte Anwendung des Subsidiaritätsprinzips und die Verankerung von transparenzsteigernden und das Wählerinteresse stimulierenden Maßnahmen erhöhen. Zu letzteren könnte eine Erhöhung des EG-Steueranteils gehören, und zwar könnte ein Teil der Einkommenssteuern der EG-Ebene zugewiesen werden; das US-Staatsfinanzierungssystem sorgt über die Elemente einkommensabhängige Bundessteuern und Finanztransfers dafür, daß ein Rückgang des Einkommens um 1 $ in einem US-

---

[50] Siehe hierzu *Welfens,* P. J. J. (1992c), Währungsunion im EG-Binnenmarkt: Flankierungserfordernisse des Maastrichter Vertrages, Volkswirtschaftliche Diskussionsbeiträge der Universität Münster, Nr. 166, Münster.

[51] Hier wäre insbesondere eine Reform der Arbeitslosenversicherung mit regional differenzierten Beiträgen — und Rückerstattungen bei Aufrechterhaltung der Vollbeschäftigung — zu erwägen, um den Anreiz zu lohnpolitischem Free-rider-Verhalten (mit folgender Arbeitsplatzgefährdung) auf seiten von Gewerkschaften und Arbeitgebern zu verhindern; eine wirkliche Arbeitslosenversicherung könnte nach dem Modell der KfZ-Versicherungen aufgebaut sein. Siehe hierzu *Welfens,* P. J. J. (1985), Theorie und Praxis angebotsorientierter Stabilitätspolitik, Baden-Baden: Nomos, Kap. 5.

Bundesstaat nur zu einem Verlust beim verfügbaren Einkommen von 60 Cents führt (34 Cents verminderte Bundessteuern und 6 Cents erhöhte Bundestransfers).[52] Eine EG-Beteiligung an den progressiv ausgestalteten Einkommenssteuereinnahmen der EG-Mitgliedsländer hätte (gegenüber den bisherigen anteiligen Mehrwertsteuereinnahmen) den Vorteil, daß auf EG-Ebene stärker Built-in-Stabilizer-Mechanismen nach Art der USA wirksam würden und daß die EG-Bürger — bei Steuerthemen besonders aufmerksam — verstärkt ihre Aufmerksamkeit auf die EG-Wirtschaftspolitik insgesamt richten würden.

3. Europäische Quadriga: EG-EFTA-SMG-Rußland

Die Fülle der EG-internen Probleme wie die Vielzahl ungelöster ökonomischer und politischer Probleme und Konfliktfelder in Mittel- und Osteuropa legen nahe, daß eine Integration Mittel- und Osteuropas mit der EG nur sehr begrenzt in Form einer Osterweiterung der Gemeinschaft erfolgen sollte; und selbst bei einer begrenzten Osterweiterung um wenige Länder müßten die Übergangsfristen zweckmäßigerweise länger gewählt werden als im Fall der Süderweiterung. Mithin stellt sich die Frage, inwiefern indirekte Integrationsmöglichkeiten mit der EG für andere Staaten des Ex-RGW-Raumes denkbar sind und wie eine gesamteuropäische Konzeption zur Sicherung von Stabilität und Prosperität aussehen könnte.

Auf eine Rumpf-EFTA könnte ein Teil der Aufgabe verlagert werden, mittel- und osteuropäische Reformländer zu integrieren. Da die EFTA-Freihandelszone mit 23 Mio. Einwohnern und einem Pro-Kopf-Bruttosozialprodukt von 20 000 ECU in 1993 noch ein beträchtliches ökonomisches Potential repräsentiert, zu dem mit der Schweiz und Schweden (sowie Österreich) auch zwei der zehn weltweit bedeutendsten Quellenländern von Direktinvestitionen beitragen, könnte für einige Staaten des Ex-RGW-Raumes (Baltische Staaten, Bulgarien u. a.) sowie für Länder des früheren Jugoslawien eine EFTA-Mitgliedschaft erwägenswert sein. Möglicherweise würde Dänemark — u. U. auch Großbritannien — eine Rückkehr in die EFTA erwägen, falls die Divergenzen zwischen nationalen Integrationspräferenzen und dem EG-Integrationskurs anhalten. Aus Sicht der EG könnte eine in den 90er Jahren durchgeführte EG-Erweiterung um Österreich und skandinavische Länder nicht zuletzt auch deshalb fragwürdig sein, weil ökonomisches Gewicht und politischer Einfluß der Rest-EFTA dadurch stark geschwächt werden könnten; und zwar so sehr, daß die EFTA-Länder für die

52 Zum System des US fiscal federalism siehe *Sala-i-Martin,* X. / *Sachs,* J. (1992), Fiscal Federalism and Optimum Currency Areas: Evidence for Europe from the United States, in: *Canzoneri,* M. B. / *Grilli,* V. / *Masson,* P. R., eds., Establishing a Central Bank: Issues in Europe and Lessons from the US, Cambridge: Cambridge University Press, 195-227; *Welfens,* P. J. J., Hrsg. (1993), European Monetary Integration, 2nd enlarged edition, Heidelberg: Springer 1993.

Integration mittel- und osteuropäischer Staaten kaum etwas würden leisten können. Das gilt zumal deshalb, weil eine Mini-EFTA für integrationswillige Länder des Ex-RGW-Raums weniger attraktiv sein dürfte als die bisherige EFTA. Letztlich könnte Osteuropa statt eine Integration mit Westeuropa primär anzustreben auch eine allgemeine Weltmarktintegration ansteuern (Freihandelspolitik), die Osteuropa aber gegenüber dem potentiellen Protektionismus von Handelsblöcken verwundbar macht.

Schwarzmeerländer-Gemeinschaft?

Auf Initiative der Türkei hin haben in 1990 / 91 Gespräche der Schwarzmeer-Anrainerländer über Möglichkeiten zur Etabilierung einer Freihandelszone stattgefunden. Am 3.2.1992 wurde ein erstes Abkommen paraphiert, das auch einige weitere Länder einschließt und einen ersten Schritt zu einer Schwarzmeerländer-Gemeinschaft („SMG“) hin darstellt: Armenien, Aserbeidschan, Bulgarien, Griechenland, Moldawien, Albanien, Rumänien, Türkei und Ukraine sowie Rußland bilden bislang diesen Länderkreis, zu dem später weitere Republiken der Ex-UdSSR hinzustoßen könnten. Mit der Türkei, Rußland und der Ukraine würde die SMG langfristig — bei geeigneter Unterstützung durch die OECD-Staaten — vermutlich über ein Trio wirtschaftlich vergleichbar großer Führungsländer verfügen, dessen latente Gegensätze aber zugleich Dominanzfurcht in anderen SMG-Ländern begrenzen könnten; wenn Rußland eine fortschreitende SMG-Integration nicht mitträgt, bliebe das Duo Türkei und Ukraine. Ob in Europa überlappende Mitgliedschaften bzw. Doppelmitgliedschaften — wie bei Griechenland als EG-Land und SMG-Land — zweckmäßig sein könnten, um eine konfliktarme und effiziente Verklammerung der einzelnen Integrationsräume zu erreichen, ist hierbei eine offene Frage. Die Türkei hat, allen politischen Problemen zum Trotz, in den 80er Jahren eine marktwirtschaftliche Liberalisierung in Etappen vorgenommen und könnte von Wirtschaftskraft, politischem Einfluß und ordnungspolitischer Orientierung her durchaus eine Katalysatorfunktion für eine marktwirtschaftliche Überwindung der Ost-West-Teilung in Europa spielen; als Brückenland zu Asien und laizistisches Land der islamischen Welt und als Brückenkopf zum arabischen Raum hin kommt der Türkei (zumal es ein NATO-Land ist) aus EG-Sicht im nächsten Jahrtausend eine zunehmend gewichtige Rolle zu.

Würde in den 90er Jahren ein ökonomisch und politisch stark dezentralisiertes Rußland entstehen, so wären mit der SMG, der EFTA und der EG praktisch vier große marktwirtschaftliche Wirtschaftsräume unterschiedlicher Integrationsintensität in Europa präsent, für die eine Rahmeninstitution als Verklammerungselement sinnvoll sein könnte. Denkbar wäre etwa, daß eine Art reduzierter Europäischer Wirtschaftsraum — nämlich zunächst ohne freie Arbeitskräftemobilität — eine geeignete Institution sein könnte. Teilbereiche der Wirtschaftspolitik, die man als internationale Kollektivgüter ansehen könnte, wie z. B. Wettbewerbs-

und Außenwirtschaftspolitik sowie z. T. die Umweltpoltik könnten hierbei zwischen den vier Partnern EG-EFTA-SMG-Rußland („Europäische Quadriga“) abgestimmt werden; eine institutionalisierte politische Konsultation könnte hinzukommen, so daß internationale Kooperationsgewinne in Teilbereichen der Politik insgesamt denkbar wären. Während man so die Kosten politischer Reibungsverluste in einem von der Zahl der Länder her größeren Europa minimieren könnte, ließen sich zugleich in den vier Integrationsräumen bei längfristiger Anwendung der Prinzipien Subsidiarität und Wettbewerb die Effizienz-Vorteile dezentraler Entscheidungsmechanismen verstärkt nutzen. Bei geeigneten politischen und wirtschaftlichen Reformen könnte man in Europa dann insgesamt größere politische und ökonomische Effizienz erwarten, woraus auch jene zusätzlichen Wachstumsspielräume entstehen sollten, die den Untergang des Wunders Europa durch die drohenden vier apokalyptischen Reiter Nationalismus, Militarismus, Kommunismus und Totalitarismus verhindern könnten.

Anhang: Asymmetrische makroökonomische Interdependenz zwischen West- und Osteuropa

Falls die Zinselastizität der Geldnachfrage in einem Land unendlich groß ist — also die Liquiditätsfalle vorliegt —, so kann nun in der Tat eine einseitig negative Interdependenz nicht ausgeschlossen werden. Geht man von festen Wechselkursen aus, dann besteht im Zweiländer-Modell ein einziger „Weltgeldmarkt“, wobei für eine unendliche Zinselastizität des internationalen Kapitalverkehrs zudem gilt $di^* = di$. Da sich die Geldangebotsseite als Summe von Reservenbestand R und heimischer Komponente D ergibt — also $M = R + D$ bzw. $M^* = R^* = D^*$ — und weil bei festen Kursen $dR^* = (-dR/e)$ gilt, lautet die Bedingung für Weltgeldmarktgleichgewicht:

$$L_Y dY = L_Y^* dY^* + (L_i + L_i^*)\, dr = dD$$

Somit wären die YY^*-Linie und Y^*Y-Linie entsprechend zu modifizieren, allerdings ohne daß dabei qualitativ neue Ergebnisse zustande kommen. Eine wesentliche Modifikation ergibt sich jedoch, wenn man — portfoliotheoretischen Überlegungen einbringend — in die Geldnachfragefunktion den realen Bestandswert an ausländischen Bonds, eF/P, einbezieht, so daß die Zinsänderung $di = (-L_Y/L_i)dY + dM/L_i + d(eF/P)$; ein Zahlungsbilanzdefizit, daß zu einem verminderten Bestand an ausländischen Bonds F in den Händen von Inländern führt, würde die YY^*-Linie in Richtung auf ein größeres Y verschieben; spiegelbildlich zu dieser veränderten Nettovermögensposition muß jedoch für die Y^*Y-Linie gelten, daß diese sich in Richtung auf geringere Y^*-Werte hin verschiebt. Mit der mittelfristig wirksam werdenden Akkumulationsdynamik in Form von $d(eF/P)$ ergibt sich prinzipiell die Möglichkeit, daß eine expansive Fiskal- oder Geldpolitik in einem Land zwar das Sozialprodukt erhöht, im anderen Wirtschaftsraum jedoch das Sozialprodukt zurückgeht. Unter angebotstheoretischen Aspekten kritisch zu sehen sind schließlich grundsätzlich Politikmaßnahmen, die zu einer internationalen Realzinserhöhung führen — es sei denn, daß diese (etwa als Folge angebotsorientierter Politikmaßnahmen, wie F&E-Förderung oder Wettbewerbspolitik) als Konsequenz einer Erhöhung des Kapitalgrenzproduktes Y_K zustande kommt. Andernfalls würde sich die Wachstumsrate vermindern, und deren Entwicklung ist vermutlich allemal wichtiger als nachfragedeterminierte Outputänderungen.

Wachstumstheoretische Perspektive

Während in keynesianischen Zwei-Länder-Modellen eine hohe (niedrige) Sparquote im In- oder Ausland zu einem relativ niedrigen (hohen) Politikmultiplikator führt, implizieren keynesianische Wachstumsmodelle im Grundsatz eine entgegengesetze Aussage: Die gleichgewichtige Wachstumsrate g_Y ergibt sich im einfachen Standardmodell einer geschlossen Wirtschaft als Produkt aus Sparquote s und Kehrwert des Kapitalkoeffizienten z, wobei als einfache Produktionsfunktion $Y = (1/z)K$ verwendet wird. Im hier relevanten Fall einer offenen Wirtschaft — mit h = Neuverschuldungsquote des Staates — ergibt sich im Zwei-Länder-Fall:

(A1) $$s(...)Y - hY - j(q)Y = j^*(q)Y^* + zdY\,,$$

und mithin:

(A1′) $$zg_Y - [s(r,r^*,q) - h - j(q)] = j^*(Y^*/Y)$$

(A2) $$(z^*g_Y{}^* - [s^* - h^* - j^*]) = j(Y/Y^*)$$

Mithin gilt

(A3) $$zg_Y = [s(r,r^*,q) - h - j(q)] + jj^*(z^*g_Y{}^* - [s^*(r,r^*,q) - h^* - j^*])^{-1}$$

Die Wachstumsrate g_Y im Inland ist um so höher, je höher die private Sparquote, je geringer die Neuverschuldungsquote und je höher die Kapitalproduktivität sind. Wenn es längerfristig economies of scale oder internationale Know-how-Transfers gibt, die erst durch Handel erschlossen werden können, so ließe sich als entsprechend modifizierte Produktionsfunktion $Y = (1/z)K\, é^{(vjj^*)}$ spezifizieren.

Da $\acute{e}$ hier die Eulersche Zahl bezeichnet, ergibt sich durch Logarithmieren unmittelbar, daß v die Semielastizität des relativen Handelsvolumenindexes jj^* ist. Es gilt für konstantes z:

$$g_Y = dK/dt/K = djj^*$$

sowie die Gütermarktgleichgewichtsbedingung

$$[s(\ldots) - h - j(q)]Y = j^*(q)Y^* + [(dK/dt/Y)(K/K)] \ .$$

Eine modifizierte Gleichung (A3′) würde unmittelbar verdeutlichen, daß wachsende Handelsverflechtung das Wachstum im In- und Ausland begünstigt.

Literatur

Aldcroft, D. (1978), Die Zwanziger Jahre, München: DTV.

Balassa, B. (1986), Intra-Industry Specialization, European Economic Review, vol. 30, 27-42.

Balcerowicz, L. / *Welfens,* P. J. J., Hrsg. (1988), Innovationsdynamik im Systemvergleich, Heidelberg: Physica.

Baldwin, R. (1992), An Eastern Enlargement of EFTA: Why the East Europeans Should Join and the EFTANS Should Want Them, CPER Occasional Paper No. 10, London.

Bentolila, S. / *Blanchard,* O. J. (1990), Spanish Unemployment, in: Economic Policy, No. 10, 233-281.

Bergstrand, J. H. (1985), The Gravity Equation in International Trade: Some Microeconomic Foundations and Empirical Evidence, Review of Economics and Statistics.

Brabant, J. von (1990), Remaking Eastern Europe — on the Political Economy of Transition, London: Kluwer.

Brakman, S. / *Gerretsen,* H. (1992), Path-Dependency and the German Unification. An Inquiry into the Relevance of Initial Conditions, paper presented at 2nd EACES conference: Problems of Transforming Economies, Groningen, September 24-26, 1992.

Brown, S. / *Haas-Wilson,* D. (1990), Centrally Planned Economy Vulnerability to Antidumping Protection, Comparative Economic Studies, Vol. 32, 1-27.

Cassel, D., Hrsg. (1990), Wirtschaftssysteme im Umbruch, München: Vahlen.

Cecchini, P. (1988), Europa ,92. Der Vorteil des Binnenmarktes, Baden-Baden: Nomos.

Collins, S. M. (1990), Lessons from Korean Economic Growth, American Economic Review, P&P, Vol. 80, 104-107.

Darwick, S. / *Nguyen,* D. (1989), OECD Comparative Economic Growth 1950-85: Catch-up and Convergence, American Economic Review, Vol. 79, No. 5.

Drabek, Z. / *Greenway,* D. (1984), Economic Integration and Intra-Industry Trade: The EEC and the CMEA Compared, Kyklos, Vol. 37, 444-469.

EFTA (1992), EFTA Annual Report 1991, Genf.

Franz, W. (1991), Arbeitsmarktökonomik, Heidelberg: Springer.

Graziani, G. (1992), Export Specialization for Central-Eastern Europe and EC Trade Opening, paper presented at 2nd EACES conference: Problems of Transforming Economies, Groningen, September 24-26, 1992.

Grossman, G. M. / *Helpman,* E. (1991), Innovation and Growth, Cambridge, MA: MIT Press

Grubel, H. G. / *Lloyd,* C. (1985), Intra-industry Trade, London: McMillan.

Hamilton, C. B. / *Winters,* L. A. (1992), Opening up International Trade with Eastern Europe, Economic Policy, No. 14, 77-116.

Han, S.-T. (1992), European Integration: The Impact on Asian Newly Industrialising Economies, Paris (OECD).

Hoffmann, L. (1992), Integrating the East German States into the German Economy: Opportunities, Burdens, and Options, in: WELFENS, P. J. J., Hrsg., Economic Aspects of German Unification, Heidelberg: Springer, 53-65.

Inotai, A. (1992), External Economic Policies and Challenges During the Transformation Process, paper presented at the conference The Future of Eastern and Central Europe in the World Economy, Institute for World Economics, Hungarian Academy of Sciences, Nov. 17-18, 1992.

Kantzenbach, E., Hrsg. (1991), Die wirtschaftliche Neuordnung Europas — Erfahrungen und Perspektiven, Berlin: Duncker.

Kantzenbach, E. / *Mayer,* O. G., Hrsg. (1990), Probleme der Vollendung des Binnenmarktes in Europa nach 1992, Berlin: Duncker.

Kenwood, A. G. / *Lougheed,* A. L. (1971), The Growth of the International Economy 1820-1960, London: Allen & Unwin.

Kindleberger, C. P. (1973), Die Weltwirtschaftskrise, München: DTV.

Klein, M. / *Welfens,* P. J. J., Hrsg. (1991), Multinationals in the New Europe and Global Trade, Heidelberg und New York: Springer.

Krueger, A. (1992), Capital Flows and Trade in a Dynamic Perspective, in: Siebert, H., ed., Capital Flows in the World Economy, Tübingen: Mohr, 163-183.

Krueger, A. O. (1990), Asian Trade and Growth Lessons, American Economic Review, P&P, Vol. 80, 108-112.

Larre, B. / *Torres,* R. (1991), Is Convergence a Spontaneous Process? The Experience of Spain, Portugal and Greece, in: OECD Economic Studies, No. 16, 169-198.

Linnemann, H. (1966), An Economic Study of International Trade Flows, North-Holland, Amsterdam.

Lucas (1990), Why Doesn't Capital Flow from Rich to Poor Countries?, in: American Economic Review, P&P, Vol. 80, 60-92.

Mardas, D. (1992), Intra-Industry Trade in Manufactured Products Between the European Economic Community (EEC) and the Eastern European Countries, Brussels, mimeo, forthcoming in Journal of World Trade.

Olson, M. (1982), The Rise and Decline of Nations, New Haven: Yale University Press.

Padoan, P. C. / *Pericoli,* M. (1992), Single Market, EMU and WIDENING. Responses to Three Institutional Shocks in the European Community, paper presented at 2nd EACES conference: Problems of Transforming Economies, Groningen, September 24-26, 1992.

Rollo, E. / *Smith,* B. (1993), Eastern European Trade with the EC, Economic Policy, im Druck.

Romer, P. M. (1990), Are Nonconvexities Important for Understanding Growth?, American Economic Review, P&P, Vol. 80, 97-103.

Sala-i-Martin, X. / *Sachs,* J. (1992), Fiscal Federalism and Optimum Currency Areas: Evidence for Europe from the United States, in: Canzoneri, M. B., Grilli, V. and Masson, P. R., eds., Establishing a Central Bank: Issues in Europe and Lessons from the US, Cambridge: Cambridge UP, 195-227.

Tichy, G. (1992), Theoretical and Empirical Considerations on the Dimension of an Optimum Integration Area in Europe, Aussenwirtschaft, Vol. 47, 107-137.

Tilly, R. (1992), German Banks and Foreign Investment in Eastern and Central Europe before 1939, paper prepared for Conference „The Economic Future of Central Europe“, University of Minneapolis, April 16-18, 1992, Universität Münster, mimeo.

Tovias, A. (1991), EC-Eastern Europe: A Case Study of Hungary, Journal of Common Market Studies, Vol. 39, 291-315.

UN (1992), World Investment Report 1992, New York.

Vaubel, R. (1992), The Political Economy of Centralization, Universität Mannheim, mimeo.

Weber, E. (1971), Stadien der Außenhandelsverflechtung Ostmittel- und Südosteuropas, Stuttgart: Fischer.

Welfens, M. J. (1993), Umweltprobleme und Umweltpolitik in Mittel- und Osteuropa. Ökonomie, Ökologie und Systemwandel, Heidelberg: Physica.

Welfens, M. J. / *Welfens,* P. J. J. (1993), Environmental Cleaning-up in Systemic Transformtion: Costs, Investment Effects and Policy Options, paper presented at the International Workshop on Environmental Management in a Transition to Market Economy: A Challenge to Government and Business, Université de Genève, Jan. 6-8, 1993.

Welfens, P. J. J. (1985), Theorie und Praxis angebotsorientierter Stabilitätspolitik, Baden-Baden: Nomos.

— (1990), Internationalisierung von Wirtschaft und Wirtschaftspolitik, Heidelberg: Springer.

— (1992a), Market-oriented Systemic Transformations in Eastern Europe. Problems, Theoretical Issues, and Policy Options, Heidelberg: Springer.

— (1992b), Systemtransformation in Osteuropa: Liberalisierungsprobleme im neuen Europa, LIST Forum, Bd. 18, 19-48.

— (1993a), European Monetary Integration. EMS Developments and International Post-Maastricht Perspectives, 2. erw. A., Heidelberg: Springer.

— (1993b), A Supply-Augmented Macro Model: Some New Aspects in Macroeconomics, Volkswirtschaftliche Diskussionsbeiträge der Westfälischen Wilhelms-Universität Münster, Münster, Februar 1993.

— (1993c) EG-Osterweiterung: Anpassungserfordernisse, Konvergenzprobleme und ordnungspolitischer Reformbedarf in Europa, Beitrag zum 26. Internationalen Forschungsseminar Radein „Die Europäische Integration als ordnungspolitische Aufgabe“, Radein, Italien, 14.2.93-25.2.93.

— (1993d), The Single Market and the Eastern Enlargement of the EC, Heidelberg: Springer.

World Bank (1988), World Development Report, New York

— (1991), World Development Report, New York.